研究成果受到兵团高校优势特色学科建设项目和中央支持地方高
革发展资金部省合建学科项目资助
国家社科基金一般项目：基于产业安全的中国棉花产销体系优化研究
目编号：13BJL075）
国家自然科学基金西部项目：棉花"价格保险+期货"试点评估机理
探索与政策优化（项目编号：72163028）

经济管理学术文库·经济类

中国棉花补贴政策"转箱"研究

——基于棉花价格保险对目标价格补贴政策的替代验证

Research on China's Cotton Subsidy Policy "Transfer Box"
—Substitution Verification of
Cotton Price Insurance on Target Price Subsidy Policy

王　力　程文明／著

经济管理出版社
ECONOMY & MANAGEMENT PUBLISHING HOUSE

图书在版编目（CIP）数据

中国棉花补贴政策"转箱"研究：基于棉花价格保险对目标价格补贴政策的替代验证/
王力，程文明著.—北京：经济管理出版社，2022.12
ISBN 978-7-5096-8857-1

Ⅰ.①中…　Ⅱ.①王…　②程…　Ⅲ.①棉花—生产—财政补贴—农业政策—研究—中国
Ⅳ.①F326.12

中国版本图书馆 CIP 数据核字（2022）第 248678 号

组稿编辑：曹　靖
责任编辑：郭　飞　白　毅
责任印制：黄章平
责任校对：蔡晓臻

出版发行：经济管理出版社
　　　　　（北京市海淀区北蜂窝 8 号中雅大厦 A 座 11 层　100038）
网　　　址：www.E-mp.com.cn
电　　　话：（010）51915602
印　　　刷：唐山玺诚印务有限公司
经　　　销：新华书店
开　　　本：720mm×1000mm/16
印　　　张：13.75
字　　　数：255 千字
版　　　次：2022 年 12 月第 1 版　　2022 年 12 月第 1 次印刷
书　　　号：ISBN 978-7-5096-8857-1
定　　　价：88.00 元

目　录

第1章　引言

1.1　研究背景

众多科学家从棉花的秸秆、叶、颖壳、籽和根中发现大约 1200 种有用的物质（刘保立，1986）。棉花的棉纤维是人们重要的衣着原料，棉花的根、茎、叶和种子等部分及其中的成分都有很高的利用价值（汪若海和承泓良，2017）。棉花作为关系国计民生的重要战略物资，是全球重要的大宗资源性农产品之一，广泛应用于纺织、轻工、医药、军事、建筑等领域（王健等，2018）。棉花作为天然纤维的主要来源，约占世界纺织纤维年产量的 40%，并一直是经济增长的重要来源（MacDonald，2000）。棉花及相关产业的发展为世界上工业化国家和发展中国家的无数农民提供了收入来源（Pan 等，2010）。无论是对发展中国家还是发达国家，棉花都是非常重要的农作物之一。

1.1.1　国际背景

国际棉花种植格局。在全球范围内棉花有着非常悠久的种植历史且分布广泛，其中亚洲、北美洲、非洲西部是全球棉花集中种植区域（杨莲娜和田秀华，2014）。乌兹别克斯坦、吉尔吉斯斯坦、土库曼斯坦、哈萨克斯坦、塔吉克斯坦、阿塞拜疆都曾经是主要产棉国，后来为了提高它们国内的粮、肉食品自给率，均扩大了粮食种植面积，缩减了棉田播种面积（刘毓湘，1995）。目前来看，东亚的中国、南亚的印度与巴基斯坦、中亚的乌兹别克斯坦等国是亚洲棉花生产国的典型代表（闫庆华等，2017）。根据 USDA 数据整理，从表 1-1 可知，2018/2019 年度全球棉花种植面积为 33.54 百万公顷，中国为 3.50 百万公顷，印度为 12.60 百万公顷，美国为 4.13 百万公顷，巴基斯坦为 2.30 百万公顷，印度和巴基斯坦近年来棉花种植发展较快，从播种面积来看分别位列第一和第四。2007 年以后我国的棉花种植面积有所下降，仅次于印度和美国，目前位列世界第三。

表 1-1　2018/2019 年度世界主要国家棉花产量、消费量、进出口量

单位：百万公顷，万吨

国家	播种面积	总产量	消费量	进口量	出口量
中国	3.50（10.44）	561.7（21.84）	860.0（32.84）	209.9（22.68）	—
孟加拉国	—	—	161.1（6.15）	156.8（16.94）	—
越南	—	—	152.4（5.82）	150.2（16.23）	—
土耳其	0.52（1.55）	—	150.2（5.74）	76.2（8.23）	—
印度尼西亚	—	—	—	66.4（7.18）	—
巴基斯坦	2.30（6.86）	165.5（6.44）	233.0（8.90）	62.1（6.71）	—
印度	12.60（37.57）	604.2（23.5）	522.5（19.95）	39.2（4.24）	76.4（8.49）
美国	4.13（12.31）	399.9（15.55）	—	—	321.4（35.71）
巴西	1.62（4.83）	272.6（10.60）	74.0（2.83）	—	131.0（14.55）
澳大利亚	0.38（1.13）	—	—	—	79.1（8.79）
贝宁	0.65（1.94）	—	—	—	30.5（3.39）
希腊	0.25（0.75）	—	—	—	29.5（3.28）
马里	0.73（2.18）	—	—	—	29.4（3.27）
世界	33.54	2571.3	2619.0	925.4	900.1

资料来源：USDA2019 年 12 月 Cotton：World Markets and Trade，括号内为占世界的比重，"—"为未进行统计。

　　棉花国际进出口格局。2001 年 12 月中国加入世界贸易组织（以下简称 WTO）以后，我国一直是世界上最大的棉花进口国，这与我国是世界上最大的纺织业国家有关，印度尼西亚和巴基斯坦位列第五和第六。由表 1-1 可知，2018/2019 年度中国进口棉花为 209.9 万吨，孟加拉国进口棉花为 156.8 万吨，越南进口棉花为 150.2 万吨，分别为世界棉花进口排名前三的国家。孟加拉国和越南几乎没有棉花种植，却是世界上第二和第三的棉花进口国，这与我国临时收储政策背景下纺织企业向东南亚转移有一定的关系，当前孟加拉国和越南的纺织

业与国内的纺织业在棉花资源进口上存在着较强的竞争关系。美国一直是世界上最大的棉花出口国,世界主要棉花出口国为美国、印度、澳大利亚、巴西。由表1-1可知,2018/2019年度世界棉花出口量排名前三的是美国的棉花出口量为321.4万吨,占世界的35.71%;巴西棉花出口量为131.0万吨,占世界的14.55%;澳大利亚棉花出口量为79.1万吨,占世界的8.79%,这三个国家的棉花出口总量超过了世界的50%。

中国是世界上最大的棉花需求国,第一的棉花进口国,棉花总产量第二,棉花播种面积第三的世界棉花生产、消费、进口大国。印度是世界棉花种植面积最大,总产量最高,消费量第二,出口量第四的国家,是世界上唯一既出口棉花又进口棉花的国家。

国际棉花价格变化。由中国棉花网数据可知,国际棉花价格指数 CNCotton M① 在2011年3月达到了近年来的最高值231.19美分/磅,在2014年后一直在50~100美分/磅剧烈的波动。棉花价格的波动主要体现在2014年中国实施目标价格补贴政策以后,棉花价格波动频率显著增强。有学者对国际棉花价格做出了预期,Mike Edwards(2018)认为未来世界棉花价格将会是上升趋势,主要原因有:中国是世界上最大的棉花需求国,中国的棉花存在高质量棉花产不足需的结构问题;中国储备棉库存的下降必须要进口棉花来满足需求;美国和印度等国家都在种植期遇到了自然灾害,如美国得克萨斯州出现了长期的旱灾、印度病虫害的问题、澳大利亚棉花缺水的问题等。

国际贸易争端的典型事件。在WTO框架下有两件较为有名的棉花贸易争端事件:一是美巴棉花贸易争端。在2002年9月,巴西政府根据WTO的争端解决程序与美国展开磋商,声称美国棉花补贴的各项条款违反了WTO的义务(Lakatos和Walmsley,2014)。这些措施包括向美国陆地棉生产商、使用者和出口商提供某些国内和出口补贴,如直接补贴、出口信用担保、出口补贴、市场援助贷款、生产补贴等。巴西政府的理由是由于美国政府对棉花生产者进行补贴,压低了世界棉花价格,对巴西的棉花生产者有较大的不利影响,反而增加了美国在世界棉花出口中的份额。因此,巴西对美国的棉花补贴在WTO进行了起诉,经过了10多年的谈判,于2014年10月1日在华盛顿,美国与巴西签署关于棉花争端的谅解备忘录,最终达成协定,巴西要求到2014年美国农业法案颁布时,美

---

　① CNCotton M 相当于国棉 3128B。

国必须改变 GSM-102 方案的运作和棉花国内支持方案。美国在 2014 年农业法案中取消直接支付、反周期补贴、平均作物收入选择补贴，保留营销援助贷款项目。推出了两种新的棉花作物保险项目：补充覆盖选项（SCO）和叠加收入保护计划（STAX）。二是非洲四国反对美国棉花补贴的事件。2005 年，非洲棉花出口国贝宁、布基纳法索、乍得和马里向美国施压，要求美国迅速取消对美国农民的棉花补贴；指责美国的支持政策压低了大宗商品的全球价格，压制了他们的经济（Don，2005）。但是非洲四国反对美国棉花补贴的事件并未产生实质性的影响。

国际棉花支持政策的新趋势。在经济全球化的背景下，棉花政策相关问题一直是世贸组织各轮谈判的焦点之一（Pan 等，2007）。受 2001 年多哈回合谈判削减农业补贴的影响发达国家和地区普遍对农业支持保护政策进行结构性改革，由市场价格支持向与生产和价格脱钩的支持方式转变。对棉花产业的补贴已经逐步在缩减甚至取消棉花直补政策，因为棉花直补政策属于"黄箱"政策，而更多地采用"绿箱""蓝箱"政策；对棉花的补贴也在逐步的与生产脱钩，更多的是与农民或者家庭收入挂钩。特别是在欧盟和美国，已将脱钩支付作为一种支持农业收入的政策工具（Kelch 等，2004）。欧盟出台共同农业政策以后，逐步建立起了与产量脱钩的农业支持政策，这类政策与生产者的生产种类或产量（包括牲畜量）无关（Swinbank 和 Tranter，2005）。欧盟农产品市场调控政策总体趋势是弱化对农产品市场的直接干预，强调市场价格信号的作用；以市场化工具替代价格支持政策手段来保障农民收入和政策目标的实现（孔维升和麻吉亮，2017）。

农业保险替代直接补贴是市场经济国家扶持农业发展的通行做法，农业保险可以在世贸组织规则允许的范围内，代替直接补贴对农业实施合理有效的保护（余艳，2014）。19 世纪 80 年代，美国康涅狄格州的一批烟草种植户为防止冰雹造成的损失成立了美国第一家有组织的农作物保险公司；1937 年 2 月 19 日，美国联邦政府宣布了第一个国家农作物保险计划，以帮助农业从大萧条和沙尘暴的综合影响中恢复生产[①]。随后经历了一系列农业法案的发展，继美国 1996 年《联邦农业改进和改革法案》和 2002 年《农业安全和农村投资法案》发布之后，巴西要求与美国进行磋商，指责美国对棉花的补贴过度扭曲贸易政策，提升了美国在全球的棉花出口份额，压低了世界棉花价格，并列举了对美国棉花生产商的

---

① History of Crop Insurance［EB/OL］. https：//www. proag. com/basics-of-crop-insurance/.

补贴和其他农业支持（Ridley 和 Devadoss，2012）。巴西与美国的棉花贸易争端以美国的败诉而结束，同时美国农作物保险的最大变化也体现在美国与巴西棉花贸易争端事件败诉以后的 2014 年农业法案。2014 年的农业法案取消了上个法案中的多个项目，包括直接和反周期补贴项目，同时加入了几个新项目，包括农业风险覆盖（ARC）项目、价格损失覆盖（PLC）项目、补充覆盖选项（SCO）和叠加收入保护计划（STAX）（Hungerford 等，2016）。2014 年，美国的农业法案取消了对棉农的直接补贴，对棉花的支持政策转为多种不同政策目标保险组合的形式，现在美国已形成了比较完善的补贴体系。美国农业保险补贴逐步成为支持农业发展最主要的政策工具，改革调整呈现出政策工具选择趋于多样化、政策手段趋于市场化、政策组合趋于优化、补贴方式半脱钩化、注重农业风险管理等特征（齐皓天，2017）。总体来看，美国的农业安全网经历了从价格支持向收入支持再向风险管理支持的政策转变的过程（夏益国等，2019）

目前发达国家使用保险来防范农业风险已成支持农业发展的基本方式和主要趋势（朱满德和程国强，2017）。综合来看，基于我国的棉花产业背景、棉花目标价格补贴政策的不足、WTO 补贴规则的约束以及借鉴发达国家的改革经验，在国际贸易争端加剧及国内经济高质量发展背景下，为了保障棉农收益和棉花资源的安全稳定供给，逐步提升我国棉花的综合竞争力，从国家层面和省级层面均出台了相应的支持政策，来探索新型可替代、可推广的棉花补贴政策，并来替代目标价格补贴政策，成了研究我国棉花补贴政策"转箱"问题的一系列背景。

1.1.2 国内背景

产业背景。棉花是我国重要的战略物资、经济作物和纺织工业原料（喻树迅，2013）；涉及近 1 亿棉农的收入和 2000 多万纺织工人的就业问题；目前，全国约有植棉农户 4000 万户，纺织工人 2000 多万人、流通从业人员近百万，每年创造产值 1500 亿元以上（刘艳梅，2016）；棉花也是中国种植业生产中产业链最长的大田经济作物，其商品率高达 95%以上（卢秀茹等，2018），棉花产业对我国的经济社会发展具有重要贡献。

棉花价格与市场接轨后，发散性蛛网模型推动棉花价格波动。从图 1-1 中的 CNCotton B① 月度价格可知，2002 年 9 月到 2004 年 2 月，我国棉花价格持续上

---

① CNCotton B 指数代表内地 3128B 级皮棉成交均价。

涨，从 9327.75 元/吨上升到 17776 元/吨；2004 年 2~12 月持续下降到 11226.57 元/吨；2004 年 12 月到 2008 年 12 月，我国棉花价格均未超过 15000 元/吨；2009 年 1 月到 2011 年 3 月棉花价格上涨到 30818.61 元/吨，为历史最高峰；2011 年实施棉花临时收储政策以后，棉花价格有所下降，但是 2011~2013 年长期稳定在 19000 元/吨左右；2014 年实施棉花目标价格补贴政策以后，我国棉花价格基本实现了与市场的接轨，受到供求双方以及国际市场的影响，棉花价格持续下降，在 15000 元/吨左右波动较为明显。有学者研究认为实施目标价格补贴政策以后，我国的棉花市场价格重新恢复了供给强弹性、需求弱弹性的发散性蛛网模型特征，推动了棉花价格波动。这主要是因为我国棉花种植行业的门槛比较低，基本上属于经济学上的完全竞争市场，几乎所有人都可以自由进入或退出这一行业，导致我国棉花种植方面最显著的特征是小而散，棉花的等级越来越低，无论是棉花生产还是流通，都没有品牌和品质的保证，整个产业链上的各个环节处于一种无序竞争的状态；这使得我国棉花属于低质量的农产品，属于供给弹性大于需求弹性的供给发散性蛛网模型，在保持供给与需求弹性不变的情况下，我国的棉花价格波动必然会越来越明显（王力等，2013）。

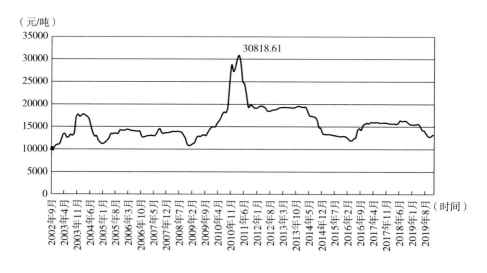

图 1-1　2002 年 9 月至 2019 年 8 月中国棉花 CNCotton B 月度价格

资料来源：中国棉花网。

政策背景。国家在特定的经济发展阶段必须依据农业经济中的主要矛盾选择核心政策目标来构建政策体系，目前来看，中国农业政策体系调整的关键在于强化农业的国际竞争力目标（全世文和于晓华，2016）；中国农业政策面临的挑战并不在于能不能更多地增加生产，而在于生产出来的产品能不能适应市场需要、能不能在国际上有竞争力（陈锡文，2017）。以增产为导向的农业支持政策体系向以竞争力为导向的农业支持政策体系转型是大势所趋（叶兴庆，2017）。随着发展阶段的转变和居民消费层次的升级，中国农业发展将进入全面转型升级的新阶段，国家农业政策亟须从过去主要依靠化学农业支撑产量增长的增产导向型政策，转变为以绿色农业为支撑、追求质量和效率的质效导向型政策（魏后凯，2017）。

当前我国棉花支持政策改革正朝着减少政府干预的方向发展（齐皓天和彭超，2015；袁祥州等，2016），由片面鼓励增产向注重生态、效益、质量等综合指标转变（汤敏，2017），而由增产为导向转变为以竞争力为导向是大势所趋（叶兴庆，2017；马红坤等，2019）。但是目前棉花目标价格补贴属于政府直接补贴政策，受限于 WTO"黄箱"政策要求约束（Macdonald 等，2015；王力和温雅，2015；朱满德和程国强，2017；鲍勇等，2018），加之政府财政负担重，不具有可持续性；并且该政策在执行中无法突出品质的重要性，不利于棉花产业的高质量发展。在国际贸易摩擦日益增多、国内经济要求高质量发展的背景下，目标价格补贴政策已不能满足各参与主体的需求。而目标价格补贴政策已经不足以支持棉花产业实现这一系列的政策目标。

（1）当前棉花目标价格补贴政策存在的诸多不足。

政策执行成本高。以棉花公检为例，2015 棉花年度全国共有 13 个省份，1100 家棉花加工企业按照棉花质量检验体制改革方案的要求加工棉化并进行公证检验，在棉花进行入库公检过程中，要经过预约、入库、取样、公检、出库等多个程序，这一系列过程操作复杂、手续繁多，信息反馈较慢。根据《新疆棉花专业监管仓库收费标准（试行）》① 规定，按棉花在监管库仓储 4 个月计算，2014 年棉花库存保管费用较 2013 年平均增加 45 元/吨，给供棉企业增加了负担。另外，由于站内缝包、信息服务费等其他费用的增加导致销售成本增加了约 200 元/吨。

政府财政预算支出不稳定。在目标价格政策实施期间，由于有按照产量补贴

---

① 资料来源：http://www.xjdrc.gov.cn/info/10507/10690.htm。

的因素存在，政府对棉农的补贴金额不能做到准确和稳定的预算，在对棉农进行补贴时，会影响这一政策的执行效率，会影响棉农下一年度的棉花生产。

补贴金额到账慢且周期长。目标价格补贴政策下对棉农的补贴资金是一年分为两次进行发放的，补贴金额到达棉农手中的速度比较慢，中间审核时间长。新疆棉农大部分都有还贷的压力，春季来临时，上一年的补贴金额还未完全到账，影响到了许多棉农下一年度的植棉计划和植棉意愿，不利于稳定棉农的生产积极性。

目标价格补贴政策下，对棉农的补贴额度可能超过了 WTO "黄箱"政策的规定，面临着可能被别国起诉的问题。根据棉花价格信息网报道，2015/2016 年度新疆目标价格补贴总额为 139.64 亿元，其他省份按照 2000 元/吨进行补贴，可以推算出，我国目前对于棉花的补贴金额可能早已超过 WTO 规定的 8.5% 的规则。从这一角度来看，我国的棉花目标价格补贴政策是不可持续的，我国的棉花补贴政策面临着"转箱"的现实压力。

目标价格补贴政策比国家收储阶段下在棉花行业发展上有了显著的改善，但是依然存在部分轧花厂在棉花收购过程中套取政府补贴的逆向选择和败德行为，或者侵害棉农利益的现象，损害了国家利益。

（2）价格波动风险增大，缺乏稳定农户收入的市场化措施。

在我国棉花价格与国际市场接轨以后，我国棉农面临价格波动所带来的收入损失风险正逐渐增大。在临时收储阶段棉花价格与市场供求关系脱节，我国棉花价格未有明显波动；在目标价格补贴政策下，棉花供求关系发挥出了对价格的基础性作用，棉花价格恢复了波动，虽然棉花市场风险并未传递到棉农身上，这主要是因为市场风险转嫁到了政府身上。从实际调查了解到，在以市场化手段支持农业发展的趋势下，我国对于棉花价格波动风险的市场化防范措施还比较欠缺。为避免或者降低价格的波动给棉农带来的损失，急需探究新的市场化操作手段来减少价格波动带来的收益风险。

（3）探索目标价格补贴政策改革的相关支持政策。

2015 年中央一号文件中提出在总结目标价格补贴政策试点经验的基础上，积极开展农产品价格保险试点工作。2016~2019 年中央一号文件相继提出稳步扩大"保险+期货"试点，利用保险、期货的联动合作，共同为棉花种植户提供价格风险保障。针对现有棉花"价格保险+期货"的试点，2020 年中央一号文件指出要进一步优化"保险+期货"模式。2017 年发布的《农业部办公厅关于开展2017 年度金融支农服务创新试点的通知》《国家发展改革委、财政部关于深化棉花目标价格改革的通知》《国家发展改革委关于印发〈2018 年价格工作要点〉的通知》中明确提出了开展收入保险、"保险+期货"等支农创新模式的试点工作。目前在山东、湖南、湖北、新疆等省份已按照"保险+期货"的思路广泛开展了棉花价格保险的试点工作。从国家层面来看，已经出台了一系列政策来支持中国棉花目标价格补贴政策改革及棉花价格保险的试点。

1.2　问题的提出

在 WTO 补贴规则的约束下，发达国家或地区为了避免国内棉花支持政策违背 WTO 规则而引起贸易争端，已经逐步取消了直补政策和与产量挂钩的补贴方式，取而代之的是使用以保险为主要形式的间接棉花补贴方式。当前我国棉花补贴政策的核心部分是目标价格补贴，自 2014 年实施棉花目标价格补贴后取得了显著的成效，但是这一政策本身也存在执行成本高昂、政府财政预算难以稳定、执行过程繁杂等问题。当前我国高端棉花供给不足及低端棉花供给过剩的结构性问题突出，目标价格补贴政策在实际操作中无法有效突出质量导向。在经济高质量发展背景下，要提高我国的棉花质量，满足高端需求，必须改变现有的补贴方式，引导农民种高质量棉花。近年来，我国每年的棉花进口量在 200 万吨左右，在国际贸易争端频发的国际环境下，要保障我国的棉花资源供给安全，棉花补贴政策符合 WTO 规则，必须坚持市场化方向探索新型棉花补贴方式来稳定棉农的积极性。在此背景下，各级政府出台了相应的文件支持探索新型的棉花补贴方式，在全国范围内进行了不同形式的棉花价格保险试点。本书的研究问题来源于当前棉花补贴政策的现实，通过对新疆试点的政策"转箱"案例进行跟踪调查来研究棉花补贴政策"转箱"的相关问题。

基于此，本书主要研究的问题是：基于社会福利最大化的视角，对正积极探索的新型棉花补贴政策（即棉花价格保险），总结试点经验和不足；运用社会总福利最大化的思想来分析棉花价格保险在理论上是否替代目标价格补贴政策更优；进一步考察棉花价格保险的供给双方的意愿和影响因素，测算农民愿意支付的最高保费水平，对可能带来的种植面积变化进行模拟分析，并提出棉花价格保险政策的完善建议。

1.3 研究意义

新疆目前是我国最大的棉花主产区，新疆农民的收入主要依靠棉花种植，整个棉花产业链为新疆经济的繁荣和人民生活水平的提高做出了巨大贡献。棉花支持政策执行效果的好坏直接影响新疆棉农种植棉花的积极性，现行的棉花目标价格补贴政策在执行过程中出现了一些新的问题和矛盾，亟须寻找新型棉花补贴方式进行转型。棉花"价格保险+期货"从 2017 年开始在全国范围内试点，目前国内关于棉花"价格保险+期货"的相关研究还处于起步阶段，缺乏深入的剖析和研究。

1.3.1 理论意义

第一，丰富了我国当前棉花补贴政策的相关理论研究。棉花价格保险作为探索中国棉花补贴政策"转箱"的措施之一，它具有市场化操作优势、农村金融工具支农的政策属性，研究其对目标价格补贴政策替代的相关问题，对丰富农业政策研究，尤其是棉花补贴政策的相关理论研究，具有一定的理论推动作用。

第二，丰富了我国棉花价格风险管理理论的研究。从学术界的研究来看，以往关于棉花保险的理论研究主要针对棉花自然灾害风险，而对于棉花价格风险管理研究的理论还比较欠缺。尤其是在目标价格补贴政策实施以后，我国棉花价格已经基本实现了与市场的接轨，价格风险管理研究领域仍有较大的研究空间。因此，本书的研究对于丰富我国棉花价格风险管理相关理论具有重要的理论意义，能够为未来的研究提供有益的借鉴。

第三，从理论角度分析价格保险是否比目标价格补贴更优，对中国探索新型棉花支持政策具有很重要的理论价值。在当前关于目标价格补贴政策改革及探究棉花支出政策"转箱"的问题上，现有文献中主要有两种思路：第一种是优化和完善现有的棉花目标价格补贴，使补贴政策符合 WTO 规则；第二种是提出用棉花价格保险来替代目标价格补贴政策，从理论上探究其可行性以及理论上对生产和农民福利产生的影响。本书选择第二种思路来研究，这对我国探究新型的棉花补贴政策具有重要的理论价值。

第四，棉花价格保险作为政府提出的探索新型棉花补贴政策的措施之一，目前对于相关问题还缺乏系统的研究。本书在试点地区调查的基础上运用数理模型围绕这一主题进行的系统性研究，本书期望能够对这一领域的研究做出有价值的理论贡献。

1.3.2　实践意义

第一，在 WTO 规则下探索我国棉花补贴政策改革，具有迫切的现实意义。在世界上棉花补贴逐步向脱钩方向发展的趋势下，我国的棉花目标价格补贴政策面临着较大的国际争议和国内财政负担较高的压力，长期来看，当前的补贴政策不具有持久性。在 WTO 规则下，探究新型棉花补贴政策来替代目标价格补贴对实现我国棉花补贴政策的"转箱"，促进棉花产业高质量发展具有迫切的现实意义。

第二，基于试点的棉花价格保险案例和调查分析，将有助于棉花价格保险政策的优化和推广。对当前各地棉花价格保险政策试点情况进行深入调研，对当前不同模式的棉花价格保险进行总结，总结这一政策在试点中存在的不足及其优势，为当前试点地区和要进一步扩大棉花价格保险的试点区域，提供相关的棉花价格保险政策的优化建议。

通过对现有的试点进行跟踪调查，对相关保险公司和管理部门的访谈，能够明确影响棉花价格保险政策的制约因素以及优化空间，这有助于检验棉花价格保险能否稳定棉农收入、保障棉花资源的稳定供给、促进棉花产业的高质量发展，有助于棉花价格保险政策的优化和以后在实践中的大范围推广。

第三，研究棉花价格保险替代目标价格补贴政策，可以有助于实现政府对补贴额度的精准预算，降低行政成本的目标。

实施棉花价格保险政策，可以有效解决政府支出不稳定的问题。在目标价格补贴政策下，我国政府在政府预算的时候，对不同年份对棉农的补贴金额不能做到准确且稳定的预算，在操作中影响了这一政策的运行效率。使用棉花价格保险，政府在进行预算的时候能够做到对相关主体的补贴金额进行准确预算。

实施棉花价格保险政策，可以有效地降低行政成本。在目标价格补贴政策时，政府公检的行政成本高，一旦采用棉花价格保险的政策，就会把对棉花质量、产量的检查工作交给保险公司去做，恰好保险公司在我国已经具备了丰富的经验，用棉花价格保险去替代目标价格补贴政策能降低政府支出。

第四，对探索符合我国国情的棉花价格风险保障体系有重要的实践意义。当前我国棉花目标价格补贴政策的实施已基本实现了棉花价格与市场的接轨，有效地改善了棉花市场效率，扭转了棉花质量持续下降的态势，提升了棉花质量，保障了棉农的植棉收入，稳定了棉农植棉积极性。同时，棉花产业重新恢复到了供给弱弹性、需求强弹性的基本特征，棉花价格在未来将持续激烈波动。棉农除了受到自然灾害风险，棉花价格所产生的市场风险日益引起了农民和政策制定者的关注，但是我国目前还没有形成比较完善有效的对市场风险规避措施，更没有形成相关的体系。因此，研究棉花价格保险，不仅对探索符合我国国情的棉花价格保障体系有现实意义，而且为完善我国的农业风险管理有重要的实践意义。

1.4　国内外研究现状及评述

1.4.1　国外研究现状

1.4.1.1　棉花补贴政策的研究

世界上对棉花进行补贴的国家主要集中在美国、欧盟和中国，国外对棉花补贴政策的研究主要集中在补贴现状、补贴的政策效应、补贴政策调整等方面。本部分从发达国家或地区的棉花补贴政策分别进行归纳总结。

（1）美国棉花补贴政策研究。

棉花补贴现状。美国的棉花补贴是随着1933年的《农业调整法》作为商品计划的一部分而引入的（Lakatos 和 Walmsley，2014）。在棉花期货市场价格为0.70美元/磅的情景下，美国棉花生产商预计每年将获得超过15亿美元的补贴，从这种情况看美国对棉花的补贴价值达到了美国棉花生产市场价值的41.5%（Lau等，2015）。自1995年以来，美国所有的棉花生产者每年获得的总补贴金额平均为21亿美元，这些补贴相当于农作物实际价值的50%；在10年前棉花价格飙升之前，大约70年的时间里，农场棉花每年收入的一半以上依赖政府支付（Glauber 和 Sumner，2016）。棉花农场的收入中，有一半或一半以上来自政府支付的款项和相关项目，包括政府资助的农作物保险和出口补贴（Sumner，2016）。

在获得补贴方面，美国棉农在同类农民中位列第一，他们从政府转移支付中获得了意外的财政收益（Watkins，2002）。由此可见，在美国政府对棉花种植者的补贴水平是非常高的。

棉花补贴的政策效应研究。尽管美国在发展中国家倡导自由贸易和开放市场，受到美国政府对棉农补贴的影响，正在摧毁脆弱地区农民的市场，其中受世界棉花市场不公平竞争影响最严重的地区莫过于撒哈拉以南非洲（Watkins，2002）。有学者认为，若美国取消棉花补贴，预计全球陆地棉价将上涨，其幅度之大足以对其他国家棉花生产商的收入和利润产生重大的积极影响，这些影响对巴西和其他国家的农民具有重大的经济意义，取消美国的补贴将大大改善他们的经济状况，对许多农场来说，12% 左右的价格上涨就足以使盈亏相抵（Sumner，2003）。也有学者对此提出了质疑，认为尽管补贴对生产和消费有影响，但它对价格的影响却很有限，进一步研究发现：数量、价格、库存和补贴之间的动态关系比基本理论所提出的关系要复杂得多，通过模拟分析结果表明，即使美国大幅削减补贴，也不一定会导致全球价格大幅上涨（Shepherd，2004）。有研究认为美国取消棉花政策对世界棉花价格的影响估计在 5.9% ~ 17.0%，如果美国削减棉花补贴，世界棉花价格将上涨，贝宁、布基纳法索、乍得和马里将受益（Alston 等，2007）。有研究认为，美国对棉花的这些补贴对世界棉花价格存在长期和短期的负面影响，长期的影响比短期的影响要小（Fousseini，2011）。有研究认为美国的棉花补贴相关政策对包括巴西在内的国际棉花生产国产生了伤害，从经验来看，通过补贴政策人为压低世界价格对出口商造成的损害是合理的判断（Ridley 和 Devadoss，2012）。为进一步研究此类问题，有学者运用 Meta 分析框架，研究结果表明，美国取消补贴将提高世界棉花价格（Guerreiro 和 David，2014）。也有研究发现，以每磅棉花 0.70 美元的市场价格计算，美国棉花补贴对世界棉花市场具有重大影响：美国棉花补贴计划使美国棉花种植面积扩大 210 万英亩，每年增加美国棉花出口 300 万包，抑制世界棉花价格上涨 6.9%；这种程度的价格抑制效应转化为全球每年带来近 33 亿美元的损失，这些损失来自全球棉花生产国，其中大多数是发展中经济体（Lau 等，2015）。从这些学者的研究中可以发现，大多数学者认为美国的棉花补贴对世界的棉花价格及发展中国家的棉花种植者的收益有较大的负面影响。

美国棉花补贴政策的调整。在 2014 年农业法案以前，美国棉花补贴的主要类别有：基于价格的支付（营销贷款支付）在市场价格低于贷款利率时提供支持，不同的形式包括贷款不足支付（LDPs）、营销贷款收益（MLGs）和商品证书；在国内价格超过世界价格的情况下，向陆地棉出口商和最终用户提供的一项特别销售贷款；脱钩或直接支付是与生产或市场价格无关的年度支付，目的是根据历史面积和产量支持生产商；农作物保险是对农作物因自然灾害或市场波动造成的损失，按年投保农作物产量或收入的保险；反周期支付（以前称为短缺支付）是自动支付，用于弥补较低的市场价格和目标价格之间的差额（Lakatos 和 Walmsley，2014）。反周期补贴于 1973 年首次实施，当时叫作自动支付，在 1996 年农业法案被终止，2002 年重新恢复反周期补贴（Monke，2004）。直接支付（DP）和反周期补贴（CCP）属于美国农场安全网下商品计划的内容。直接支付最早由 1996 年的农业法案确立，确定直接支付是为了摆脱之前的目标价格补贴，直接支付是根据农场的历史种植面积、历史产量和国家支付率确定的年度支付（Shields 等，2010）。

2002 年，美国的棉花补贴被巴西起诉，认为其棉花国内支持和出口补贴违反了 WTO 的《农业协定》。2004 年 9 月，一个世界贸易组织争端解决小组发现，美国的某些农业支持支付和担保，包括根据销售贷款和反周期计划向棉花生产商支付的款项以及根据 GSM-102 项目提供的出口信贷担保，与世贸组织的承诺不符；2005 年，美国对其棉花和 GSM-102 项目进行了几项修改，试图使它们符合世贸组织的建议。然而，巴西认为美国的反应是不够的。2007 年 12 月，世界贸易组织的一个合规小组做出了有利于巴西对美国提出的不合规指控的裁决（Schnepf，2011）。

美国棉花补贴政策"转箱"的主要做法——农作物保险。

在未实施农作物保险替代直补政策前，有学者预测在 2014 年美国农业法案中，传统的价格和收入支持计划可能最终会被淘汰，其方向是强烈支持农作物保险模式（Zacharias 和 Collins，2013）。在 2014 年农业法案公布以后，证实了这一点。尽管在巴西成功提起诉讼后，美国仍在维持对棉花行业的扭曲补贴（Dakouré 和 Pamela，2013）。美国与巴西的棉花案双边协议没有改变美国的棉花补贴制度，2014 年美国农业法案仍严重扭曲了贸易，美国只是取消了过去的直接支付、反周期补贴等措施，取而代之的是改用了农作物保险的形式来继续支持棉花产业发展（Lau 等，2015）。这也说明，在 WTO 规则下农作物保险是支持和保护农业发展的一种可行的措施。由于国际压力和不断上升的补贴支出，美国在 2014 年农业法案后调整了棉花补贴政策，即以农作物保险为主体来实现对棉花产业的支持。农作物保险将在 2014 年农业法案中扮演关键角色，作为解决 WTO 争端的一部分，2014 年的农业法案向棉农提供了一项新的、大量补贴的以县为基础的保险计划，以取代长期存在以价格为基础的补贴（Goodwin 和 Smith，2012）。2014 年新的农业法案取消直接支付（DP）、反周期价格（CCP）计划和平均作物收入选举（英亩）计划，重组了对传统计划作物的农业支持；取消这些农业项目节省下来的大部分资金被用来抵消修改剩余项目、增加永久性灾难援助和加强农作物保险（Chite，2014）。《2014 年美国农业法》为陆地棉花引入了两项新的农作物保险计划：补充保险计划（SCO）和叠加收入保障计划（STAX），SCO 和 STAX 被称为浅损失项目，因为它们通常有较低的免赔额，而且不像其他联邦农作物保险项目那样补偿较大的损失（Hungerford 等，2016）。在 2014 年新农业法案颁布后农作物保险已成为美国农业政策的重要组成部分（Jennifer 等，2015）。美国使用农作物保险来替代了原有违背 WTO 规则的补贴措施，达到了政策"转箱"的目的。

（2）欧盟棉花补贴政策研究。

在欧盟，希腊和西班牙是两个主要的棉花生产国。希腊的三个主要生产区是塞萨利、马其顿—色雷斯和斯特利亚·埃拉达；在西班牙，主要生产地区是安达卢西亚、塞维利亚、科尔多瓦省和瓦伦西亚①。在欧盟内部，希腊是最大的棉花生产国，约占欧盟棉花总产量的 70%（Petsakos 等，2009）。欧盟对棉花种植者的补贴始于 1981 年希腊加入欧洲经济共同体，尽管欧盟棉花的市场份额较小，但发展中国家的指责称，欧盟棉花补贴计划是贸易扭曲最严重的计划之一，因为有较高的支持水平，棉花补贴必须降低（Vlontzos，2007）。

补贴政策的效应研究。得益于欧盟的棉花支持政策和替代作物价格的下降，导致棉花面积和产量的大幅度增加；希腊自加入欧盟以来，棉花种植面积增加了165%，而在西班牙，这一数字为 45%（Botonaki 等，2009）。有学者研究发现，补贴在脱钩改革实施前对农业生产率产生了负面影响；在脱钩之后，补贴对生产率变成了积极的影响（Rizov 等，2013）。

欧盟棉花补贴政策"转箱"的具体做法。希腊加入欧盟后，其棉花种植补贴方案最初是基于市场价格支持，没有任何限制（Vlontzos，2007）。2003 年经过各方讨论，对于欧盟的棉花支持政策改革达成了一致，认为其政策方向是建立

---

① 资料来源：http://www.fao.org/3/j2732e/j2732e05.htm。

包括挂钩和脱钩的组合计划，也就是说，提出一种混合的非扭曲贸易（"绿箱"）和较少扭曲贸易（"蓝箱"）相结合的农业支持形式，这包括一个完全脱钩的单一农场支付（收入援助）和一个地区支付（生产援助）（Karagiannis，2004）。2003 年 6 月，欧盟部长理事会同意将宣布为"蓝箱"支持的耕地面积和牲畜屠宰费用的直接支付进一步脱钩，以创建 SPS（Single Payment Scheme）（欧盟理事会，2003）。欧盟农业专员弗朗茨·菲什勒（Franz Fischler）于 2002 年 6 月发起了改革辩论（欧共体委员会，2002）。第二轮改革于 2004 年 4 月达成协议，将直接支付给棉花、橄榄油、烟草和啤酒花生产商的资金纳入 SPS，这些资金此前被宣布为"黄箱支持"（Swinbank 和 Tranter，2005）。在欧盟棉花补贴脱钩（2004 年 4 月 29 日的欧洲共同体第 864/2004 号决议）后，最低保证价格（1010 欧元/吨）被基于固定付款的脱钩补贴（1509 欧元/公顷）所取代。2000~2002 年，在合资格的 7 万公顷土地获得的补贴中，已脱钩的补贴占 65%。此外，如果棉花作物达到开囊期，生产商可能会获得面积补贴（最高 1039 欧元/公顷）（Arriaza 和 Gomez-Limon，2007）。2004 年 4 月通过了《关于棉花政策的第 864/2004 号》，其目的是使棉花制度符合目前正在进行的上限改革进程，该进程的指导原则是从价格和生产支助转向收入支助。新的棉花制度将援助区分为脱钩和耦合。前者指的是单一的农场付款，不与生产挂钩，并设定为向棉花生产商提供的全国援助份额的 65%。后者指的是一种生产助剂，因此与棉花产量有关。偶联付款是在开球时支付的，被设定在剩余的 35%（Botonaki 等，2009）。

1.4.1.2 农业保险研究

农业生产通常是一项高风险的经济活动；在许多情况下，农民也面临着灾难性的风险，比如农作物和牲畜可能被飓风、洪水、火灾和干旱等自然灾害破坏；农民及家人也可能因事故、疾病或死亡而致残的风险（Peter 等，1986）。农民面临各种气候、病虫害、投入供给和市场相关风险；农民面临的主要风险可分为以下几类：市场风险，如产出和投入的价格、利率；资源风险，如劳动力、信贷和灌溉用水供应不确定或种子和肥料供应的及时性；生产风险，包括所有与虫害、疾病及天气有关的风险；农民及其受养人的健康风险（疾病、死亡和意外事故）；资产风险，如建筑物、机器及牲畜遭盗窃或失火损毁；以及其他风险，如没收土地、战争损失和其他天灾（Peter 和 Hazell，1992）。有学者提出农民主要面临的风险可分为：产量风险、价格风险、制度风险、人员风险、财务风险；一般来说，主要农作物的生产者往往更关心价格和产量风险，而畜牧业和特色作物种植者则更关心法律法规的变化，笔者在书中指出特定商品的价格风险往往不会随地域而变化，而且取决于商品库存水平和出口需求等因素（Harwood 等，1999）。未来收入的不确定性使农民的短期生产决策和长期计划（例如扩大机械设备的生产或资本投资）复杂化；这也使贷款机构不太愿意向农民提供贷款，因为违约的可能性相对较高（Miranda 和 Vedenov，2001）。有学者提出农产品价格风险往往是不对称的，趋势变化很大，偶尔会出现价格大幅上涨，价格低谷不那么明显；在全球层面，发展中国家贫穷消费者面临的粮食价格飙升的风险比发达国家农民面临的粮食价格下降的风险更为突出；另外，农业中不同形式的风险之间存在典型的相关性，特别是收益风险和价格风险往往是负相关的，收入波动小于价格或收益率（Tangermann，2011）。

农业保险是一种比传统风险管理更有效的工具，并且不扭曲市场价格。农业保险机构能够克服协变问题，它们应该能够提供一种比传统上提供给农民更有效的风险管理工具（Ray，1967；Ahsan，1985）。农业保险是一种有效的风险分担机制；在实践中，农业保险是将风险从农民转移到政府或其他保险公司的一种代价高昂的手段；政府为引导农民参与农业保险，承担了重大的社会成本（Nelson 和 Loehman，1987）。与传统的风险管理方式相比，对于厌恶风险的生产者来说，更偏好于选择农业保险来实现风险分散的目的（Williams，1988）。农业保险具有不扭曲市场价格的特点，能够减少农民的收入波动；并且能够减少政府的财政负担，是最有效的风险管理措施（Hart 和 Babcock，2001）。农作物保险可以作为价格和产量风险的管理工具来分散价格和产量风险（Coble 和 Knight，2002）。有学者进一步提出农民有各种各样的办法来管理风险，从减少风险的战略（如通过适当的生产技术）到减轻风险的方法（如通过多样化和各种市场工具），再到应付风险的可能性（主要是通过金融工具）（Tangermann，2011）。就农业保险而言，发达国家的农业保险政策可分为三类：特定或指名风险产品、多重风险或全风险产品和指数化产品（Smith 和 Glauber，2012）。在美国、日本、加拿大和欧洲等发达经济体，农业保险的特点通常是基于赔偿的项目，为农作物和牲畜提供针对指定危险、多种危险以及最近出现的价格和收入风险的保险（Glauber，2015）。

农业保险中的道德风险和逆向选择问题。逆向选择与道德风险行为一直是农作物保险计划中的重要问题，尤其是当生产者在购买保险后改变其行为以影响他们获得赔偿的可能性时，道德风险问题就出现了（Glauber，2015）。由于逆向选择和道德风险等形式的信息不完全，导致竞争性的保险市场通常不存在（除非给予补贴），或者提供的覆盖范围不足（Rothschild 和 Stiglitz，1976）。在此基础上提出，公共补贴可能是解决这一问题的"次优"方案，但可能存在更好的替代方案（Nelson 和 Loehman，1987）。如果保险公司要提高自己应对道德风险的能力，就必须提高自己发现"贫穷的农业生产模式"的能力，让自己拒绝赔偿可避免的损失，保险公司尽可能多地收集有关农民的先验信息（Chambers，1989）。有学者研究认为农业保险市场失灵的原因，完全源于信息不对称问题，尤其是逆选择和道德风险问题（Miranda 和 Glauber，1997）。有效的风险分类和费率结构对保险的成功至关重要（Coble 和 Knight，2002）。

众多学者对影响农民购买农作物保险意愿的主要因素进行了研究，主要有收入水平（Vandeveer，2001；Zhao 等，2016；Boyer 等，2016；Elum 等，2018）、保险产品的灵活性（Sherrick 等，2003）、保险知识（Boyd 等，2011）、以前购买农业保险的经验（Boyd 等，2011；Santeramo，2018）、农民的风险偏好或风险态度（Boyd 等，2011；Roe，2015）、对保险公司的信任（Boyd 等，2011；Lin 等，2015）、保费水平（Boyd 等，2011；Zhao 等，2016；Santeramo 等，2018）、教育水平（Kong 等，2011；Lin 等，2015；Fahad 等，2018；Budhathoki 等，2019）、生产者年龄（Sherrick 等，2004；Boyer 等，2016；Ellis 等，2017；Fahad 等，2018）、作物类型（Ellis，2017）、作物成本（Yehouenou 等，2018）、农业生产经验（Fahad 等，2018；Elum 等，2018）、土地规模（Sherrick 等，2004；Fahad 等，2018）、订单的复杂性（Budhathoki 等，2019）和现金持有量（Budhathoki 等，2019）。不同学者基于不同的视角和不同的农业保险，认为对影响农民参加农作物保险意愿的因素有哪些也存在一定的差异。

1.4.1.3 保费研究

首先是对牲畜保险费率的研究。美国的牲畜价格风险保障计划、牲畜毛利润保险和奶农收益保障计划以及加拿大的西部牲畜价格保险计划是国外学者最注重研究的几种农产品价格风险保险计划。2002 年畜牧收益保险和畜牧价格保险在美国正式出现，其中期货市场价格是农户未来保障的依据。对比农产品价格保险与传统收入保险，得出结论是收入保险保费更高；农业生产者对价格保险更感兴趣（Companies，2003）。有学者对一系列风险环境和奶农收益保障计划（MPP）政策选项下的奶农决策和综合政策成本进行了模拟，数据表明奶农收益保障计划固定费率造成的财政支出压力远高于实施类似农作物收入保险采用的差异化保费补贴政策（Newton 等，2016）。

其次是对农作物保险费率的研究。有学者通过模拟乔治亚州和南卡罗来纳州桃子的州级价格和农场产量来估计产量保险和收入保险产品的精算费率，得出以下结论：两种产品的保险费率都随着农场平均产量的增加而递减；对于给定的覆盖率和平均农场产量，收入保险的费率等于或超过产量保险的费率（Miller 等，2000）。有学者利用与时间相关的条件异方差模型和混合物分布模型来评估玉米和小麦的价格风险，并在此基础上测算了作物收入保险计划的费率（Goodwin Coble，2000）。有学者以美国得克萨斯州的棉花为例，通过多变量非正态参数模拟出棉花产量和价格分布，然后评估和比较棉花替代作物保险产品的成本效益，并分析其预期对增加生产者净收益和最小化净收益变化方面的影响，并对农业保险及其费率进行了研究（Field 等，2003）。有学者研究认为印度等几个发展中国家财务表现不佳的关键原因之一是缺乏健全的费率制定程序（Goodwin 和 Mahul，2004）。有学者基于农场水平的产量数据运用层次贝叶斯模型为农产品产量保险合同进行定价，直接从后验分布中获得保险费率的估计值，大大改善了公平保费率的估计（Ozaki，2009）。

1.4.2　国内研究现状

1.4.2.1　国内棉花补贴政策的研究

国内棉花补贴政策研究主要集中在国际棉花补贴政策经验借鉴、国内棉花补贴政策实施效果评价、棉花补贴政策的影响研究、棉花补贴政策改革探索等方面。

（1）国外棉花补贴政策的介绍与经验借鉴。

我国学者对国外棉花补贴政策的经验借鉴研究，基本上集中在 2001 年 12 月我国加入 WTO 以后，主要目的是学习别国的先进政策和经验来应对国际竞争，保障国内的棉花产业稳定发展，国内学者的研究出发点又主要集中在美国的农业法案变化上，对于其他国家的政策经验总结较少。从时间顺序角度来看，以下学者对这一方面开展了有代表性的研究：

祁春节（2003）介绍了美国 1996 年和 2002 年美国农业法案中关于棉花补贴的主要内容，并介绍了追索权贷款项目、销售贷款偿还项目、农场主偿还选择权、三步竞争条例的运作模式。章杏杏和朱启荣（2005）介绍了美国生产补贴、销售补贴、贸易补贴和限制性补贴，并简短地分析了对美国棉花出口、发展中国家及对我国棉花生产的影响。潘苏和谭砚文（2007）比较分析主要发达国家和发展中国家棉花补贴政策，认为发达国家实施的棉花补贴政策严重扭曲了世界棉花贸易，中国要应对发达国家的棉花补贴政策，建议要建立起符合 WTO 规则的棉花支持政策，加强与发展中国家的国际合作。谭砚文（2009）考察了美国 2008 年农业法案中棉花补贴政策的改革内容，对完善我国的棉花补贴政策体系提出了如下政策启示：应进一步扩大良种补贴的范围和力度，实施以保障棉农收入为核心的补贴政策、实施提高单产水平及综合生产能力的"绿箱"补贴政策、加强国家对棉花生产及市场的宏观调控。孙靖帮等（2010）分析了 2008 年美国农业法案的调整内容及美国实施 2008 年农业法案后对美国正面影响和负面影响，并从实施以保障收入为核心的补贴、进一步完善良种补贴、不断完善投入要素补贴、实施以提高单产水平及综合生产能力的补贴几个方面提出了建立和完善我国棉花生产补贴政策体系的建议。蔡高强（2010）对美国 1996 年、2002 年、2008 年农业法案中关于棉花补贴规定的阐述基础上，提出了对我国的棉花补贴机制的借鉴，具体有：第一，要建立和完善棉花良种补贴机制；第二，调整棉花收购价格机制，实行差额补贴制度；第三，实行目标收入差额补贴制度和风险补偿机制相结合；第四，完善棉花储备调控的补贴机制。解运亮（2013）对美国 2002 年农业法案和 2008 年农业法案中的棉花补贴政策归纳整理和分析其实施的影响后，提出我国的棉花产业政策要应充分发挥市场机制的基础性调节作用、应加强对我国棉花生产的支持和保护、应以直接补贴为主对棉花生产进行补贴、应着力提高棉花生产的集约化和机械化水平、应加强棉花调控立法以提高政策透明性和延续性。杨秀玉（2013）阐述美国 2014 年农业法案的新变化，即叠加的收入保险计划取代原有的直接支付、反周期支付、平均农作物收入选择支付等直接价格支持政策；并分析了 2014 年农业法案棉花补贴政策主要特点：以更加适应 WTO 规则为前提，以保障棉花农场主实现收入目标为核心内容，是参议院农业法案与众议院农业法案不同利益集团博弈的结果。周思涵（2014）归纳和分析了美国农业法案及棉花补贴政策演变过程后，提出了对我国棉花政策的借鉴和思考：棉花政策要充分考虑 WTO 合规性问题、提高棉花生产竞争力是保护棉农收入的长远之策、中国棉花政策的着力点在于保供给、促平稳。龚光亚和郑磊（2015）对世界主要植棉国家当前的棉花支持政策进行了梳理，2014 年美国农业法案废除了绝大部分棉花直接补贴，棉花的补贴转为以贷款和保险为主；印度政府以实施最低支持价格政策为主导、配合一系列辅助性支持政策对棉农、加工厂、棉商进行补贴政策；巴西棉花价格支持政策主要包括产品售出计划和期权合约补贴；认为世界棉花主产国棉花政策特点有：政策以保障棉花种植者利益为首要目的、补贴种类多样化、补贴对象多元化、发达国家补贴政策注意规避贸易纠纷、发展中国家政策更重视对棉花种植水平的提高。毛德敏（2016）在归纳美国、巴西、印度棉花补贴政策的基础上，对新疆棉花补贴提出：新疆应扩大棉花补贴范围，确保棉农种棉收益；加大对棉花保险的投入和支持力度，降低棉花生产风险。美国 2014 年农业法案后，棉花产业政策主体调整为由风险管理体系取代收入补贴体系（代瑞熙等，2017）。

（2）棉花补贴政策的实施效果评价。

政策效果评价是近年来农业政策研究中的一个热点领域，在 2014 年新疆实施棉花目标价格补贴政策以后，针对政策预定的政策目标，评估政策是否达到了预期效果，这方面受到了广泛的关注。比如，棉花目标价格改革试点使棉花市场价格形成机制初步建立；棉花生产继续向优势区域集中；棉纺织企业经营状况趋于好转（卢凌霄和刘慧，2015）。棉花目标价格改革试点完善了棉花价格形成机制，保护了试点区棉农的利益，稳定了新疆棉花生产，基本达到了预期改革目标；但是，在试点中存在财政成本和风险巨大；政策执行成本高昂；影响地方政府的日常中心工作；容易滋生腐败现象和引发社会不稳定等问题（黄季焜等，2015）。目标价格对稳定新疆棉花生产、完善农产品市场调控政策体系发挥了积极作用；但是存在种植面积核实工作繁复，行政成本耗费大，补贴发放次数多、时间长，影响种植结构的调整；入库公检程序多、操作慢，棉花存销成本过高等不足（王力和温雅，2015）。目标价格补贴模式符合新疆实际情况，市场主体对政策满意度较高，以供需为基础的棉花市场价格机制迅速形成，农民利益得到了保护，棉花产业整体竞争力增强；但财政成本偏大，财政压力较大，且面临"黄箱"补贴的限制，在供大于求的市场状况下未来政策实施难度较大（翟雪玲和李冉，2015）。目标价格补贴政策对新疆棉花发展的促进和棉农收入的提高作用是肯定的，但现有补贴政策程序复杂、工作量大、成本高目标价格补贴操作难、纠纷多，补贴资金发放不及时，补贴资源分配不公，补贴政策及配套管理措施不完善，以及收储政策导致国内纺织业萎缩，高价补贴不利于构建棉花产业的市场化调节机制（田立文等，2015）。从全产业链角度对新疆"60%面积补贴+40%产量补贴"、完全按照面积补贴、完全按照产量补贴和新疆生产建设兵团（以下简称新疆兵团）完全按照产量补贴等补贴实施情况进行全面分析，分别从棉农收入、加工企业销售、纺织企业用棉、棉花品质和植棉面积调整等方面分析了政策实施的效果（张杰和杜珉，2016）。棉花目标价格改革试点在建立农产品价格市场形成机制的同时，有效保护了棉农的基本利益，促进了棉花产业的健康发展和地方经济发展。今后需合理制定目标价格，发挥其对棉花减库存、调结构的协调配合作用；科学制定棉花风险管理、节本增效和提质增效等配套措施，发挥政策分工协作、功能互补的组合效应（朱满德和程国强，2017）。自棉花目标价格实施以来，基本保障了棉农收益，完善了市场价格机制，提升了棉花质量（王力和何韶华，2018）。

（3）棉花补贴政策的其他影响研究。

棉花补贴政策除了对棉农有影响，也会对产业链、全要素生产率、进出口、产量、播种面积产生一定的影响。比如，它在保障棉花生产和供应、维护棉农利益以及防止棉价过度波动等方面起到了一定的积极作用，但同时也给棉农和棉纺企业带来一些负面影响（李丽和胡继连，2014）。棉花临时收储政策对稳定国内棉花价格作用显著，但由于国内棉花产业链现状及产业链内利益竞争，收储政策对保护棉农利益的作用有限（张立杰和玛依拉·吐尔逊，2015）。中国整体及主要的棉花种植省份在实施棉花良种补贴政策实施以后，中国棉花全要素生产率比政策实施前有所下降，其中技术进步指数的降低成为全要素生产率下降的主导因素（关建波和谭砚文，2014）。目标价格补贴政策能够刺激生产，使产量增加、国内市场价格下降、进口减少；与按照面积补贴相比，按照产量补贴对增产的刺激作用更大（柳苏芸等，2015）。目标价格虽然可以稳定和提高棉花产出，但对于普通农户的收入影响却不大（常江和孔哲礼，2016）。也有学者以棉花和豆类产品的收储及补贴政策为例，研究得出农产品政策变化对国际市场价格传递效应的影响程度与期货品种特点有密切关系（许祥云等，2016）。尽管棉花目标价格低于临储价格，但改革仍使棉花播种面积和产量分别显著增长了 17.6% 和 16.8%（贺超飞等，2018）。

（4）棉花补贴政策改革探索。

从理论上探索农业政策转箱的成果相对丰富，针对棉花补贴政策"转箱"改革的研究则比较少。有学者运用 WTO "综合支持量"（AMS）指标体系，测算中国近 6 年棉花价格补贴政策支持水平、非特定农产品"黄箱"补贴剩余政策空间，并在分析当前的棉花"绿箱"补贴措施支持水平后，对中国棉花补贴政策"转箱"提出了如下建议：今后应加快棉花价格补贴政策的"转箱"改革，减少

"黄箱"补贴,增加"绿箱"补贴,尝试使用"蓝箱"补贴,用好、用足非特定农产品"黄箱"补贴对棉花生产进行支持,促进棉农增收的同时,保证中国棉花产业持续稳定发展(祝宏辉和李聪聪,2017)。

目前探索棉花补贴政策改革主要有两种实践思路:

第一种实践思路是在目标价格补贴政策的基础上进一步优化和完善目标价格补贴政策。有学者提出,第一,棉花目标价格补贴必须与棉花质量紧密挂钩,坚持优质优价的原则,数量补贴部分最好能加上棉花等级的差价,质量越高,补贴越高,以此提高棉农植棉的质量;第二,建议相关部门尽快明确棉花目标价格的定价标准;第三,建议逐步完善棉花种植保险和收入保险政策;第四,建议加强棉花基础统计数据的法治化平台建设;第五,建议以信息化为载体降低政策执行的行政成本(刘艳梅,2016)。也有学者建议在我国棉花目标价格补贴试点改革政策的基础上,提出了保障目标应从稳定棉花供应数量向提高棉花种植质量转变、建立更加科学透明的棉花目标价格定价机制、建立健全棉花种植保险政策、构建棉花目标价格数据平台等(张晓玲,2018)。还有学者认为要坚持实施目标价格补贴,不断深化补贴机制,将期货价格纳入目标价格的采价系统(展祎和祖力亚尔·艾力,2019)。

第二种实践思路是在采用新的补贴政策(棉花价格保险)来替代目标价格补贴政策。有学者运用制度经济学、行为经济学等相关理论探究了实施棉花价格保险替代目标价格补贴政策的可行性王艺霖(2018)。有研究基于新疆兵团的试点,分析了棉花价格保险试点过程中取得成绩和存在的不足,尤其是在降低政府财政负担方面作用明显(程文明等,2019)。针对棉花价格保险政策在试点中关于棉花价格保险的政策目标、补贴对象、补贴依据、保险公司与小农户合作、逆向选择和败德行为等关键问题提出了解决思路(王力和程文明,2019)。对棉花"价格保险+期货"价格试点改革进行了调查分析,重点分析了试点的效果和存在的不足(王力等,2019)。

1.4.2.2 农业保险研究

农业保险是一种有效的事前管理措施,侧重于对农业生产提供必要的风险准备和经济补偿,无论是原始的农业风险储备还是现代意义上的农业保险,都是农业系统中不可缺少的保障环节(李玉勤,1996)。尤其是现代意义上的农业保险制度,它即是符合国际上通行的"绿箱"政策的支弄工具,也是管控农业风险的有力且最为有效的手段和方式(黄英君,2007)。农业保险已经成为对农业进行系统性投入的重要组成部分（李玉勤，1996），旨在为农业提供风险保障、分散农业风险、稳定农村经济，在农业生产经营的过程中发挥了现代风险管理工具的作用（黄琦和陶建平，2016）。政策性农业保险在本质上不是保险，更不是一种商业行为，而是借用保险外壳或操作机制，实现国家农业发展目标的政策工具（庹国柱，2017）。农业保险不仅仅是单纯商业性质的农业保险，更是国家农业发展政策的重要组成部分，担负着多种重要的制度功能和使命（庹国柱和张峭，2018）。

关于农业保险建设的研究。在我国2001年11月加入WTO以后，已有多位学者为我国的农业保险建设给予了重要的建议：首先，必须加强农业保险立法（任巧巧，2002；李冬妍和赵欣彤，2011；陈德萍，2012）；其次，适时选择合理的农险发展模式，加大政策支持与财政扶持，建立农业保险基金，培育农村保险市场，尽快建立符合我国国情的农业保险体系（任巧巧，2002）。针对我国农业保险体系建设，我国应建立健全以政府政策性保险为主导、农民合作保险为基础、商业性保险为补充的兼具政策性、互助性、经营性特点的农业保险制度体系（胡亦琴，2003）；创立农民、监管部门、保险公司和政府联办的经营模式（李冬妍和赵欣彤，2011）；建立"政府支持下的商业保险公司经营"组织，建立"三级"保障机制，加大财政补助力度，设立农业巨灾风险基金等（陈德萍，2012）；必须坚持已经确定的农业保险制度，中央指导各省制定或完善农业保险经营模式，加速建立中央和省两级农业保险大灾风险分散制度，继续加大财政政策的支持力度，尽早建立农业保险费率精算制度及合理调节机制，努力探索农业保险市场的竞争与合作机制，扎实抓好经营主体依法合规经营以及必须全方位加强对农业保险的监管（庹国柱和朱俊生，2014）。

农产品价格保险的相关研究。近几年，这一领域的研究引起了学者的广泛关注。

有研究指出农产品期货价格保险能够弥补指数价格保险缺少风险对冲机制的缺陷（余方平和李敬伟，2015）。有学者认为农产品期货价格保险能够推动我国农产品价格形成机制的改革，可以实现国家对农产品补贴方式的转变（闫平和吴箫剑，2015）。有研究认为要保障农产品目标价格保险的顺利推进，必须要从供求双方进行激励，同时要把相应农产品的期货价格作为保险产品的目标价格确定的依据，这样才能是农产品目标价格保险这一险种具有科学性和市场性（叶明华，2015）。有学者认为农业价格保险就是以农户生产的农产品的市场价格变动为风险责任，当农户收获或出栏的农畜产品上市时，市场价格低于保险合同事先约定的保障价格，由保险人赔偿市场价格与保障价格差价损失的保险（庹国柱和朱俊生，2016）。有研究认为，农产品价格保险是一种对农产品价格低于既定价格或价格指数造成的损失给予经济赔偿的新型险种；目前，我国农产品价格保险尚处于初期试验阶段，不仅保费规模小，试点区域有限，而且产品内涵尚没有定论，实践中存在多种变通形式；农产品价格保险发展过程中存在一些难点，包括财政补贴不足、巨灾分摊机制未能有效建立、信息获取困难等（田辉，2016）。农产品期货价格保险在保障国家粮食安全方面存在以下的可能功效：快速扩大农产品价格保险的覆盖范围，提高粮食生产能力及自给率；推进我国农产品价格形成机制改革，保证国家粮食价格的稳定性；激发农民种粮积极性，支持新型农业组织及企业发展，降低国家粮食产量波动；提高国家粮食流通、粮食储备效率，维持国家合理的粮食存储水平；优化粮食作物的种植结构，降低国家粮食贸易依存度（孙蓉和李亚茹，2016）。我国政策支持农产品"价格保险+期货"的供给，其供给也有相应的法律依据，得到供给各方的积极响应。但由于农产品市场价格统计和发布体系尚不完善、供给成本高、期货品种少且上市复杂、期货市场价格发现与套期保值功能不能充分发挥等问题，其供给能力相对较弱（孙乐和陈盛伟，2017）。有学者认为农产品价格保险能否真正实现减少农户因市场价格的波动而造成的损失，取决于两个方面：一是农户对于农产品价格保险的主观评价；二是农产品价格保险保障金额对于农户收入的覆盖程度（吴迪和赵元凤，2018）。有学者提出了价格指数保险也存在的局限性：纯粹的价格保险不完全具有可保性，难以大规模推广；直接承保价格风险可能会抑制市场机制作用的发挥；纯粹的价格保险可能不符合农产品价格形成机制改革的实践方向（朱俊生和庹国柱，2016）。

关于棉花价格保险的研究。对新疆的棉花产业进行了研究并提出，新疆棉花保险产品要立足新疆实际，进行产品细分，进一步做好成本保险，积极开办产量保险，有针对性地开展大气指数保险，抓住棉花目标价格改革时机积极审慎探索棉花收入保险，从而全方位、多角度发挥棉花保险经济补偿功能与作用（王磊焱等，2016）。虽然部分农产品有价格指数保险，因为价格指数保险对保险公司的风险对冲方面有局限，而农产品期货市场因其价格发现功能及对冲机制，使农产品期货价格保险具有相对优势（李亚茹和孙蓉，2017）。有学者以2016年山东地区棉花"保险+期货"试点的具体案例分析，认为当前棉花价格保险的保险费用偏高，影响了价格保险的普及；部分期货品种流动性不足，限制了价格保险的发展；期现货价格存在一定偏差，"基差风险"难以规避（葛永波和曹婷婷，2017）。有学者通过分析美国农业保险的发展提出了我国在棉花价格保险中的经验借鉴和启示（王力和程文明，2018）。有研究基于棉花现货价格对价格保险的定价进行了模拟和预测研究，为实践中的保费确定提供了非常好的借鉴（黄萱蕊等，2018）。有学者对新疆兵团棉花价格保险的试点进行了个案调查分析，总结了试点的经验，并提出了相应的试点思考（程文明等，2019）。有研究对比分析了新疆地方和新疆兵团不同棉花价格保险的实践模式（程文明和王力，2019）。这些相关的研究，都为本书的写作提供了重要的基础。

1.4.2.3 农业保险的定价研究

农业保险定价研究主要集中在三个方面：产量保险定价、收入保险定价和价格保险定价。首先是产量保险定价。有学者以稻谷、小麦、玉米及大豆四种作物为基础，采用正态概率密度和非参数核密度方法测算全国了19个省份的区域产量风险以及对应的保险费率。有学者借助核密度估计方法和混合Copula模型研究了水稻产量和价格风险因子的联合分布，并厘定了多种保险的纯费率。

其次是收入保险定价。有研究采用Copula函数和蒙特卡洛方法测算出陕西省苹果收入保险在70%~95%的保障水平下，纯费率为12%~19%。有学者以阿克苏棉花为例，运用Copula模型对我国经济作物收入保险进行定价，定价过程不仅考虑了产量风险还顾及了价格风险。有研究以新疆棉花为研究对象，运用Clayton Copula模型模拟了两变量的联合风险分布，测算了不同保障收入及其不同保障水平下的收入保险费率。

最后是价格保险定价。有研究分析了北京市蛋料比时间序列波动，在此基础上计算出2013~2014年保险期间内不同保障水平下预期蛋料比水平所对应的保险费率值。使用了近似分布与蒙特卡洛模拟计算得出了原料奶价格指数保险不同保障水平下的保费和费率，并使用确定性等价收入评估该保险对生产者福利的影响以及保险的效率。采用2003~2016年我国棉花市场数据，运用连续时间动力学需求函数，对相应年份的产品现货价格加以预测，并根据目标价格引入存货模型测算了保险费率（黄萱蕊等，2018）。以奶价与饲料成本的差额作为牛奶价格指数保险的赔付依据构建了我国牛奶价格指数保险方案。根据投保人预期模型对投保人投保决策进行了预测，从而构建了将逆选择行为考虑在内的动态化的价格指数保险定价模型。

1.4.3　研究述评

　　长期以来，发达国家对棉花产业的支持力度均处于比较高的水平，在 WTO 规则下世界各国均在调整国内的补贴方式，以达到政策"转箱"的目的。美国所采取的措施是使用收入农业保险的形式来替代直接支付、反周期补贴等"黄箱"支持措施，改用以风险管理的形式来支持其棉花产业发展。欧盟则是以单一支付措施为基础，实施脱钩补贴，来实现"黄箱"转"绿箱"的目标。发达国家对棉花支持政策的研究为我国的棉花支持政策调整提供了有益的经验借鉴。国内当前关于棉花支持政策的研究正逐步与国际接轨，对于政策目标、政策效应评估的研究比较多，从现有文献来看，现阶段需要对我国棉花补贴政策进行"转箱"调整的趋势已经得到了学术界和实践者的普遍认可，对于继续采用目标价格还是采用和美国类似的保险形式来替代目标价格还存在一定的争论。有部分学者提出继续优化目标价格补贴，本书基于当前试点中的棉花价格保险来研究用棉花价格保险来替代目标价格政策，来实现棉花补贴政策"转箱"及其他政策目标。

　　农作物保险作为国际上普遍采用的支农政策工具，国外研究相较于国内更为深入和具体，目前主要关注在保险市场发展、微观农户的行为、行业的败德行为、逆向选择等问题以及农业保险政策对农户的生产投资行为，如农业保险对农民的化肥使用的影响，农业保险对农作物产量或者资源环境利用等方面的影响。国内关于农业保险的研究与国外的农业保险研究存在一定的差异，国内农业保险的研究中肯定了农业保险的重要政策属性，在风险管理中的积极作用，能够有效稳定农民的收入，并且在保险市场建设，价格保险或者收入保险定价研究中做出了一些有价值的研究。针对价格保险国内有不少的学者对农业相关的价格保险进行了研究，主要分析了农产品价格保险的优势、不足以及发展的建议。保险作为更市场化的政策工具，用这一形式来替代目标价格补贴政策有其优越性。但是目前国内的研究中，较多的学者关注的是"价格保险 + 期货"在扶贫领域的积极作用，这或许与我国 2020 年全面实现脱贫摘帽的总体目标存在较大的相关性。

　　已有的相关研究为本书的研究设计、写作和分析提供了良好的基础，而对于棉花价格保险是否有助于棉花产业的健康可持续发展，以及当前试点模式存在的问题关注度不够。本书更多地将价格保险看作一种支持棉花产业发展的农业政策，它在理论上是否比目标价格更优，当它替代目标价格补贴政策后可能会产生什么样的影响，如果要推广这一类型的保险，需要在现有的基础上进一步改进哪些内容。这些相关内容在当前的文献中较少涉及，本书将努力在这些方面去完善。

1.5 研究思路和主要内容

1.5.1 研究思路

本书的研究思路是：分析国际和国内背景，提出问题；对国内外研究现状和理论基础进行梳理，总结已有的研究不足，指出本书的主要研究内容；基于当前中国棉花生产及补贴现状分析，提出中国棉花补贴政策"转箱"的必要性、原则、目标及政策取向；提出当前试点的棉花价格保险可以作为替代目标价格补贴政策的措施之一；结合棉花价格保险替代棉花补贴政策"转箱"的试点案例分析，运用社会总福利最大化的福利经济学思想比较分析了棉花价格保险与目标价格补贴政策；进一步考察棉花价格保险供求双方的意愿和影响因素，并测算农民愿意支付的最高保费水平；模拟如果推广棉花价格保险可能对种植面积和种植结构带来的影响；提出完善和推广棉花价格保险的对策建议。

1.5.2 主要内容

本书主要研究内容为：

第1章引言。本章主要介绍本书的国内外研究背景，研究问题，研究的理论意义和实践意义，国内外研究现状，研究思路和主要内容，研究方法与技术路线，可能的创新之处。

第2章概念界定与理论基础。本章主要是对与本书研究相关的基本概念的阐述和界定，WTO农业补贴规则的解读和中国加入WTO在农业补贴规则上的承诺，以及在文章分析中会涉及的相关理论。

第3章中国棉花补贴政策现状。本章主要介绍了当前我国棉花生产的基本格局和成本收益情况，对我国涉及棉花补贴的相关政策进行了梳理，并且总结了当前实施中的棉花目标价格补贴政策取得的成绩和存在的不足。

第 4 章中国棉花补贴政策"转箱"的必要性、原则、目标及政策取向。本章是在第 3 章研究基础上的延伸，提出了中国棉花补贴政策为什么需要"转箱"，"转箱"应该遵循的基本原则，"转箱"需要达到哪些目标以及未来的政策取向。

第 5 章中国棉花补贴政策"转箱"的实践探索——来自新疆棉花价格保险的案例。本章是在前文的基础上，根据现实中的"转箱"案例——新疆棉花价格保险进行的案例调查分析，总结了不同模式的棉花价格保险对政府、棉农及保险公司三个参与主体的影响。

第 6 章棉花价格保险与目标价格补贴政策的比较分析。基于试点中的模式，从程序精简视角，比较了棉花价格保险与目标价格补贴政策，然后运用福利经济学的思路，比较棉花价格保险与目标价格补贴政策对政府、棉农、保险公司及社会总福利的变化。

第 7 章棉花价格保险供给与需求意愿分析。本章通过对参与试点的保险公司进行访谈调研，归纳供给方对提供这一保险的意愿和存在的顾虑；通过对农户的问卷调查，运用 CMP（Conditional Mixed-Process）方法分析农户的购买意愿及影响因素分析，并运用条件价值评估法（CVM）来估算了农户愿意承担的最高保费。

第 8 章棉花价格保险政策模拟。运用 PMP（Positive Mathematical Programming）模型，对棉花价格保险政策实施效果模拟。本章主要是运用当前国际上被日益重视的数学规划方法来模拟区域性的政策可能带来种植结构或者相应作物的种植面积的变化。

第 9 章完善和推广棉花价格保险的政策建议。本章主要是根据前文中分析，提出完善棉花价格保险的建议；并且根据农户的需求意愿和影响因素提出了相应推广棉花价格保险政策建议。

第 10 章研究结论与研究展望。本章对文书研究的主要结论进行了归纳总结，并且提出了用农业保险来实现"转箱"的政策思考，以及本书存在的不足或者未来需要进一步深入研究的相关问题。

1.6 研究方法与技术路线

1.6.1 研究方法

1.6.1.1 文献研究法

文献研究有助于发现当前的研究热点和已有学者的研究不足，为自己的研究寻找到更多的突破口。在本书中通过阅读政府文件和相关的书籍、期刊文献，搜集和整理棉花价格保险、福利经济学和相关实证方法等最新的相关文献，设计了调查问卷、并通过对文献的阅读和分析，为调查问卷设计中的问题提供科学可行的来源基础和理论解释。

1.6.1.2 规范分析法

规范分析主要回答应该是什么的问题。在本书中主要是基于福利经济学的思想，比较实施棉花价格保险与实施目标价格补贴政策生产者剩余、消费者剩余及社会的总福利变化，从理论上判断棉花价格保险替代目标价格可进一步改善社会总福利。

1.6.1.3 实证研究法

实证研究已经成为国际上经济学研究中的主流方法之一，对数据进行科学的分析，有助于发现事物发展的规律。在本书中主要是基于棉花价格保险试点地区的调研数据，运用 PMP 模型进行模拟分析政策对产量和结构等方面产生的影响。利用对农户的微观问卷调查数据进行整理，运用 CMP 模型来研究棉农对棉花价格保险的决策行为。

1.6.1.4 案例研究法

案例研究目前在农业经济研究中越来越被重视，案例研究是一种定性研究方法，对于剖析事物发展中的深层次问题和事物变化发展过程中蕴含的内在关系、逻辑和结构以及事物变化的前因后果具有重要的作用。案例研究是对个别情况的调查。调查可能是针对个人、企业、事件或团体。调查涉及通过使用几种收集方法来收集关于单个实体的深入数据。访谈和观察是两种最常用的数据收集形式。案例研究法适用于回答"怎么样""为什么"的问题，关注的重心是现实生活背景下的实际问题，可以用以对个体、群体、组织、事件进行描述性、探索性和解释性的分析。正是基于案例研究的优势，本书通过几个地区的棉花价格保险实践的典型案例，研究棉花价格保险的试点中存在的问题，分析问题存在的原因，研究符合案例研究的适用条件，选择用案例进行研究有助于深入研究理论层面的问题。

1.6.2 技术路线

本书的技术路线如图 1-2 所示。

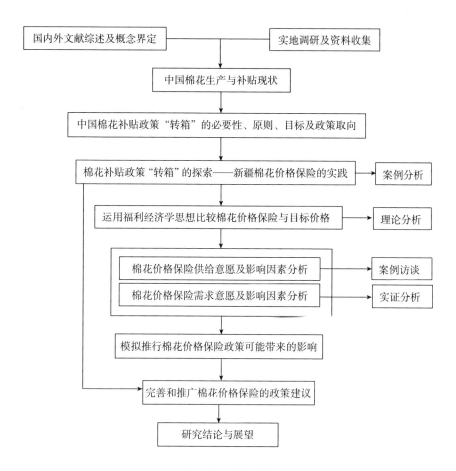

图 1-2 技术路线

1.7 可能的创新

第一，从研究的完整性角度来看，现有文献运用 AMS 测算棉花"黄箱"空间的文献中，均没有考虑内地 10 个省份的目标价格补贴数据，并且在当前这个领域的计算中，均是选择主要支持政策进行计算，几乎没有考虑良种补贴、肥料、灌溉等投入品补贴的数据。本书考虑了内地 10 个省份的目标价格补贴数据，并且考虑了当前执行中的其他"黄箱"措施的支持力度，力求在这方面进行更详细的测算，完善这方面的研究。

第二，本书调查了新疆兵团和新疆地方两种不同的棉花价格保险模式，通过试点地区的典型案例跟踪调查分析，寻找影响棉花价格保险供给与需求的主要因素。基于保险公司的访谈和试点地区的跟踪调研，进行相应的案例分析，分析供给双方对棉花价格保险的供给意愿及主要关注的影响因素有哪些方面，可以从实践者的角度了解棉花价格保险的推广实施存在的障碍。在以往棉花补贴政策的研究中，较少在同一篇论文中对两种不同体制下的政策进行对比分析。在本书过程中，对新疆生产建设兵团第六师和新疆阿克苏地区柯坪县两种不同体制下的棉花价格保险政策试点情况进行了长期跟踪调查分析，总结了试点过程中取得的成绩和存在的问题，对比了两种模式存在的差异。

第三，使用 CMP（条件混合过程估计）的方法对棉农购买棉花价格保险的意愿和支付行为进行研究。这一方法在当前国内关于农作物保险意愿的研究中还没有见到，在本书运用这一方法来进行微观实证分析，是这一方法在运用领域上的扩展。

第四，现有文献还没有文献来估计农户愿意支付的保费水平，本书运用 CVM 方法，基于全疆四个种棉大县和六个师的部分农户调研，从兵团和地方两个角度估计了农户的保费承担水平。

第五，运用 PMP（实证数学规划）模型对棉花价格保险政策试点效果进行模拟。这部分的内容是政策在大规模实施前需要重点关注的内容之一，目前在棉花价格保险如火如荼的试点过程中，还没有相关的文献对试点效果进行模拟分析，这部分的内容也未能引起研究人员的重视，在本书进行这一政策模拟分析，是本书的创新点之一。

第2章 概念界定与理论基础

2.1 概念界定

2.1.1 农业补贴

从 20 世纪 30 年代开始，大多数工业化国家制定了农业价格支持政策，以减少农产品价格的波动，增加或稳定农业收入。在美国和法国等粮食出口国，农业补贴的主要目的是增加农业收入，办法是将长期价格提高到高于自由市场的水平，或者向农民提供直接补贴。以低于市场的价格向发展中国家出售农产品的行为往往对这些国家农民的致富能力产生毁灭性的影响，这种补贴的持续已成为消除国际贸易壁垒的绊脚石[①]。农业补贴的支持者声称，农业补贴对国家的福祉至关重要，为了保持稳定的粮食和农产品的供应，必须让农民的收入在一定程度上保持稳定，否则许多农场在经济困难时期就会倒闭。对政府补贴农业持批评观点的人士认为，政府的补贴过于昂贵，并且没有达到预期的市场稳定[②]。

在我国，自进入 21 世纪以来，中央高度重视"三农"工作，实施了以粮食直补、良种补贴、农资综合补贴、农机具购置补贴（四项补贴），最低收购价、临时收储、目标价格（三项价格支持），粮食直补、良种补贴、农资综合补贴、

---

① 资料来源：https：//encyclopedia2. thefreedictionary.com/Agricultural+subsidies。

② 资料来源：https：//legal-dictionary. thefreedictionary.com/Agriculture+Subsidies。

农机具购置补贴，以及以化肥淡储利息补贴、农业保险补贴等为主的农业补贴政策（黄汉权等，2016）。目前我国的农业补贴体系已经基本建立，从 WTO 的框架看，我国目前建立起的是以"黄箱"补贴为主的农业经营者的政策体系，主要包括农民收入补贴、农业生产补贴、农产品价格支持补贴、农业保险补贴、农业金融补贴、基础设施建设补贴以及资源环境保护补贴（彭超，2017）。这些政策对我国的农业发展起到了很好的保护和产业支持的作用。

有部分学者对农业补贴给出了定义。农业补贴是指政府在农业领域对某项经济活动所给予的辅助性资金支持行为，不仅包括国内支持中涉及补贴方面的内容，也包括出口竞争中对农产品的出口补贴（马晓河和蓝海涛，2002）。在 WTO 农业多边协议框架下，广义补贴是指政府对农业部门的所有投资或支持，其中较大部分如对科技、水利、环保等方面投资，这部分的政府支持不会对农产品市场产生直接的扭曲性作用，是农业协议的"绿箱"政策所允许的。狭义补贴是指如对粮食等农产品提供的价格、出口或其他形式补贴；这类补贴又称为保护性补贴，通常会对产出结构和农产品市场造成直接明显的扭曲性影响（徐全红，2006）。农业补贴是指针对农业生产者或者农产品、农业部门的补贴（程国强，2011）。本书有关农业补贴主要是参考以上三位学者的定义，在这一范畴下研究中国的棉花国内支持政策"转箱"问题。

2.1.2 棉花补贴

在 1999 年深化棉花流通体制改革以前，国家为了鼓励棉花生产，出台了主要包括棉花生产投入品补贴、价格支持、企业优惠贷款等棉补贴政策；在 2001 年 12 月加入 WTO 以后，我国取消了不符合 WTO《农业协定》的棉花补贴措施，目前对棉花实行的补贴政策主要有优质棉基地建设资金、棉花良种补贴、农机具购置补贴、新疆棉花出疆补贴等（佚名，2008），2011~2014 年实施了棉花临时收储政策、自 2014 年以来实施了棉花目标价格补贴政策。2001 年加入 WTO 以后，我国的棉花支持政策经过了频繁的调整和多年的不断完善，我国的棉花补贴已经形成普惠制和特惠制相结合、方式多样化的棉花补贴政策体系，提高了补贴效率，对提高产业竞争力、稳定棉花生产和促进农户增收起到了积极的作用（孔哲礼，2016）。

有学者提出棉花补贴是政府为了鼓励棉花生产，增强棉花产业的市场竞争力，对棉花的生产者、棉花生产要素供给，甚至棉花的储运、营销、贸易等环节给予资金支持和技术帮扶，以保护该产业部门稳定发展的政策措施（马琼，2014）。

在本书中棉花补贴是指政府为了实现棉花产业发展的既定目标，如高质量发展、全产业链可持续，实施的一系列政府主导的、形式多样的国内外支持政策。

2.1.3 政策转箱

WTO 将不同的农业补贴政策划分为"黄箱""绿箱""蓝箱"三类。目前我国的农业国内政策支持主要是"黄箱"，而其他两类还有较大的利用空间。因此，可以在充分利用补贴政策的规则下，将"黄箱"部分的支出减少转移到"绿箱"和"蓝箱"，以达到对我国农业的最大支持水平，进而提升我国农业的国际竞争力。在众多的研究中可以发现，我国当前的棉花补贴政策中的"黄箱"补贴政策空间已经极小，已不具备"黄箱"剩余，在未来的发展过程中，一方面为了避免被其他国家起诉；另一方面我国棉花的国内支持与发达国家的棉花产业支持力度和措施比仍然有较大的差距，必须改变现有的补贴方式，即从"黄箱"向"绿箱"和"蓝箱"补贴政策转移。

在本书中将棉花补贴政策"转箱"定义为在 WTO 规则约束下，为提升国内棉花的国际竞争力，保障国内棉花资源供给安全，稳定棉农的积极性，将政府对棉农的资金支持措施由"黄箱"政策转向"绿箱"和"蓝箱"补贴政策。

2.1.4 政策性农业保险

政策性农业保险是指由政府提供保费补贴，由保险机构开展的农业保险，或者由政府直接经营的农业保险。农业保险具有明显的正外部性，而想要获得这部分社会利益，一定离不开政府的参与（庹国柱，2019）。保险公司独立经营农业保险很难获得收益，如果没有政府参与，农业保险很难实现可持续发展，只有政府给予部分财政支持才能鼓励保险公司经营农业保险。政策性农业保险是由政府主导、保险公司参与，通过保费补贴、税收减免等政策扶持，结合财政手段与市场机制，对农业因市场价格波动、遭受自然灾害或者是意外事故造成的经济损失提供的保险。政策性农业保险是在农户遭受损失时政府用来救灾的一种新形式，能够有效地分散参保农户的市场风险或者是自然灾害风险，不仅能够使政府财政资金发挥杠杆作用，而且还能促进农民收入的增长，更重要的是，农业保险是WTO 所允许的支持农业发展的"绿箱"政策。政策性农业保险与商业性农业保险的区别如表 2-1 所示。

表 2-1　政策性农业保险与商业性农业保险的区别

不同点	政策性农业保险	商业性农业保险
经营主体	政府组织、保险公司参与	商业性保险公司
保费	政府补贴一定比例	投保人自己缴纳
运行机制	政府主导	市场运作
目的	支农、惠农和保障"三农"	盈利

由表 2-1 可知，政策性农业保险的目的主要是支农、惠农和保障"三农"的"绿箱"政策，而商业性保险的主要目的是盈利，但因无政府支持，商业性农业保险面临着供给与需求不足的挑战。为探索新型棉花补贴方式，促进新疆棉花产业的持续稳定发展，2018 年，新疆在博乐市、阿克苏地区柯坪县和喀什地区叶城县开展棉花"价格保险+期货"试点，2019 年，试点地区又增加了昌吉州昌吉市，此次棉花"价格保险+期货"试点工作的保费由自治区财政厅全部承担，毫无疑问属于政策性农业保险。

2.1.5　棉花价格保险

农产品价格保险是对农业生产经营者因市场价格大幅波动、农产品价格低于目标价格或价格指数造成的损失给予经济赔偿的一种制度安排（王克等，2014）。农产品目标价格保险指当农产品市场价格低于保险保障的目标价格时，视为保险事故发生，保险公司对目标价格与市场价格之间的价差损失进行补偿（徐雪高等，2017）。棉花价格保险是以棉花价格为保障对象、以棉花目标价格为赔付依据的一种农业保险产品（王蕾，2017）。虽然已有学者对棉花价格保险给出了定义，但是国内的学者对棉花价格保险范畴还缺乏深刻的认识。有部分学者将价格保险界定为单纯地以价格波动风险为保障目标的保险产品，这与实际情况存在一定的偏差。

棉花价格保险的称谓主要来源于新疆政府文件，在本书中将棉花价格保险定义为一种农业政策，属于政策性农业保险，虽然名叫价格保险，实质上属于收入保险的范畴。在新疆试点的棉花价格保险，以保障农民种植棉花的收入稳定为主要目标，按照产量与棉花销售价格两方面的综合因素计算得出的农户植棉收入，然后用棉花价格保险的方式来赔偿保险合同约定的目标价格与实际产量乘积的差额。美国针对陆地棉种植者实施的 STAX 保险，除去 10% 的免赔额外，以 4~10 年地区历史产量×采收价格或期望价格得到收入的 70%~90% 为保险保障范围，以保障地区整体农场的收益稳定为目标（Yehouenou 等，2018）。从其计算方式可以发现，目前在新疆试点的棉花价格保险与美国实施的 STAX 保险的计算原理一致，虽然在我国叫价格保险，但其实质属于收入保险的范畴。与美国的收入保险的差别在于，美国以农场的收入稳定为目标，运用多种保险产品进行组合，形成农场安全网；我国试点的棉花价格保险是以农民种植棉花的收入稳定为目标，目前仅限实现单一产业内的收入稳定。所以，从这一角度来看，当前试点的棉花价格保险应该是收入保险的范畴。

2.1.6 政策替代

政策替代的概念更多地出现在公共政策学领域的研究中。政策替代是政策终结的较为常见的方式之一（王翀和严强，2012）。安德森（1990）将一个或多个政策取代现有的政策，包括新政策的采行和现存政策的修正或废止称为政策变迁。现有关于政策替代的研究主要集中在公共政策领域，有三大主要理论流派：倡导联盟理论、多源流理论、间断均衡理论（柏必成，2010）。公共政策领域这些流派的分析框架在农业经济的研究中极少出现。

在本书中的政策替代是指用新的棉花支持政策（棉花价格保险）替代目标价格。由于政策存在生命周期，在棉花领域随着目标价格补贴政策的实施，政策积极效应逐步减弱，负面效应逐步凸显，出现了边际递减，需要用新的政策替代当前的目标价格补贴政策，以适应新的国内外竞争环境、新的资源环境约束，实现新的产业发展目标，而这一新的政策正是如今试点的各种棉花价格保险。

2.2 WTO 农业补贴规则解读

2.2.1 "绿箱""黄箱""蓝箱"政策解读

1995 年是 WTO 成立年，出台了第一个管理国际农业和粮食贸易的有效规则。乌拉圭回合谈判之后，所有农产品都被纳入世贸组织农业协定的多边贸易规则。该协议由三大支柱组成：市场准入、出口竞争和国内支持。除最不发达国家外，所有世贸组织成员都必须在所有这些领域作出承诺，以实现农业贸易自由化。所有形式的国内支持均须遵守规则。世界贸易组织将国内补贴分为三大类，分别是"黄箱""蓝箱""绿箱"。

"黄箱"：如市场价格支持，种子、肥料、灌溉等投入品补贴，营销贷款补贴等都被认为扭曲了生产和贸易。这类补贴是用支助总额（支助总额）来表示的，其中包括所有支助。"黄箱"补贴受世贸组织削减承诺的约束。

"蓝箱"：直接与土地面积或动物数量挂钩的补贴，但同时也通过实施生产配额或要求农民预留部分土地来限制生产。WTO 的规则认为，这些措施在一定程度上与生产脱钩，不受世界贸易组织减排承诺的约束。"蓝箱"政策是在限产计划下，按固定的面积、产量或牲畜头数，或基准期生产水平的 85% 或 85% 以下，给予的直接补贴，不计入综合支持量，也免于减让承诺（朱满德和程国强，2015）。

"绿箱"：被认为不扭曲贸易，或至多造成最小扭曲，且不受 WTO 减排承诺约束的补贴。对欧盟和美国来说，这类补贴中最重要的一项是将直接支付给生产者的补贴脱钩。这种支助不应与目前的生产水平或价格有关，也可以在不需要生产就能收到这种付款的条件下提出（Mcmahon，2001）。"绿箱"政策指政府为农业提供的科技推广、市场营销等综合服务支持，以及粮食安全储备、不挂钩的收入补贴、灾害救济等支持措施，由于没有对贸易和生产的扭曲作用或者作用较小，因此不受 WTO 规则约束，免于减让承诺，其支持水平取决于政府财政实力（朱满德和程国强，2015）。

对发达国家来说，从 1995 年开始的六年内，"黄箱"补贴总数比 1986~1988年的基准期减少 20%。对发展中国家来说，从 1995 年开始的 10 年期间，"黄箱"补贴总数比 1986~1988 年的基准期减少 13%。

2.2.2 中国加入 WTO 在棉花补贴方面的承诺

我国于 2001 年 12 月正式加入 WTO，并签署《农业协定》。《农业协定》实行微量允许标准，即对某一特定产品的本应削减的国内支持，如果不超过该产品总产值的 5%，则不需要纳入计算和削减；对于农产品总体的国内支持不超过该国农业总产值的 5%，则不需要纳入计算和削减。微量允许标准构成了"黄箱"

措施中对特定农产品或非特定农产品的支持"上限",超过"上限"的"黄箱"措施必须削减,低于则可免除削减。发展中国家的微量允许为10%,我国经过艰苦的加入 WTO 谈判,最终确定采用 8.5% 的微量允许标准,这一标准是介于WTO 发展中国家地区成员和发达国家地区成员的一般标准之间①。

2.3　理论基础

2.3.1　农业保护理论

农业作为基础性、弱质性产业,对其进行保护是全球各国通行的做法。农业保护理论在已有的农业经济政策研究中较多地涉及了幼稚产业保护理论。幼稚产业保护理论指政府对影响国家安全和就业的具有潜在比较优势的,但尚不足与外国平等竞争的产业进行保护和扶持,待发展壮大后再逐渐退出(刘闯,2019)。该理论最早由 18 世纪末美国独立后的第一任财政部长亚历山大·汉密尔顿提出,他主张用关税保护国内"幼稚产业"(李秀香,2003)。幼稚产业保护理论各派的主要观点均是以规避竞争式的保护为主(李秀香,2003)。1841 年,德国历史学派的先驱者李斯特在汉密尔顿学说的基础上,形成了一套系统的幼稚产业保护理论,在著名的《政治经济学的国民体系》一书中李斯特提出了保护幼稚工业论的整个体系(徐常萍,2007)。主张政府对本国关键产业加强干预,在幼稚时期利用关税和非关税壁垒(包括补贴、进口许可、出口限制等)进行适当保护(弗里德里希·李斯特,1961)。幼稚产业理论在农业产业发展、保护的相关研究分析中运用频率比较高。

2.3.2　制度变迁理论

制度变迁理论是美国著名经济史学家诺斯(Douglass C. North)学术观点的典型和主要体现,自 20 世纪 70 年代初以来,诺斯一直寻求用一种新的分析框架和理论来解释人类社会长期经济增长和社会发展(胡代光等,2000)。道格拉

---

① 棉花补贴历史与发展 [J]. 中国棉麻流通经济,2008(03):5-7.

斯·诺斯将制度定义为社会的游戏规则,或者更正式地说是人类设计的规则,塑造了人类的互动。制度通过为日常生活提供一种结构来减少不确定性,包括正式的规则(如法律和宪法)和非正式的约束(如惯例和规范)。许多学者采用了诺斯定义的一些变体:从根本上说,制度被视为管理人类互动的持久规则,也是人为设计的,像物理定律这样的技术约束不是制度。有学者研究认为从制度演化变迁的角度来看,新的制度形态会周期性地出现(不管是随机的还是经过深思熟虑的设计),并在与其他制度竞争时经历某种分散的选择过程,那些在选择过程中幸存下来的成功机构通过模仿或复制得以传播,而不成功的制度则会消亡。现有的研究中将制度主要分为正式制度和非正式制度两类(Kingston 和 Caballero,2009)。

关于制度变迁的原因有多种解释。第一种观点认为,外生参数转移是制度变迁的基本动力来源,外生参数变化是否会导致财产权规则的变化取决于在现有和拟议的新系统利益分配(Libecap,1989);第二种观点认为,制度变迁离不开各利益集团的相互博弈。由于参与者认识到自己的有限理性,他们可能会尝试制度创新,并试图模仿其他地方观察到的成功制度,也认为部分或全部参与者可能对提议的制度变化的可能影响持有错误的信念(Ostrom,2005);第三种观点认为,在大多数关于进化性制度变迁的论述中,制度变迁的最终动力来自人类深思熟虑的行为,比如学习、模仿和实验,新的规则和相关的行为模式产生于许多个人的不协调的选择,而不是单一的、集体的选择过程(Kingston 和 Caballero,2009)。制度变迁理论在各种政策更替的研究和分析中均有着广泛的运用。

2.3.3 福利经济学理论

福利经济学是经济学的一个分支,研究经济政策对社会福利的影响,它在20世纪成为一个定义明确的经济理论分支[1]。福利经济学是西方经济学家从福利观点最大化原则出发,对经济体系的运行给予社会评价的经济学分支学科(胡勇军和胡声军,2005)。福利经济学研究资源和商品的分配如何影响社会福利的学科,这直接关系到经济效率和收入分配的研究,以及它们如何影响经济中人们的整体福利,在实际应用中,福利经济学家寻求提供工具来指导公共政策,为全社

---

① 资料来源:https://www.britannica.com/topic/welfare-economics。

会实现有益的社会和经济成果①。

福利经济学起始于 20 世纪 20 年代，以英国经济学家霍布斯和庇古为代表，其主要论点包括资源最优配置论、收入最优分配、外部性理论等（刘强和李晓，2014）。1920 年，庇古的《福利经济学》一书的出版是福利经济学产生的标志，帕累托的最优理论和马歇尔的消费者剩余理论是福利经济学的重要分析工具（胡勇军和胡声军，2005）。近些年，西方经济学家在福利经济学领域着重研究外部经济、次优理论、公平和效率交替学说、宏观福利理论等领域（刘强和李晓，2014）。

目前国内也有相关文献运用福利经济学来分析政策性农业保险的研究。比如使用消费者剩余方法的福利分析对政策性农业保险进行研究。将保险本身作为特种商品，研究保险市场本身而不是农产品市场的福利变化，可以探讨政策性支持在这一特种商品市场上的作用及其福利含义（孙香玉和钟甫宁，2008）。因此，运用福利经济学理论来分析本书涉及的相关内容具有可行性。

2.3.4　交易费用理论

以交易费用理论为核心的新制度经济学已经发展成为现代经济学的重要分支，它对经济现象，尤其是转型国家的经济现象具有极强的解释力（沈满洪和张兵兵，2013），运用交易费用理论分析农业政策的调整是农业经济政策研究中的重要理论思想之一。

交易费用的概念是罗纳德·科斯在 1937 年发表的《企业的性质》中分析企业的起源和规模时，首次引入经济学分析的（黄家明和方卫东，2000）。"交易费用"是现代产权经济学的基本的和核心的范畴，交易费用理论是整个现代产权理论大厦的基础（黄少安，1995）。同时，也有学者指出交易费用理论存在两个明显的缺陷：一是外延不确定。作为一个理论并不能确定边界和外延，在实际运用中就无法确定交易费用具体包括哪些项目。二是难以计量或准确计量。在交易费用理论下，有部分费用受到数据统计的限制，无法计量或无法准确地去计量（黄少安，1996）。

由奥利弗·威廉姆森进一步研究发展的交易费用经济学已成为分析企业重要战略和组织问题的一个日益重要的锚（Williamson，1975）。正如它的一些主要支

---

① 资料来源：https：//www．investopedia．com/terms/w/welfare_economics．asp。

持者所认为的那样，这个理论的目的不仅是解释，而且是影响实践（Masten，1993）。交易费用理论关注企业边界，旨在回答什么时候活动会在市场内发生，什么时候活动会在企业内发生的问题（Williamson，1988）。更具体地说，交易费用理论预测什么时候将使用层次、市场或混合（如联盟）的治理形式。威廉姆森因其在交易成本方面的研究而获得了诺贝尔奖。他的理论认为，企业内部的活动是否内部化取决于交易成本。他将交易广泛地视为跨接口的商品或服务的转移，并认为当交易成本很高时，将交易内部化到层次结构中是适当的决策。相反，当交易成本较低时，在市场上购买商品或服务是更好的选择。

为了描述交易的特征，威廉姆森开发了三个维度：不确定性、频率和资产专用性，或交易专用性费用的产生程度。交易成本理论建立在有限理性和机会主义假设的基础上，其定义为狡诈的利己主义。机会主义行为是威廉姆森对交易费用研究的核心概念，机会主义就是指人天然的追求自身利益的利己行为，而且是通过不正当手段完成的，机会主义者会在可能增加自己利益时违背任何信条，这里威廉姆森提出了他所谓的交易的三个维度：资产专用性程度、不确定性和交易频率（汤喆，2006）。

2.3.5 理性行为理论

农户行为理论主要有三个学派，分别是以恰亚诺夫为代表的组织—生产学派、以舒尔茨为代表的理性小农学派、以黄宗智为代表的历史学派（朱晓雨等，2014）。在本书中，主要基于理性行为的视角进行研究。

理性行为指的是一个决策过程，其基础是做出选择，使个体获得最大程度的利益或效用；理性行为的假设意味着人们宁愿采取对自己有利的行动，也不愿采取中立或有害的行动；大多数经典的经济学理论都是基于这样一个假设：所有参与某项活动的人都是理性的[1]。理性行为是理性选择理论的基石。理性选择理论是一种经济学理论，它假设个人总是做出能给他们带来最大个人效用的决定。这些决定给人们提供了最大的利益或满意度的选择。理性行为可能不涉及获得最大的金钱或物质利益，因为获得的满足可能纯粹是情感上的或非金钱上的[2]。

理性行为理论是来源于社会心理学研究，当前被学术界认定为最基础、最有

---

[1][2]　资料来源：https://www.investopedia.com/terms/r/rational-behavior.asp。

影响力的用来研究认知行为的理论（于丹，2008）。Fishbein 和 Ajzen 的理性行为理论在消费者行为领域受到了相当多的关注，该模型不仅能很好地预测消费者的意图和行为，还为确定在何处以及如何针对消费者的行为改变尝试提供了一个相对简单的基础（Sheppard 等，1988）。理性行为理论被广泛用作预测行为意图或行为的模型（Madden 等，1992）。近年来在理性行为理论基础上，研究的框架日益丰富，如已经比较成熟的计划行为理论框架（TPB）、技术接受模型框架（TAM）、C-TPB-TAM 框架等，在当前研究微观主体的产品购买意愿和行为决策中，理性行为理论得到了广泛的认可和运用。

2.3.6　农业风险管理理论

农业风险综合管理，是指立足于农业生产经营的整体价值目标，对农业生产经营过程中涉及的众多风险因素进行辨识、评估和统筹考虑，协调农户、市场和政府等不同风险管理主体，整合运用各种风险管理方式和工具，从全产业链的角度综合管理各类风险（张峭等，2016）。

风险是灾难或损失的可能性指的是不确定性，风险管理包括在各种选择中进行选择，以减少风险的影响；从事种植业的生产者往往更关心价格和产量风险，而畜牧业和特色作物种植者则更关心法律法规的变化。农业生产中，农民将会面临生产或产量风险、价格或市场风险、制度风险、人员或个人风险、财务风险等（Harwood 等，1999）。

生产或产量风险。这种风险的发生是因为农业受到许多与天气有关的无法控制的事件的影响，包括过度或不足的降雨、极端温度、冰雹、昆虫和疾病，以及新技术（品种）的使用。新作物品种和生产技术的迅速引进往往提供了提高效率的潜力，但有时尤其是在短期可能会产生糟糕的结果。

价格或市场风险。这反映了在生产投入开始后可能发生的产出或价格变化带来的风险。农业生产通常是一个漫长的过程。例如，畜牧业通常需要对饲料和设备进行持续的投资，这些投资可能在几个月或几年里无法产生回报。由于市场通常是复杂的，涉及国内和国际的，生产者的经济收入可能会受到距离遥远地区的某些事件的严重影响。

制度风险。这种风险源于影响农业的政策和法规的变化。这种类型的风险通常表现为未预料到的生产限制或输入或输出的价格变化。例如，政府关于使用杀虫剂（用于农作物）或药物（用于牲畜）的规定的改变可能会改变生产成本，

中国棉花补贴政策"转箱"研究

或者外国决定限制某些作物的进口，这可能会降低作物的价格。其他的机构风险可能来自影响动物粪便处理的政策变化，在保护措施或土地使用方面的限制，或所得税政策或信贷政策的变化。

农民也受到所有商业经营者普遍存在的人员或个人风险的影响。破坏性的变化可能是由如死亡、离婚、受伤或公司负责人的健康状况不佳造成的。此外，从事农业生产的个人的目标不断变化，可能会对经营活动的长期表现产生重大影响。资产风险在所有企业中也很常见，包括盗窃、火灾或其他对设备、建筑和牲畜的损失或损害。一种似乎越来越重要的风险是合同风险，这涉及机会主义行为和合同伙伴的可靠性。

财务风险。一个农民可能会受到借款利率的波动，或者如果没有足够的资金来偿还贷款，就会面临现金流的困难。贷款资金的使用意味着必须将企业收益的一部分分配给偿还债务。财务风险可能会导致一个农户或者农业企业破产。

农民了解农业的风险，学会相应的政策工具来管理农业风险具有重要的作用。其原因为：第一，大多数生产者在面对危险的结果时都不愿冒险。厌恶风险的人愿意接受较低的平均回报率，以降低不确定性，这取决于个人的风险规避程度。第二，确定风险的来源可以帮助农民和其他人用合法、损失最小的办法来实现降低风险，以及帮助规避极端情况，如破产。农业风险理论在分析农户生产行为及风险规避时运用较为广泛。

2.3.7 期望效用理论

本部分假定农户是理性人，追求的目标是使得未来财富的期望效用最大化。期望效用函数理论是由冯·诺依曼和摩根斯坦（Von Neumann and Morgenstern）提出来的。期望效用函数：如果某个随机变量 X 以概率 P_i 取值 x_i，i=1，2，…，n，而某人在确定地得到 x_i 时的效用为 u（x_i），那么，该随机变量给他的效用便是：

$$U(X)=E[u(X)]=P_1u(x_1)+P_2u(x_2)+\cdots+P_nu(x_n) \tag{2-1}$$

其中，E［u（X）］表示关于随机变量 X 的期望效用。因此 U（X）称为期望效用函数，又叫作冯·诺依曼—摩根斯坦效用函数（VNM 函数）。理论上效用函数 U（X）是最能够直接衡量农户效用的函数，但该函数只能衡量，不便于横向比较，因为该函数反映的是不确定情况下的农民效用，为了便于比较农户的效用变化，学者提出了一个新的概念，即确定性等值 CE（Certainty Equivalent）。

CE 被称作确定性等值，是指对于一项不确定的决策，给定农户一个确定性的财产，使其获得的效用水平与该项不确定决策的效用水平相同。本书引入确定性等值 CE 以便更好地体现新疆棉农参加不同保障水平的棉花"价格保险+期货"的福利变化。

2.3.8　风险管理理论

风险管理的理论起源于 20 世纪 30 年代的美国，风险管理是指经济单位通过风险识别、估测、评价，对风险实施有效的控制和妥善处理风险所致损失，期望达到以最小的成本获得最大安全保障的管理活动。风险管理措施既可以降低农业风险带来的收益不确定性，也可以减轻风险带来的损失。风险管理的实质就是将风险限定在一定限度和范围内以实现对风险的控制。一是控制损失发生的不确定性，使损失频率（概率）最小化；二是控制损失的大小，使损失程度最小化。

农户购买棉花价格保险，实质是降低棉花市场价格下跌的不确定性，把风险转移给保险公司，以便在棉花价格下跌时能够快速得到补偿，从而不耽误进行下一季度的生产；与此同时，保险公司签订棉花价格保险合同后，通过再保险、购买场外期权等渠道将自身承担的棉花市场价格波动风险分散或转移。由此可见，棉农和保险公司都能通过风险管理来降低自身的损失。

第3章 中国棉花补贴政策现状

3.1 中国棉花生产现状与价格波动特征

3.1.1 棉花种植面积及产量变化

从播种面积和产量两个角度来看,目前新疆是全国最大的棉花种植区。2001~2019 年中国及新疆的棉花播种面积如图 3-1 所示,全国棉花播种面积从 2001 年的 4809.8 千公顷下降到 2019 年的 3339.2 千公顷,下降了 30.58%;新疆的棉花播种面积从 2001 年的 1129.72 千公顷增加到了 2019 年的 2540.5 千公顷,增加了 124.88%。2001 年新疆棉花播种面积占全国的比重为 23.49%,2014 年实施目标价格补贴政策时新疆棉花播种面积占全国的比重为 46.77%,2019 年新疆棉花播种面积占全国的比重为 76.08%。

2001~2019 年中国及新疆的棉花产量如图 3-2 所示,2001 年全国棉花总产量为 532.35 万吨,2007 年的 759.71 万吨为最大值,2019 年为 588.9 万吨;2001 年新疆的棉花总产量为 145.8 万吨,2019 年为 500.2 万吨,其中 2018 年的 511.09 万吨为最高值,2019 年新疆棉花总产量比 2001 年增长了 243.07%。2001 年新疆棉花总产量占全国的比重为 27.39%,2019 年新疆棉花总产量占全国的比重为 84.94%。

（千公顷）

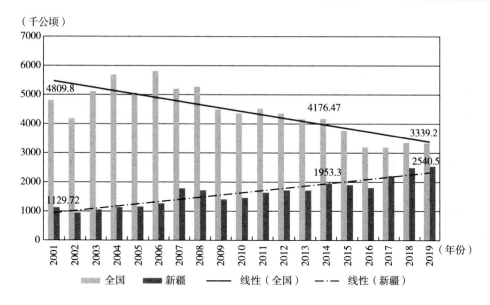

图 3-1 2001～2019 年中国及新疆棉花播种面积情况

资料来源：国家统计局网站。

（万吨）

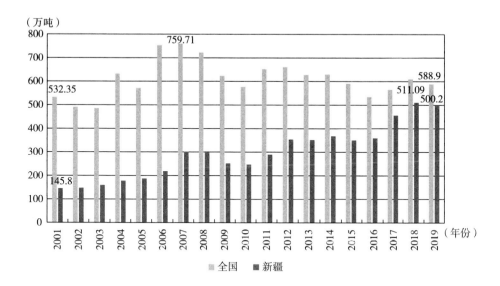

图 3-2 2001～2019 年中国及新疆的棉花产量情况

资料来源：国家统计局网站。

3.1.2 棉花种植成本利润现状

全国与新疆棉花生产成本利润率如表 3-1 所示，在实施目标价格补贴政策实施期间，从生产总成本的角度来看，全国的生产总成本在 2200~2400 元/亩，新疆的生产总成本在 2100~2300 元/亩，全国的棉花生产总成本波动大于新疆的棉花生产总成本；并且全国的生产总成本高于新疆的生产总成本。从净利润的角度分析，全国平均净利润和成本利润率均为负值，最低值分别为 2015 年的 -921.55 元和 -40.27%，新疆的利润率在 2016 年和 2017 年为正值，其他年份为负数；并且新疆的每亩种植棉花的利润率要高于全国的平均水平。从成本利润率来看，新疆的棉花种植比其他省份更具有比较优势。不可否认的是，近年来全国范围内的棉农植棉收益空间已极小，要调动棉农的植棉积极性，保障我国棉花资源供给的安全需要加快调整对棉农的补贴方式。

表 3-1 全国与新疆棉花生产成本利润率 单位：元，%

年份	地区	生产总成本	净利润	成本利润率
2014	全国	2278.56	-686.44	-30.13
	新疆	2193.06	-345.04	-15.73
2015	全国	2288.44	-921.55	-40.27
	新疆	2140.09	-653.78	-30.55
2016	全国	2306.61	-448.30	-21.17
	新疆	2151.97	6.60	0.31
2017	全国	2330.80	-470.28	-20.18
	新疆	2219.49	93.68	4.22
2018	全国	2275.21	-460.90	-20.26
	新疆	2159.61	-91.41	-4.24

资料来源：《全国农产品成本收益资料汇编》。

3.1.3 中国棉花价格波动特征

为研究我国棉花价格的波动特征，本部分选取 2004 年 1 月至 2018 年 12 月国棉 B 指数（3128B 级棉花的月度价格指数①）为研究对象，数据来源自中国棉花协会。国棉 B 指数是国家棉花市场监测系统通过分布在内地主产销区的 165 个棉花和纺织监测站，对当地皮棉成交价格进行跟踪监测，经审核后加权汇总得出的，是全面反映当日内地 3128B 级皮棉平均成交价格水平的现货价格指数。为了减少我国棉花价格序列的波动程度，本部分研究棉花的价格波动性采用价格收益率指标，公式为：

$$R_t = 100 \times (\ln P_t - \ln P_{t-1}) \tag{3-1}$$

其中，R_t 表示棉花价格收益率，P_t、P_{t-1} 分别表示第 t 月、第 t-1 月棉花价格。为了避免对数差分后导致数据过小，不方便记录，对数据进行 100 倍的放大处理。

3.1.3.1　ARCH 类模型

（1）ARCH 模型。

Engle（1982）最早提出了 ARCH 模型，ARCH 模型主要用于描述高频金融时间序列数据建模后的残差具有自相关性和异方差性，ARCH 模型也被称为自回归条件异方差模型。ARCH 类模型被广泛地应用于农业价格波动中，但研究对象大多数是蔬菜、粮食、肉类等产品，而应用于棉花价格波动的研究较为缺乏。本部分棉花价格收益率 ARCH 类模型由两个方程构成：

$$R_t = \theta_1 R_{t-1} + \theta_i R_{t-1} + \varepsilon_t \tag{3-2}$$

$$\sigma_t^2 = \alpha_0 + \alpha_1 \varepsilon_{t-1}^2 + \cdots + \alpha_p \varepsilon_{t-1}^2 \tag{3-3}$$

式（3-2）为棉花价格收益率的均值方程，R_t 表示 t 期的棉花价格收益率，R_{t-1} 表示 R_t 的滞后一期，ε_t 表示随机扰动项，i 表示滞后阶数。式（3-3）为方差方程，p 表示滞后阶数，σ_t^2 表示 ε_t 的条件方差。

（2）GARCH 模型。

广义自回归条件异方差模型（GARCH）就是用一个或两个 σ_t^2 的滞后项代替许多 ε_t^2 的滞后项，GARCH 模型常被用于分析金融时间序列领域。其基本形式为：

$$R_t = \theta_1 R_{t-1} + \cdots + \theta_i R_{t-i} + \varepsilon_t \tag{3-4}$$

---

① 2013 年 9 月 1 日之前，国家棉花价格指数沿用旧标准，即 328 级分别代表国棉 B 指数，9 月 1 日后，采用新标准，3128B 级对应原有的 328 级。本书数据 2013 年 9 月 1 日之前收集的是 328 级指数，2013 年 9 月 1 日之后收集的是 3128B 级指数。

$$\sigma_t^2 = \alpha_0 + \alpha_1 \varepsilon_{t-1}^2 + \beta_1 \sigma_{t-1}^2 \qquad (3-5)$$

（3）GARCH-M 模型。

金融资产的收益率往往与投资风险有关，因此，可将金融资产收益率的条件方差引入 GARCH 模型当中，GARCH-M 模型即在均值方程中加入衡量风险的 GARCH 项。其基本形式为：

$$R_t = \theta_1 R_{t-1} + \cdots + \theta_i R_{t-1} + \gamma \sigma_t^2 + \varepsilon_t \qquad (3-6)$$

$$\sigma_t^2 = \alpha_0 + \alpha_1 \varepsilon_{t-1}^2 + \beta_1 \sigma_{t-1}^2 \qquad (3-7)$$

（4）TARCH 模型。

TARCH 模型即门限 ARCH 模型，模型的方差表达式为：

$$\sigma_t^2 = \alpha_0 + \alpha_1 \varepsilon_{t-1}^2 + \lambda \varepsilon_{t-1}^2 I_{t-1} + \beta_1 \sigma_{t-1}^2 \qquad (3-8)$$

其中，$\lambda \varepsilon_{t-1}^2 I_{t-1}$ 项为非对称项，即 TARCH 项。好消息（$\varepsilon_{t-1} > 0$）和坏消息（$\varepsilon_{t-1} < 0$）对条件方差的影响不同：$\varepsilon_{t-1} > 0$ 时，$I_{t-1} = 0$，好消息有一个 α_1 倍的冲击；而坏消息的冲击为（$\alpha_1 + \gamma$）倍的冲击。只要 $\lambda \neq 0$，就存在非对称效应。如果 $\lambda > 0$，说明存在"杠杆效应"。

（5）H-P 滤波法。

农产品价格波动往往会呈现出一定的周期性和季节性特征，为能够更好地反映农产品价格波动的趋势性和周期性特点，需要运用 X-12 季节调整和 H-P 滤波法来消除时间序列中的季节性因素和不规则因素。H-P 滤波法是长期趋势分析中一种常用方法，其原理为：趋势成分为 $\{Y_tT\}$，波动成分为 $\{Y_tC\}$，$\{Y_t\}$ 是包含趋势成分和波动成分的经济时间序列，则 $Y_t = Y_tT + Y_tC$（$t = 1, 2, \cdots, T$）。

3.1.3.2　实证分析

（1）描述性统计分析。

我国棉花价格收益率的描述性统计如表 3-2 所示，棉花价格收益率偏度值大于 0，即分布具有较长的右尾，相比于正态分布，其分布呈现右偏。棉花价格收益率的峰值大于标准正态分布条件下的峰度值 3，表明数据具有"尖峰后尾"的分布特征。JB 检验结果表明棉花价格收益率不服从正态分布。

表 3-2　我国棉花价格收益率的描述性统计

平均值	标准差	偏度	峰度
−0.065	4.169	0.607	11.293

续表

平均值	标准差	偏度	峰度
JB 统计量	最大值	最小值	变量
523. 879	24. 25384	-14. 693	R

棉花价格收益率如图 3-3 所示, 棉花价格收益率时间序列基本围绕 0 上下波动, 而且波动幅度较大, 并且呈现出"集群"现象, 即一个大的波动后常常伴随着另一个大的波动, 初步判断棉花价格收益率存在 ARCH 效应。

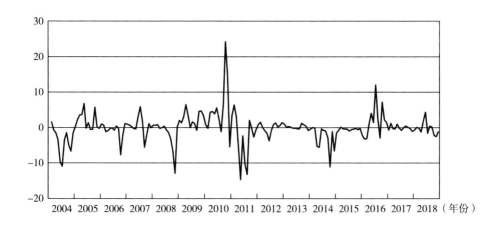

图 3-3　棉花价格收益率

（2）平稳性检验。

本部分采用 ADF （Augmented Dickey-Fullcr） 单位根检验对棉花价格收益率序列进行平稳性检验, 结果如表 3-3 所示。

表 3-3　棉花价格收益率 ADF 检验结果

序列名称	ADF 检验值	1%临界值	5%临界值	10%临界值	Prob. 值	检验结论
R	-4. 9805	-2. 5782	-1. 9426	-1. 6155	0. 0000	平稳

表 3-3 的检验结果显示, 在 1%的显著性水平下, 棉花价格收益率通过了显著性检验, 拒绝存在单位根假设, 即为平稳序列。

（3）ARCH 效应检验。

首先需要对棉花价格收益率序列建模，然后检验模型估计所得到的残差序列是否存在 ARCH 效应，检验方法有两种：自相关检验和 ARCH-LM 检验。本部分采用 ARMA 模型对均值方程进行拟合，根据 AIC、SC 最小准则，最终建立了一个 AR（3）自回归模型。然后对棉花价格收益率均值方程回归后的残差项进行条件异方差 ARCH-LM 检验，检验结果如表 3-4 所示。

表 3-4　棉花价格收益率 ARCH-LM 检验结果

序列名称	F 统计量	nR^2 统计量
R	5. 1373（0. 0068）	9. 8623（0. 0072）

表 3-4 的检验结果显示，在 1% 的显著性水平下，棉花价格收益率拒绝了原假设，因此棉花价格收益率存在 ARCH 效应。棉花价格收益率存在高阶 ARCH 效应，如果使用 ARCH（P）模型，需要很多的滞后项才能得到较好的拟合效果，选取 GARCH 模型进行拟合效果会更加理想，因此最终采用 GARCH（1，1）模型。

1）GARCH（1，1）模型估计如表 3-5 所示。

表 3-5　棉花价格收益率序列 GARCH 参数估计

参数	均值方程			方差方程	
	AR（1）	AR（2）	AR（3）	α：RESIDE（-1）^2	β：GARCH（-1）
R	0. 470233（0. 0000）	-0. 157771（0. 0220）	0. 259112（0. 0005）	1. 097768（0. 0000）	0. 229756（0. 0021）

由表 3-5 可知，α 和 β 在 1% 显著性水平下均通过了检验，说明棉花价格收益率序列具有显著的波动集聚性。棉花价格收益率 R 序列的 α 与 β 系数之和大于 1，说明棉花价格收益率的波动冲击效应会扩散；而系数之和接近于 1，说明扩散速度比较慢。

2）GARCH-M 模型估计如表 3-6 所示。

表 3-6　棉花价格收益率序列 GARCH-M 参数估计

参数	均值方程				残差方程		
	GARCH	AR (1)	AR (2)	AR (3)	c	α: RESIDE (-1) ^2	β: GARCH (-1)
R	-0.015694 (0.1486)	0.319045 (0.0000)	-0.117164 (0.1151)	0.250444 (0.0000)	2.075083 (0.0000)	1.461527 (0.0000)	0.080995 (0.1084)

由表 3-6 可知，棉花价格收益率的 GARCH 项估计值为 -0.015694，但未通过 10% 的显著性水平，表明棉花不具有"高风险、高回报"的特征，这是由棉花的特点决定的。棉花产业属于农业，农业是弱质性产业，农产品是人类赖以生存的基本物品，其价格不能有太大波动，否则就会引起社会经济的不稳定。

3）TARCH 模型估计如表 3-7 所示。

表 3-7　棉花价格收益率序列 TARCH 参数估计

参数	均值方程				残差方程		
	AR (1)	AR (2)	AR (3)	c	α: RESIDE (-1) ^2	β: GARCH (-1)	γ
R	0.647006 (0.0000)	-0.167630 (0.0107)	0.131702 (0.0274)	1.043439 (0.0000)	0.789972 (0.0001)	0.462533 (0.0000)	0.775207 (0.0846)

由表 3-7 可知，由于 $\gamma = 0.775207$，显著不为零，说明棉花价格收益率波动存在非对称效应，即存在"杠杆效应"。$\gamma = 0.775207 > 0$，说明影响棉花价格的"好消息"对棉花价格只有 $\alpha = 0.789972$ 倍的冲击，而坏消息则会带来（α + γ）= 1.565 倍的冲击，表明在我国棉花市场上棉花价格的下跌信息将比等量的上涨信息造成更大的波动（主要是因为棉花价格下跌时国家政策会给予一定的补贴，因此棉农和纺织企业关心棉花价格上涨的情况）。由于信息不对称，当棉花价格下跌时，棉农无法准确预测棉花价格的走势，对未来棉花价格的不确定性会使棉农以低价售出大量棉花，棉花的供给增大会进一步加大棉花价格的下跌。而棉花价格上涨时，纺织企业可以选择涤纶短纤和粘胶短纤来替代棉花进行生产，从而引起对棉花需求的下降，令棉花市场价格难以持续上涨。

（4）棉花价格波动的周期性与趋势性分析。

由于棉花具有固定的生长周期，棉花市场价格存在一定的季节性周期规律，因此首先运用 X-12 季节调整法对棉花价格时间序列数据进行季节调整，再对调整后的序列进行 H-P 滤波分析（见图 3-4）。图 3-4 的下半部分的 Cycle 线表示原序列的波动成分，上半部分则给出原序列和通过 H-P 滤波方法分解出的趋势序列的曲线图。

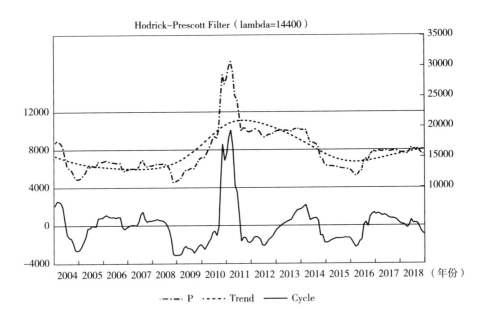

图 3-4　棉花价格 H-P 滤波分析

1）趋势分析。

由图 3-4 可知，2004~2018 年我国棉花价格走势出现"先升后降"的局面，2008~2011 年，我国棉花价格波动较为剧烈，棉花价格最低点在 2008 年 11 月，为 10803.05 元/吨，随后震荡上升，2011 年 3 月达到最高点 30372.78 元/吨，刷新近十年最高纪录，此轮涨幅达 181.15%。棉花价格的暴涨，直接增加了下游的服装行业的成本，压缩了服装企业的利润，国内纺织企业的出口能力有所下降。经历了最高点之后，棉花价格又经历了"断崖式"下跌，截至 2012 年 3 月，棉花价格跌到了 19556.48 元/吨。短短几年，我国棉花价格像"过山车"一样，经历了大涨大跌，导致很多小规模的棉纺企业相继倒闭。直到 2014 年国家制定了棉花目标价格补贴政策（目标价格按照成本加收益确定），并首次在新疆开展试点，棉花的市场价格机制初步形成；国内外棉花价差缩小；棉花价格逐渐回归市场，呈现出平稳波动的阶段。

2）周期分析。

本部分采用"波谷—波谷"的方法对我国棉花价格波动的周期性特征进行分析，将棉花价格波动划分为 4 个完整周期和 1 个不完整的波动周期，每个周期都有其不同的波动特征，具体如表 3-8 所示。

表 3-8　我国棉花价格波动周期的非对称性

周期	时间分布	波长（月）	周期类型
1	2004 年 1 月至 2004 年 12 月	12	陡降、相对平稳波动期
2	2005 年 1 月至 2008 年 11 月	47	缓升缓降、平稳波动期
3	2008 年 12 月至 2012 年 7 月	44	陡升陡降、剧烈波动期
4	2012 年 8 月至 2016 年 2 月	43	缓升陡降、相对平稳波动期
5	2016 年 3 月至 2018 年 12 月	34	缓升缓降、相对平稳波动期

陡降、相对平稳波动期。2004 年的全国棉花产量刷新了保持 20 年的最高产量纪录，达 632 万吨，棉花产量丰收，而短时间内棉花的消费不会有太大的变化，因此棉花价格在 2004 年出现短期下降阶段。

缓升缓降、平稳波动期。2005 年 1 月 1 日纺织品配额制度取消后，中国出口的纺织品数量大幅增长，进而加大了对棉花的需求，棉花价格出现短期上涨阶段。2006~2007 年，我国棉花供求平稳，价格呈现出平稳波动。2008 年受金融危机的影响，纺织品出口困难，棉花价格迅速下跌。

陡升陡降、剧烈波动期。2008 年棉花价格的大幅下跌挫伤了棉农的种植积极性，直接导致 2009 年棉花产量同比下降 13.7%，但国家抛储增加了市场上棉花的供给量，棉花价格波动不大。2010 年是疯狂的一年，棉花价格大幅度上涨。由于气候不佳、种植面积减少，2010 年棉花产量同比下降 7.4%，国内棉花供给形势进一步严峻。同时纺织企业总体运行良好，再加上国家对纺织行业的扶持力度进一步加大，在税收方面给予很多的优惠政策，用棉需求不断增多。供不应求是棉花价格大幅波动的根本原因。2010 年中国棉花价格指数从 1 月的 14931/吨持续上涨到 11 月的 28541 元/吨，涨幅高达 91.15%。国内大中型纺织企业纷纷选择"囤棉"，而部分小型企业由于资金不足，只能选择在棉价飙涨时限产甚至停产，产业链中游的纺织企业承受了极大的库存压力和倒闭压力。此外，由于棉花价格的大幅上涨，使我国出口的纺织产品竞争力不足，生存出现困境。自2011年实施临时收储政策以来，保障了棉农的收益，提高了棉农种植的积极性，稳定了棉花的供给，在一定程度上起到了稳定棉花价格的作用。在2011年实施临时收储政策后，棉花价格开始下行波动。从2011年3月开始，棉花市场行情急转直下，中国棉花价格指数从3月的30372.8元/吨持续下跌到8月的19328元/吨，跌破了棉花临时收储价格，跌幅达37%，整个年度棉价经历了大涨大跌的"过山车"行情。

缓升陡降、相对平稳波动期。2011～2013年，棉花有临时收储政策托底，棉花价格高，波动小，但是临时收储政策制定的高价本就是不可持续的价格。2012年8月之后，棉花价格有些许上涨，但是始终没有超过当年的临时收储价格。2011～2013年连续三年的棉花临时收储政策虽然有效地保障了棉农的收益，稳定了国内棉花价格，但是却拉大了国际棉花与国内棉花的价差，使棉纺企业生产成本过高，经营状况举步维艰。自2014年实施棉花目标价格政策以来，棉花价格逐步回归到市场定价，棉花价格"断崖式"下跌，且波动剧烈。在过去的三年里，国家不限数量，敞开收储，连续三个年度累计收储棉花超过1500万吨，加上每年的新棉产量达600万吨左右，市场上完全是一种供大于求的状态，从而抑制了棉花价格的上涨。

缓升缓降、相对平稳波动期。2016年受国储棉抛售延期等因素的影响，棉花价格出现小幅上涨，但波动不大。在经历了大量抛储之后，棉花市场的供需逐渐平稳，因此最后一个周期棉花价格的波动相对平稳，截至2018年12月，都没有出现大幅的波动。

通过对我国棉花价格指数的波动分析可知：第一，我国棉花价格收益率具有显著的波动集聚性。中国棉花价格指数收益率序列分布是右偏分布形态，不服从正态分布，具有"尖峰厚尾"的特征，并存在一定程度的集聚现象。说明棉花价格大波动、小波动会成群出现，棉花价格大幅度波动后不会立即趋于平稳，因而棉花的价格波动在一定程度上是可以预测的。第二，我国棉花市场不具有"高风险、高回报"的特征。说明我国棉花市场的投资回报与风险关系并无规律，棉花市场上的投资者交易时非理性因素大于理性因素，这将会不利于棉花市场的良性发展。第三，棉花价格收益率波动存在非对称效应，即存在"杠杆效应"。影响棉花价格的"好消息"对棉花价格只有 $\alpha = 0.789972$ 倍的冲击，而坏消息则会带来（$\alpha + \gamma$）$= 1.565$ 倍的冲击，表明在我国棉花市场上棉花价格的下跌信息将比等量的上涨信息造成更大的波动。

3.1.4 中国棉花生产布局的集聚变化

棉花生产空间布局同时受到自然条件、社会经济条件、技术条件及政策条件的影响,其中棉花种植政策对生产的影响尤为显著。因此本部分在考虑政策背景的前提下,选取 1999 年 1 月之后的数据进行分析。在地域上,选取长江流域棉区的安徽、江苏、江西、湖南、湖北,黄河流域棉区的陕西、山东、河南、河北及西北内陆棉区的新疆、甘肃,共计 11 个主要植棉省份。

3.1.4.1 衡量指标

目前,国内学者在评估农业生产布局演变时,主要采用的方法有生产集中度指数、生产规模指数、产地集中度系数、比较优势指数及空间统计分析等(程沅孜,2016)。本部分在综合权衡之后决定采用生产规模指数及生产集中度指数来衡量我国棉花生产布局的集聚变化情况。

(1)棉花生产规模指数。

借鉴钟甫宁和胡雪梅(2008)的研究,将棉花生产规模指数定义为"某地区某时期棉花播种面积占同期全国棉花播种面积的比重",用公式表示为:

$$PSI_{it} = S_n / S_{it} \tag{3-9}$$

其中,PSI_{it} 表示 i 地区在 t 时期的棉花播种面积占同期全国棉花播种面积的比重,S_n 表示 i 地区在 t 时期的棉花播种面积,S_{it} 表示 t 时期的全国棉花播种面积。

(2)棉花生产集中度指数。

借鉴伍山林(2000)的研究,将棉花生产集中度指数定义为"某地区某时期棉花产量占同期全国棉花总产量的比重",公式表示为:

$$I_{ij} = \frac{Y_{ij}}{Y_{ij} + Y_{-ij}} \tag{3-10}$$

其中,I_{ij} 表示 i 地区在 j 时期的棉花产量占同期全国棉花总产量的比重,Y_{ij} 表示 i 地区在 j 时期的棉花产量,同期其他地区的棉花产量记为 Y_{-ij}。棉花生产集中度指数可以反映出棉花产量的区域布局情况。

3.1.4.2 三大植棉区生产布局的集聚变化

我国有三大棉花产区,分别是长江流域棉区、黄河流域棉区及西北内陆棉区。三大棉区生产规模指数及集中度指数的变动反映了棉花生产布局的集聚演变过程。从生产规模指数的变化情况来看（见图3-5），长江流域棉区的生产规模指数在波动中不断下降；黄河流域棉区的生产规模指数在波动中先上升后下降；西北内陆棉区的生产规模指数在波动中不断上升。分阶段来看，1999~2004年，长江流域棉区、西北内陆棉区的生产规模指数在不断下降而黄河流域棉区的生产规模指数在不断上升；2005~2011年，长江流域棉区的指数基本保持不变，黄河流域棉区的指数在下降，而西北内陆棉区的指数在上升。2006年，西北内陆棉区超越长江流域棉区成为我国的第二大植棉区；自2011年开始，长江流域棉区、黄河流域棉区的生产规模指数开始不断下降，西北内陆棉区于2012年超越黄河流域棉区，成为我国植棉面积最大的区域，并且其生产规模指数保持着上升的势头。

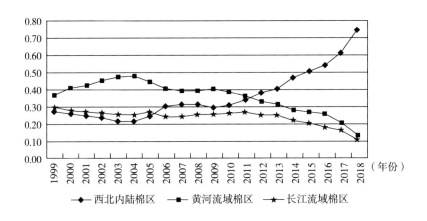

图3-5 1999~2018年我国三大棉区生产规模指数变化趋势

为了更好地衡量三大棉区棉花生产布局的集聚变化情况，本部分总结了三大产棉区生产集中度指数的变化情况（见图3-6）。从变动的总体趋势看，长江流域棉区和黄河流域棉区的生产集中度指数在波动中不断下降，而西北内陆棉区的生产集中度指数在波动中上升。分阶段来看，1999年，西北内陆棉区的生产集中度指数略高于黄河流域棉区，为三大棉区最大；2000~2005年，三大棉区生产集中度指数由大到小排序依次为黄河流域棉区、西北内陆棉区、长江流域棉区；2006年，西北内陆棉区再次超越黄河流域棉区成为我国棉花生产集中度指数最大的区域；自2009年开始，西北内陆棉区与长江流域棉区、黄河流域棉区的差距逐渐拉大。2018年，西北内陆棉区的生产集中度指数已达0.8442，为其他两大棉区生产集中度指数总和的五倍还要多。我国棉花生产格局由三大棉区的"三足鼎立"逐渐演变为西北内陆棉区的"一枝独秀"。

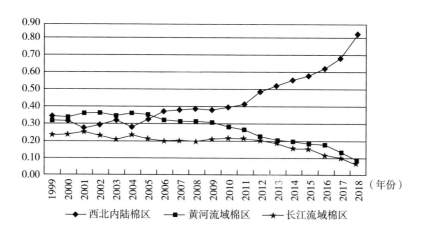

图 3-6　1999~2018 年三大植棉区生产集中度指数变化趋势

3.1.4.3　主要植棉省份生产布局的集聚变化

首先利用棉花生产规模指数观察各省份的棉花生产布局变动情况（见图 3-7）。1999~2018 年，棉花生产规模指数始终在 0.05 及以上的省份仅有新疆、山东和河北，而其中只有新疆的棉花生产规模指数保持在 0.2 及以上，远高于其他省份。同时，从棉花生产规模指数的演变趋势来看，1999~2004 年，新疆、河南、山东位居前三，而且各省份之间的差距不大。但自 2005 年开始，新疆的棉花生产规模指数在波动中不断上升，逐渐甩开其他省份。至 2018 年新疆的棉花生产规模指数已为 0.7432，远高于其他省份的指数之和。棉花生产在此集聚，新疆已成为我国棉花生产的第一大省份。

同时利用棉花生产集中度指数观察我国各省份棉花生产格局的变动情况（见图 3-8）。可以清晰地发现，1999~2018 年，新疆的棉花生产集中度指数一直大于其他省份。从 2005 年开始，新疆与其他省份的差距逐渐拉开，至 2018 年，新疆的棉花生产集中度指数为 0.8384，远远领先其他省份。此外，1999~2018 年，棉花生产集中度指数始终保持在 0.05 及以上的仅有新疆。可见，新疆在我国棉花生产中始终占据着绝对优势地位。

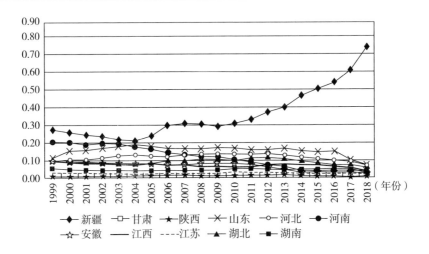

图 3-7　1999~2018 年各植棉省份棉花生产指数规模变化趋势

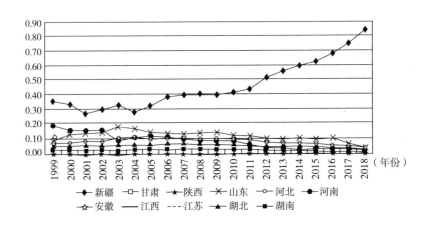

图 3-8　1999~2018 年各植棉省份棉花生产集中度指数变化趋势

　　从以上对比分析中可以看出，自 1999 年以来，我国棉花生产的最大产区经历了从黄河流域棉区到西北内陆棉区的转变，并逐渐向西北内陆棉区集聚。处于西北内陆棉区的新疆在我国棉花生产中一直扮演着重要的角色，且在 2005 年之后逐渐成为棉花生产的第一大省，目前在我国棉花生产中新疆占据着举足轻重的地位。可以说，我国棉花生产布局集聚变化的最大特点就是逐渐向西北内陆棉区尤其是向新疆的集聚。

3.2　中国与周边国家纺织品贸易现状

纺织服装属于传统的劳动密集型产业，人口数量庞大、劳动力成本低廉的发展中国家往往在这一产业竞争中具有比较优势。如表 3-9 所示，2009~2018 年中国与孟加拉国、印度、缅甸的纺织品贸易规模不断扩大，进出口额由 45.07 亿美元增至 163.13 亿美元，年均增长 13.73%，其中中国对孟加拉国、印度、缅甸纺织品出口额由 36.52 亿美元增至 134.82 亿美元，年均增长 13.95%。中国对孟加拉国纺织品出口额增长最快，增加了 54.5 亿美元，对印度和缅甸的纺织品出口额则分别增加了 24.37 亿美元和 19.43 亿美元。中国自孟加拉国、印度、缅甸纺织品进口额由 8.55 亿美元增至 28.31 亿美元，年均增长 12.72%。

表 3-9　2009~2018 年中国对孟加拉国、印度、缅甸纺织品贸易进出口额

单位：亿美元

国家	进出口额	2009 年	2010 年	2011 年	2012 年	2013 年	2014 年	2015 年	2016 年	2017 年	2018 年
印度	出口额	19.62	30.33	35.85	33.65	38.33	42.97	42.14	40.89	43.10	43.99
	进口额	7.73	23.54	34.91	1.27	46.34	35.66	26.08	16.28	17.11	20.35
孟加拉国	出口额	15.15	27.41	36.61	37.26	44.68	47.21	52.01	53.72	57.39	69.65
	进口额	0.81	1.53	2.75	1.85	3.72	4.93	5.92	6.37	6.41	7.26
缅甸	出口额	1.75	4.36	6.09	6.97	10.61	10.44	10.41	12.23	15.64	21.18
	进口额	0.01	0.03	0.10	0.22	0.41	0.37	0.43	0.47	0.51	0.70
合计	出口额	36.52	62.10	78.55	77.88	93.62	100.62	104.56	106.84	116.13	134.82
	进口额	8.55	25.10	37.76	3.34	50.47	40.96	32.43	23.12	24.03	28.31

资料来源：根据 UN Comtrade 数据库数据整理得到。

2012~2013 年中国与孟加拉国、印度、缅甸纺织品进出口额出现了较大幅度的增长，原因在于"孟中印缅"经济走廊建设的提出，刺激了走廊沿线国家的纺织品进出口。2013 年后，中国与孟加拉国、缅甸的纺织品进出口呈稳定增长趋势，但自印度的纺织品进口额呈下降趋势，直至 2018 年才出现反弹，原因在

于与棉纱等纺织品原材料出口对应的美元价格飙升，印度的纱线等原材料已经失去了在中国市场的影响力，与此同时中国的纺织纱线等品类自用的占比逐渐增大。在中国参照亚太贸易协定向印度纱线征收约 3.5% 的进口关税后，印度对中国的纺织品出口逐渐下降。

为考察中国与孟加拉国、印度、缅甸纺织品进出口贸易结构，采用海关协调编码制度 HS 来界定纺织品的研究范围。如表 3-10 所示，2009~2018 年，中国对孟加拉国和缅甸的出口产品以纺织原料为主，且贸易额不断增加，对印度的出口产品由纺织原料变为服装类及其他类。中国对孟加拉国、印度、缅甸纺织原料、纺织织物类、服装类和其他类的出口额分别增加了 56.66 亿美元、9.99 亿美元、10.33 亿美元和 4.65 亿美元。中国对孟加拉国、缅甸的纺织原料出口额一直快速增长，远大于纺织织物类、服装类、其他类出口额。其中，棉花、化学纤维长丝、化学纤维短纤对应的相关原料出口量最大，针织物及钩编织物出口量次之。

表 3-10　2009~2018 年中国对孟加拉国、印度、缅甸各类纺织品出口额

单位：亿美元

产品	HS 编码	2009 年	2010 年	2011 年	2012 年	2013 年	2014 年	2015 年	2016 年	2017 年	2018 年
纺织原料	50	4.19	5.03	4.30	3.75	3.16	2.78	2.55	2.49	0.19	1.84
	51	0.57	0.68	0.94	1.13	1.12	1.16	1.03	0.99	0.99	1.20
	52	10.8	16.23	20.83	21.90	26.19	25.25	26.11	26.82	49.47	30.66
	53	0.78	1.20	2.08	2.19	2.54	2.86	3.41	2.51	2.85	3.41
	54	4.82	6.87	8.72	7.38	8.54	9.41	10.39	12.02	15.56	18.73
	55	—	8.98	12.76	11.47	13.72	14.93	15.42	15.82	24.31	22.05
	总计	21.17	38.99	48.76	47.82	55.26	56.37	58.90	60.65	65.80	77.83
纺织织物类	56	0.73	1.12	1.52	1.46	1.78	2.06	2.25	2.37	2.20	3.41
	57	0.56	0.98	1.38	0.75	0.71	0.58	0.68	0.67	0.31	0.80
	58	2.48	3.09	3.52	3.36	3.54	3.99	4.19	3.89	4.94	4.54
	59	6.4	8.35	9.96	8.50	8.91	9.95	9.18	9.13	4.82	11.42
	60	3.35	5.19	6.69	6.82	8.13	10.21	12.73	13.97	19.36	19.96
	总计	10.17	13.54	16.38	14.08	14.94	16.59	16.31	16.07	17.16	20.16

续表

产品	HS 编码	2009 年	2010 年	2011 年	2012 年	2013 年	2014 年	2015 年	2016 年	2017 年	2018 年
服装类	61	0.55	1.64	1.95	4.77	8.19	4.94	4.56	5.02	1.61	6.83
	62	0.32	0.69	0.79	1.12	2.22	5.55	5.09	5.31	2.14	4.37
	总计	0.87	2.33	2.74	5.89	10.41	10.49	9.65	10.33	3.75	11.20
其他类	63	0.97	2.05	3.10	3.27	5.68	6.95	6.97	5.82	1.67	5.62

2013 年前，中国向印度出口的纺织原料主要以蚕丝、棉花、化学纤维长丝、化学纤维短纤为主，2013 年后，中国对印度的出口贸易结构有所变化，服装类、其他类出口额持续走高，出口额逐渐逼近纺织原料出口额。

由表 3-11 可知，2009~2018 年，中国自孟加拉国、印度、缅甸进口产品主要为纺织原料，进口额呈先增后减趋势，由 2009 年的 7.76 亿美元增至 2013 年的 45.90 亿美元又降至 2018 年的 19.26 亿美元。服装类进口额不断增加，由 2009 年的 0.47 亿美元增至 2018 年的 8.02 亿美元，而纺织织物类和其他类进口额基本没有明显变化。

表 3-11　2009~2018 年中国自孟加拉国、印度、缅甸各类纺织品进口额

单位：亿美元

产品	HS 编码	2009 年	2010 年	2011 年	2012 年	2013 年	2014 年	2015 年	2016 年	2017 年	2018 年
纺织原料	50	0.23	0.30	0.12	—	0.06	0.07	0.05	0.06	0.06	0.10
	51	0.06	0.10	0.10	—	0.05	0.04	0.05	0.04	0.03	0.11
	52	6.46	21.58	32.08	—	43.59	32.23	22.79	12.73	12.97	16.12
	53	0.66	1.22	1.73	—	1.61	1.87	1.80	1.90	2.40	2.14
	54	0.08	0.15	0.15	—	0.11	0.11	0.09	0.09	0.14	0.16
	55	0.28	0.49	0.70	—	0.49	0.61	0.49	0.53	0.69	0.63
	总计	7.76	23.85	34.88	—	45.90	34.93	25.27	15.35	16.28	19.26
纺织织物类	56	0.02	0.05	0.06	—	0.04	0.09	0.09	0.04	0.02	0.04
	57	0.09	0.06	0.10	—	0.10	0.14	0.18	0.17	0.21	0.23
	58	0.01	0.01	0.02	0.02	0.05	0.04	0.04	0.04	0.04	0.04
	59	0.02	0.04	0.06	0.12	0.15	0.21	0.17	0.17	0.21	0.24
	60	0.005	0.002	0.02	0.004	0.01	0.01	0.004	0.003	0.004	0.01
	总计	0.13	0.17	0.24	0.14	0.34	0.48	0.49	0.42	0.48	0.54

续表

产品	HS 编码	2009 年	2010 年	2011 年	2012 年	2013 年	2014 年	2015 年	2016 年	2017 年	2018 年
服装类	61	0.20	0.35	0.75	0.95	1.24	1.87	2.16	2.62	2.65	3.24
	62	0.27	0.50	1.21	1.74	2.43	2.91	3.82	3.99	3.85	4.78
	总计	0.47	0.85	1.96	2.69	3.67	4.78	5.98	6.61	6.5	8.02
其他类	63	0.19	0.22	0.67	0.50	0.57	0.75	0.69	0.74	0.77	0.48

3.3　中国棉花补贴政策的介绍

当前我国的棉花补贴政策主要有良种补贴、农资补贴、农机购置补贴、农机报废补贴、价格支持政策、高产棉田创建政策、新疆棉花出疆运输补贴。

良种补贴。2007 年我国开始实施棉花良种补贴政策，中央财政对选择棉花良种种植的农户实施每亩 15 元的补贴，覆盖河北、山东、河南、江苏、安徽、湖南、湖北和新疆 8 个省份，共 3333 万亩棉田，其中新疆良种补贴面积占总补贴面积的 63%，其他区域占 40% 左右[①]。

农资补贴。农资综合补贴是指政府对农民购买化肥、柴油、种子、农机等物资实行的一种直接补贴制度。实施农资补贴主要是考虑当前种植棉花的各项成本持续上升，收益空间逐步缩小，从生产资料的角度对棉农进行补贴来保障棉农的收益和种植积极性，进而来保障我国棉花供给量的稳定，保障棉花产业安全。有研究表明，自 2006 年我国实施农资综合补贴以来，中央财政的补贴资金年均增长率为 41%（李莎莎和朱一鸣，2016），政府对棉农在生产资料上的支持力度在不断提升。从现有的棉花总产量和播种面积看，也稳定了我国的棉花供给量和面积的稳定。

农机购置补贴。我国的农机购置补贴始于 1998 年，资金来源于国家专项；在 2003 年更名为"新型农机具购置补贴"，每年补贴资金为 2000 万元；在 2004 年这项补贴调整为农业部和财政部联合实施；从 2012 年起，农机购买补贴的补贴方式由农业部在全国 17 个省份开展补贴资金计算级次下放、农民全价购机等

---

① 棉花补贴历史与发展 [J]．中国棉麻流通经济，2008（03）：5-7．

方式进行了试点。在新疆，从 2011 年开始实施农机购置补贴，其中与棉花产业相关的有耕地整地机械、种植施肥机械、田间管理机械、收获以及收后处理机械、排灌机械等各类机械，根据不同分档，补贴额为 190 元至 40 万元。农业部办公厅、财政部办公厅关于印发的《2018-2020 年农业机械购置补贴实施指导意见》中指出，大型棉花采摘机单机补贴额不超过 60 万元。

农机报废补贴。2012 年，农业部办公厅、财政部办公厅、商务部办公厅关于印发的《2012 年农机报废更新补贴试点工作实施指导意见》中指出，2012 年在山西、江苏、浙江、安徽、山东、河南、新疆、宁波、青岛、新疆生产建设兵团、黑龙江省农垦总局启动农机报废更新补贴试点，目的在于进一步鼓励农民购置先进适用、技术成熟、安全可靠、节能环保、服务到位的农业机械，推进老旧农机报废更新，优化农机装备结构。报废的农机补贴类别报废拖拉机、联合收割机的机型和类别确定。与棉花生产相关的主要是拖拉机，根据不同机型、不同类别、不同报废年限有 500～11000 元的补贴。2020 年农业农村部印发的《农业机械报废更新补贴实施指导意见》通知中明确说明，对与棉花生产相关的拖拉机由 20 马力以下到 100 马力以上 5 个不同档次，给予中央财政资金 1000～12000 元的最高报废补贴。

价格支持政策。由前文可知我国目前在农业领域实施的有三项价格支持政策，就棉花领域而言，近 10 年来先后实施了临时收储和目标价格补贴政策。在临时收储政策下，棉花价格出现了倒挂，并出现了进口与库存双高的局面（王力，2012）。卢凌霄和刘慧（2105）研究认为，临时收储政策下价格刚性提高，主导了市场价格走势，导致国内外价格出现长期"倒挂"的现象。在此背景下，《中共中央关于全面深化改革若干重大问题的决定》指出，完善主要由市场决定价格的机制。2014 年的中央一号文件提出要完善粮食等重要农产品价格形成机制。2014 年，政府在新疆启动了棉花的目标价格补贴试点工作。新疆实施棉花目标价格补贴政策始于 2014 年，当前的目标价格为皮棉 19800 元/吨；2015 年新疆目标价格为皮棉 19100 元/吨；2016～2019 年新疆目标价格为皮棉 18600 元/吨；2020～2022 年新疆目标价格为皮棉 18600 元/吨。

高产棉田创建政策。高产棉田创建政策历史相对比较久，早在第七个五年规划时期，就开展了优质棉基地建设的项目。到 2000 年底，新疆已累计建成 32 个优质棉基地县，改造的中低产田面积达 36 万公顷，实现新增有效灌溉面积 27 万公顷，改善灌溉面积达 33 万公顷。国家计委以计农经〔2001〕1450 号文正式批准了新疆优质棉基地建设项目，批复项目的总投资金额为 15.86 亿元，其中，中央预算内专项资金 7.5 亿元（地方 5.0 亿元，兵团 2.5 亿元），自治区配套 8.36 亿元（地方 5.56 亿元，兵团 2.80 亿元）①。"十五"期间，优质棉花基地的建设主要包括品种优化工程，节水灌溉和科学施肥工程，技术服务体系，无公害植物保护工程和质量监测等工程。根据国家发改委农经〔2012〕3024 号文批复，新疆"十二五"优质棉基地建设项目总投资 14.13 亿元，其中，中央预算内投资 10 亿元（地方 5 亿元），占总投资的 70.76%。截至 2016 年 10 月，新疆"十二五"优质棉基地建设项目共下达各类项目 140 项，计划投资 73567 万元，其中中央预算内投资 50000 万元（陈胜辉和刘维忠，2017）。这一系列支持优质棉生产基地建设的政策文件，对我国的棉花高产、高质量、高标准化的生产起到显著的促进作用。

新疆棉花出疆运输补贴。为提高新疆棉花的竞争力、解决运输成本高问题，财政部和新疆财政厅先后制定了《出疆棉移库费用补贴管理暂行办法》《出疆棉纱和棉布运输补贴办法》《关于提高出疆棉纱棉布运费补贴标准有关问题的通知》等文件明确指出给予棉花运输补贴。国家在 2008 年决定，从 2007 年度到 2010 年度给予运用铁路运输销售到内地的新疆棉花每吨 400 元的补贴②。在此之后，新疆政府在 2010 年决定从 2011 年度起给予出疆棉纱 32 支以上每吨补贴 200 元、32 支以下每吨补贴 100 元运费。2011 年国家扩大了出疆棉的补贴范围，由棉花增加到棉布类产品，并且补贴资金也提高至每吨 500 元。自 2014 年 1 月 1 日起，棉纱类产品在现有中央财政每吨补贴 500 元和 32 支以上（含 32 支）棉纱类产品自治区每吨补贴 200 元运费、32 支以下每吨补贴 100 元的基础上，北疆地区和东疆地区生产的棉纱类产品，每吨增加补贴 100 元③。自 2014 年 1 月 1 日起，对棉布类产品在现有国家每吨补贴 500 元的基础上，每吨增加补贴 500 元，即：棉布类产品中央和自治区每吨共补贴 1000 元④。出疆棉的补贴政策，有效地促进了新疆棉花的销售，对于新疆棉花及相关产业发展具有非常大的促进作用，对于中东部和沿海地区的纺织企业用棉降成本也有明显的积极作用。

① 新疆维吾尔自治区人民政府办公厅关于加强新疆优质棉基地建设的通知［EB/OL］. http：// www. pkulaw. cn/fulltext_ form. aspx? Gid = 16857596&Db = lar.

② 冯梦晓. 中国棉花年鉴［M］. 北京：中国统计出版社，2007.

③④ 关于提高出疆棉纱棉布运费补贴标准有关问题的通知［EB/OL］. http：// www. xjdrc. gov. cn/in-fo/11857/17627. htm.

3.4　当前棉花目标价格补贴政策取得的成效及约束分析

3.4.1　当前我国棉花目标价格补贴取得的成效

3.4.1.1　实现了价格与市场接轨

由图 3-9 可知，2011 年实施棉花国家收储政策以后，国内外棉花价格差逐步上升，到 2013 年 11 月达到最大值为 60.75 美分/磅，2014 年 1 月降为历史最低值 10.94 美分/磅。2014 年 9 月起为实施目标价格补贴的年度，国内外差价为 52.63 美分/磅，实施目标价格补贴政策以后，国内外棉花价格差逐步缩小，2019 年 8 月为 11.71 美分/磅。对比目标价格补贴政策期间与国家收储政策期间，国内外棉花价格差显著降低，从趋势线上可以看出明显呈下降趋势，说明我国实施目标几个补贴有效改善了国内外价格"倒挂"现象，实现了价格与国际市场的接轨。

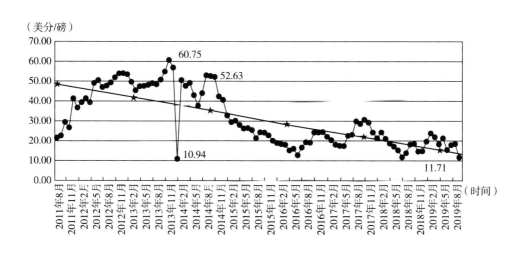

图 3-9　国内外棉花价格差

资料来源：中国棉花网和中国棉花协会，通过同期汇率换算得出。

3.4.1.2 保障了农民的植棉收入

由表3-12新疆农民植棉每亩净利润和每亩现金收益数据可知，2011~2013年国家收储政策时期，由于收储的价格高于市场价格，农户的收益也对应地比较高。实施目标价格补贴政策以后，因为目标价格与国际市场差异大幅度缩小，在2014年和2015年受到国际市场低迷表现的影响和政策的过渡，新疆农民的植棉收益有所下降，但是依然达到了保障农民植棉收入的目标，2016年和2017年在目标价格补贴政策的支持下，新疆农民的植棉收入得到了稳定的保障。

表3-12　新疆农民植棉收益情况　　　　　　　　　单位：元

年份	2011	2012	2013	2014	2015	2016	2017
每亩净利润	570.59	588.38	439.3	−345.04	−653.78	6.60	93.68
每亩现金收益	1038.88	1279.35	1217.94	351.88	39.83	770.68	849.66

资料来源：《全国农产品成本收益资料汇编》。

3.4.1.3 棉花质量明显改善

棉花质量指标主要有长度、断裂比强度、马克隆值、长度整齐度四个方面。将2014年（棉花年度）实施目标价格补贴政策后与国家收储政策时期进行比较分析，具体如下：

长度指标分析。由图3-10可知，2011年实施国家收储政策后，新疆地方和新疆兵团的棉花长度指标均表现连续下降的趋势，2014年实施目标价格补贴政策后，新疆地方和新疆兵团的棉花长度指标均有明显的提升。2011年新疆地方棉花长度高于新疆兵团，2017年新疆兵团棉花长度指标超过了新疆地方，2018年度兵团棉花长度指标平均为29.37毫米，新疆地方为29.03毫米。

断裂比强度指标分析。由图3-11可知，2011~2013年，新疆地方和新疆兵团的棉花断裂比强度均呈现下降趋势。2014年实施目标价格补贴政策后，新疆兵团棉花断裂比强度上升趋势明显，2018年的28.80毫米远超过了2011年的27.97毫米；新疆地方在实施目标价格补贴后，虽然这项指标比2013年有所提升，但还未达到2011年的水平。

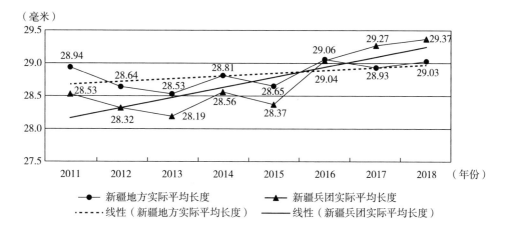

图 3-10 2011~2018 年棉花年度棉花长度指标

资料来源：中国纤维质量监测中心。

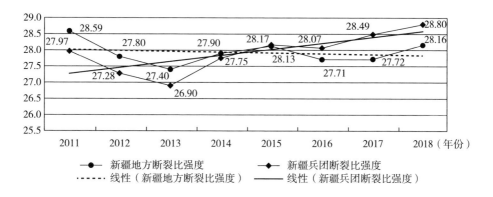

图 3-11 2011~2018 年棉花年度棉花断裂比强度指标

资料来源：中国纤维质量监测中心。

马克隆值指标分析。由图 3-12 可知，新疆地方和新疆兵团的棉花马克隆值表现出相似的变化趋势，长期以来新疆兵团棉花的马克隆值（A+B）均高于新疆地方。2015 年出现大幅度下降与当年的天气存在较大关系。已有研究也证实了这一结论。张婷婷（2018）在棉花质量研究中指出因为在 2015 年新疆降雨量远高于往年的平均值，阴雨与冰雹灾害非常严重，光照的不足对当年的棉花植株干物质积累、棉铃脱落率、铃重、衣分等有明显的负向作用。这些因素恰好是影响棉花马克隆值的主要因素。

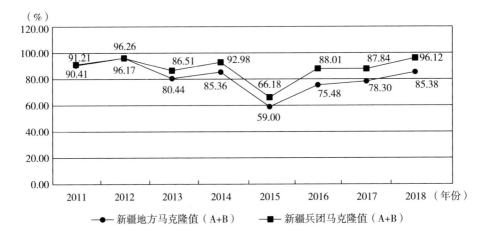

图 3-12 2011~2018 年棉花年度马克隆值棉花长度指标

资料来源：中国纤维质量监测中心。

长度整齐度指标分析。由图 3-13 可知，2011~2013 年新疆地方和新疆兵团的棉花长度整齐度指标均为下降的态势，2014 年实施目标价格补贴政策后到2016 年均为上升趋势，虽然 2017 年和 2018 年稍微有所下降，但仍然比 2012 年和 2013 年要高。

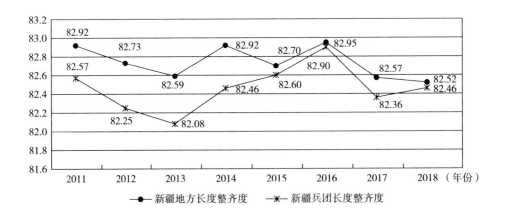

图 3-13 2011~2018 年棉花年度长度整齐度指标

资料来源：中国纤维质量监测中心。

从这四方面的指标进行对比分析可以发现，2014 年实施目标价格补贴政策以后，明显扭转了国家收储时期棉花质量持续下降的问题，长度和断裂比强度指标显著提升；与新疆地方相比，新疆兵团棉花质量改善更为明显。

3.4.1.4 有效保障了我国的棉花总产量供给

由图 3-14 可知，2001/2002 年度中国的棉花总产量为 531.48 万吨，消费量为 523.49 万吨，库存消费比为 75.61%。在 2006/2007 年度中国的棉花消费量达到了历史最高点为 1106.29 万吨，2011/2012 年度中国的棉花总产量达到了历史最高点，为 802.8 万吨。2014/2015 年度实施棉花目标价格补贴政策时，中国的棉花总产量为 662.1 万吨，消费量为 806.41 万吨，库存消费比达到了历史最高点为 160.63%，说明库存量远高于消费量。实施棉花目标价格补贴政策以后，库存消费比明显下降，2019/2020 年度中国棉花的库存消费比为 86.6%，棉花总产量为 584.3 万吨，棉花消费量为 713.36 万吨。从产量趋势线和库存消费比的趋势线来看，对比目标价格补贴政策前后可以发现，实施目标价格补贴政策后激活了下游纺织企业的消费活力，降低了国家收储时期的库存，棉花的总产量比较稳定，有效保障了棉花产量的稳定供给。

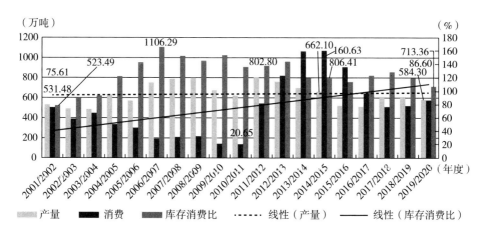

图 3-14 中国棉花供给与消费情况

资料来源：中国棉花网。

3.4.2 当前我国棉花目标价格补贴政策面临的约束分析

3.4.2.1 政府支出预算不稳定

政府支出预算不能稳定的主要原因是目标价格补贴政策主要以产量作为补贴

依据，辅助有面积补贴。从新疆兵团来看，在具体执行中以产量作为补贴依据对农户进行补贴，由于棉花产量每年会受到自然灾害或者气候变化的影响，难以做到对棉花产量的准确预测，因此政府就难以做到补对贴资金的稳定预算。从新疆地方来看，新疆地方按照"面积+产量"的形式进行补贴，但是这个面积补贴只针对南疆四地州地区的棉农，在其他地方均是全部按照产量进行补贴，这样依然和新疆兵团一样会出现政府难以稳定估算产量，进而难以稳定财政预算的问题。

3.4.2.2　执行成本高

执行成本高主要是程序复杂、环节多。单从棉花质量检测来看，在棉花目标价格补贴政策下，轧花厂需要将籽棉加工成皮棉以后，运送到纤维检验局进行包包检测，然后才能销售。从检测的费用来看，目前实行的是区域内和区域外差别定价，区域内每吨的费用是 43 元，其中每包的重量为 226 千克左右，每吨为 4 包；跨区域检测每吨的费用是 64 元。通过调查发现，实际上各轧花厂均有纤维检验局同样的棉花质量检测机器，也有自己的检测数据，这样来看，运送到纤维检验局去"二次"检测，无疑增加了不必要的成本，完全可以由轧花厂自行检测，质量高低在市场交易中决定其价格高低。在现有的政策下，像这样的情况会增加大量的政策执行成本。

3.4.2.3　补贴周期长

补贴周期长的问题主要是针对农民而言，当前新疆执行的目标价格补贴是分两次发放到农户一卡通里。这样的发放形式对新疆的农户不是非常友好，因为新疆从事棉花种植的农户在种子、化肥、机械等农业生产资料购买上绝大多数是靠借款、贷款或者赊账来获得，目标价格补贴政策对农户的补贴按照一年两次进行发放，这样会对农民的下一年度的农业生产投入和家庭的生活支出产生较大的影响，常常有农户在农资购买季节还没有领完补贴款。尤其是对部分家庭经济比较困难的低收入户来说，若是发放时间有延迟，更是雪上加霜。

3.4.2.4　目标价格补贴政策难以体现质量导向

目标价格补贴政策在进行补贴计算和操作时，并没有关注棉花的内在品质，而是以地区籽棉销售价格的加权平均计算得出整县的补贴金额，然后平均补贴给棉农。在这样的补贴金额计算方式下，棉花质量好与坏对棉农的经济收益没有任何影响。轧花厂在收购棉农棉花时，主要依据棉花的衣分率指标来定价，通常每提高一个衣分率棉花价格上升 1 毛钱，而长度、强度、整齐度等指标则没有考虑，因此无法体现质量指标的重要性，从而导致农民只关注棉花的产量，而忽视棉花质量。在实际操作中各个环节和各个主体均表现出只在乎产量而忽视质量的现象。这在棉花产业高质量发展的背景下，是急需改变的内容之一。

3.4.2.5　面临 WTO 规则约束

目标价格补贴政策对于农民来说是一项非常好的政策，农户不需要任何的支出就能很好地保障收入，但是在 WTO 的框架下，这是属于直接支付补贴，归属于 WTO 中的"黄箱"补贴政策，受到 WTO 规则 8.5% 微量约束上限的制约，不可能无限制地采取这种方式对农民进行补贴。在当前农业生产成本不断高涨，收益空间逐步萎缩，加之国际棉花价格持续低迷的情况下，棉花目标价格补贴政策可操作的空间已极其有限，若是长期运用目标价格补贴稳定棉农收益来保障棉花资源供给安全，将有可能遭遇其他国家的非议；若不加大对棉农的支持力度，棉农将极有可能放弃棉花种植，会影响我国的棉花资源供给安全。因此，有必要积极探索新型棉花补贴措施。

3.5　本章小结

本章首先描述了中国棉花目前种植的基本格局及成本收益情况，可以发现新疆是目前中国最大的棉花种植区，新疆兵团是中国棉花种植水平最高的地区，并且新疆的棉花种植收益远高于全国平均水平，具有比较优势。分析了中国棉花价格的波动特征，以及我国棉花生产布局的集聚变化。并分析了中国与部分周边国家的纺织品贸易现状。其次对当前与棉花生产相关的各类补贴政策进行了梳理。最后结合目前还在实施中的棉花目标价格补贴政策分析了这一政策实施所取得的成效和面临的不足并进行了归纳总结。通过分析可以发现棉花目标价格补贴政策的实施实现了价格与市场接轨，发挥出了市场机制的作用；保障了棉农种植棉花的收入稳定；稳定了国内棉花资源的供给；并且棉花质量比国家收储阶段明显改善。但是目标价格补贴政策也存在政府支出预算不稳定、执行成本高、补贴周期长、难以体现质量导向、面临 WTO 补贴规则的约束等问题。这些问题制约了目标价格补贴政策的可持续性。

第4章 中国棉花补贴政策"转箱"的必要性、原则、目标及政策取向

4.1 中国棉花补贴政策"转箱"的必要性

4.1.1 顺应发达国家和地区的棉花补贴政策改革趋势

4.1.1.1 美国棉花支持政策调整的经验启示

（1）从政府补贴的角度。

美国政府曾经在执行棉花目标价格补贴时同样面临过持续上涨的财政压力，在2014年农业法案中，改用保险的方式来支持棉花产业发展。具体是政府对保险公司和农户均进行财政补贴。对农民的补贴主要目的是促进农民购买棉花保险积极性，提高参保率，政府对棉农的补贴主要用于减少棉农在购买保险时的资金支出，降低农户的生产成本；政府对保险公司的财政补贴应主要用于保险公司产品设计补贴、政策执行费用补贴，以达到减少交易费用，提高棉花保险市场的运行效率的目的。政府将原有对农户的直接补贴转变为了间接补贴方式，不仅达到了支持棉农的目标也采用了更符合WTO规则的做法。美国在2018年农业法案中继续增大了对农业保险的支持力度。

长期以来，我国还没有保险公司推出棉花价格或收入方面的保险产品，可能的原因是在我国实施棉花目标价格补贴政策，将农户面临的市场风险转嫁给了政府，由政府对农户的风险进行兜底，政府通过直接补贴有效地保障了棉农收益，

并且对农民的保障水平比较高，保险公司没有必要去推出价格或收入保险，保险公司也没有动力去推动这一类保险的探索。并且由于政府对农民的保障水平高，保险公司推出棉花价格保险面临的经济风险也越高，在制定相关保险产品时需要耗费大量的时间、人力、资金等方面的成本。现在，由于国内外棉花市场环境的变化，棉花价格与市场接轨后，价格波动的风险明显增大，仅凭保险公司自身经济实力并不足以实现既能有效保障农民的收益，又能避免风险的目标，因此寻求期货公司的加入，同时希望政府能够对相关参与主体进行补贴，这会更有助于这一类型的农村金融政策进行探索。相应地，对棉农来说也没有价格保险可以选择购买，保费的支出对于棉农是一笔不小的支出，同时需要政府的补贴，否则棉农很难承受棉花保险的保费支出。

我国若是未来要采用保险的形式来替代目标价格补贴政策，在补贴方面可以借鉴美国的做法，对棉花价格保险的供给方保险公司和需求方农户均进行补贴，提高双方的参与率。在补贴政策的机制设计上要能减少政策执行中的政府参与和成本，要减少双方骗补、套补的空间，形成一个规范的、良性循环的制度运行环境。

（2）保险产品系统设计比较完善。

在美国与棉花产业发展相关的农业保险计划主要有 STAX、ARC-IC、ARC-C、PLC、SCO，这几种保险产品在购买条件上存在着一定的限制条件，主要是为了发挥不同保险产品之间的互补性和保障目标的差异性，满足不同类型的农户及具有个性化需求的农户。从美国的农作物保险的免赔额、保障水平、保险合同的灵活性来看，这些因素是影响农民购买农作物保险的重要因素。从美国的涉棉保险来看，均存在一定的免赔额，而且在费率设计和保障水平有多种选项，其中，STAX 保障水平县域棉花产量的 70%～90% 暗示着农户的产量不能低于全县的70%的水平，否则将不能获得赔偿。

农业保险支持农业发展已经是美国农业政策的主要政策工具，若是在我国要实施棉花价格保险来替代目标价格补贴，必须考虑产品体系的完整性和差异性因素，应该从产品设计上增强灵活性，设计出满足个性化需求的棉花价格保险。同时要设定免赔额，这样不仅可以减少棉农的只种不管、懒惰的生产行为，更有助于激活农民自主生产决策积极性的理念值得我们借鉴。

4.1.1.2　欧盟棉花支持政策调整的经验启示

欧盟（EU）的棉花政策调整经过了较长时间的讨论。1992 年共同农业政

（CAP）改革和 2000 年议程对欧盟的棉花政策并没有产生影响，但是关于改革这些共同市场组织（CMO）的讨论一直在进行中，经过各方讨论一致同意拟议的改革在 2005 年之前实施。特别明确的是，棉花的政策改革方向采用包含挂钩与脱钩相结合的措施。也就是说，提出了一种非贸易扭曲（"绿箱"）和较少贸易扭曲（"蓝箱"）形式的农业支持的混合方案，这包括完全分离的单一农场支付（收入援助）和地区支付（生产援助）①。2003 年 9 月 29 日，欧盟颁布了第 1782/2003 号法规，批准实施单一支付补贴政策（Single Payment Scheme，SPS），这一政策的颁布从根本上改变了 CAP 的补贴规定，将以往属于"蓝箱"政策的、限定产量的价格补贴 85% 以上转变为"绿箱"政策下的直接补贴，从而开启了欧盟的农业直补之路。从支付形式来看，它是一种与产量脱钩的直接补贴；从补贴内容来看，它仅以农民拥有的补贴权为支付依据。单一支付补贴政策相对灵活，成员国可以从历史模式、区域模式、混合模式三种模式中选定一种来计算补贴权价值（范丽萍，2016）。欧盟的共同农业政策从"一战"和"二战"以后的一系列变化，以 1992 年麦克萨利改革最为显著，总体上表现为政府直接对价格的干预越来越少，突出了通过市场的手段为条件商品的供应及应对国际市场的竞争；现有的直接支持政策中逐步与产量和面积脱钩，与生产者行为脱钩；越发地注重农村生态环境保护及耕地质量的保护；逐步采用自然灾害保险、产量保险及收入保险等多种保险组合来保障农民的收入。

欧盟的农业政策（包括与棉花产业相关的政策）调整，主要的趋势是与产量脱钩，用市场化手段来支持农业发展，将对农业支持的资金转移到对生态环境的保护方面，采用各种农业保险的组合形式来稳定农民的收入。

4.1.2 弥补棉花目标价格补贴政策的缺陷

4.1.2.1 WTO 规则下棉花目标价格补贴政策的不可持续性

现有的棉花目标价格补贴政策作为支持棉花产业发展的核心内容，虽然促进了国内棉花价格与国际市场价格接轨，在提升棉花竞争力、稳定棉农收益、提升下游纺织企业的活力等多个方面取得了显著的成效。但是由现有的中国棉花补贴政策的"黄箱"空间已经非常狭窄，甚至可能已经超过了 WTO 的相关规定，目标价格补贴政策的执行成本高且难以控制，加之国内棉花生产成本不断上涨，自

---

① 资料来源：http://www.fao.org/3/j2732e/j2732e04.htm#TopOfPage。

然环境约束不断加剧,棉农的植棉收益空间不断收窄。在这样一种背景下棉花目标价格补贴政策面临着被其他国家起诉的潜在可能性,目标价格补贴政策从长远来看不具备可持续性,因此,要积极地探索新型棉花补贴方式来替代目标价格补贴。

4.1.2.2　棉花价格波动对棉农收益的影响风险增大

目标价格补贴政策实施以后,最明显的作用在于实现了国内棉花价格与国际棉花价格接轨,棉花价格波动重新恢复发散性蛛网的特征,波动再次变得剧烈,这对于国内棉农的植棉积极性有着很大的影响。棉农最关注的是植棉的经济收益情况,一旦价格波动风险增大,加之目前国内缺乏相关价格波动风险规避的保障措施,如果棉农入不敷出可能会影响棉农下一年度的植棉意愿,对于保障我国稳定的棉花资源供给存在一定的不利影响。正因如此,由于我国目前棉花领域只有生产中的自然灾害保险,主要保障冰雹、干旱等因素对产量造成的影响,还缺乏在价格波动或者收入方面的保障措施,因此,急需加快探索棉花价格保险来实现保障棉农收益的目标。

4.2　中国棉花补贴政策"转箱"的原则

4.2.1　政府行为市场运作原则

所谓政府行为市场化运作原则是指运用市场经济和市场配置资源的方式来实现政府的政策目标。棉花作为我国重要的战略物资,必须保证其供给安全;同时棉花也是一种经济作物,需要遵循基本的市场规律,市场机制作为配置资源的基本机制,能有效地激发棉花全产业链的发展活力。市场机制主要包括供求机制、价格机制、竞争机制等,它以竞争作为优胜劣汰的有效方式,将价格、供求等作为经济信号,运用价值规律进行经济调节,因此市场机制成为经济社会资源配置的主导性和基础性机制,同时也成为一种有效率的经济运行机制(王永龙,2004)。

实行市场化改革是我国农业发展的必然选择,棉花产业也不例外。这不仅是基于当前我国棉花经济市场化改革的实际需要,更是内生于棉花经济市场化运行的客观规律。虽然棉花产业有很强的区域性和季节性，在大农业中属于比较小众的产业，但是在新疆却是对地方经济社会稳定具有重要贡献的产业。棉花产业在与其他产业竞争的时候，处于相对劣势地位，自我发展能力比较有限。为了让棉花产业稳定健康发展，发挥出产业对地方就业和经济的贡献，就需要国家出台相应的支持政策作为宏观调控来弥补棉花产业发展中的不足。政府的宏观支持也可以为农民的生产、分配、交换活动创造良好的环境。

农业保险属于金融工具，将农业保险作为棉花市场化改革的思路之一，必须坚持发挥市场的决定性作用。引用哈里·兰德雷斯和大卫·C. 柯南德尔（2014）在书中的话，解决稀缺问题是经济学面临的重要问题之一，从人类发展历史看，对稀缺问题的处理机制分别经历了强制、传统惯例、权威、市场几个阶段，目前市场已经成为主要的资源分配方式。我国棉花市场的改革向市场化方向发展的取向逐步明确，减少政府对棉花市场的干预，发挥市场对棉花行业相关资源的配置作用，政府的角色是为棉农生产和纺织企业发展服务。在政府的支持下，我国进行了棉花价格保险的试点工作，不管我国试点的棉花价格保险最终会采取何种形式来大范围实施，有一点必须明确的是，在实施的过程中一定不能出现人为对价格的干预或者是引导，应该采取市场化的手段来支持产业发展。虽然当前棉花价格保险主要是保障的收入，但是与棉花价格密切相关，如果出现价格引导的现象将容易出现大规模逆向选择问题，这对我国棉花全产业链的健康发展带来巨大的伤害。

4.2.2　立足国情原则

必须立足国情，探索符合我国国情的补贴方式。不管在什么时间、什么发展阶段我国的棉花支持政策改革都必须要立足于国内的实践，用于解决国内的实际问题。当前有不少学者提出我国应该直接实施美国式的收入保险制度，实际上我国当前还不具备收入保险的基础性条件，棉花价格保险是一个更符合实际的过渡性措施。

尽管美国已有比较成熟的棉花保险体系，但是基本的经营制度、具体国情不一样，不能完全照搬国外的做法。从农业保险的历史来看，美国的棉花保险经历了近百年的发展才拥有目前的体系；我国农业保险的发展历史相对较短。从现实问题出发，两者也存在较大的差别。近年来，美国的棉花补贴政策的最大变化是在遭到巴西对其棉花直补政策的 WTO 起诉后，不得不做出的政策调整。我国棉花支持政策虽然也面临着可能被起诉的问题，但是当前我国棉花产业政策最大的问题是政府对目标价格补贴政策预算支出预算难以稳定，缺乏相关的价格保险政策，存在着较多的败德空间，严重地影响了我国棉花产业的生产效率和效益。所以，我国的实施棉花价格保险与美国实施棉花价格保险时的具体国情是不一样的，必须基于我国当前棉花支持政策存在的不足、棉农的具体需求，以及我国的棉花价格保险所要实现的政策目标来进行考量，在厘清政策运行的机理，充分考虑政策实施存在的不足以后再进行大范围的实施。

4.2.3　系统性原则

对于 "转箱" 的政策措施应该系统地、全面地考虑产业链的发展。在过去，我国的棉花支持政策更多的是站在棉农的角度，但是我国作为纺织企业大国，纺织企业在棉花支持政策中获得的支持比棉农少。虽然棉农获益很多，但是从产业链的角度来看，存在着产业链上参与主体利益分配不协调的问题。因此在构建新的棉花价格保险政策时应基于全产业链的视角，必须考虑棉花产业上下游的参与主体的利益分配。若是仅从棉农的角度来考虑制定棉花价格保险而不考虑纺织企业，则可能会导致我国的纺织企业数量进一步的减少，对于我国全球第一大纺织企业大国，而不是全球最大的棉花生产国的定位会造成不利的影响。因此，在制定我国棉花价格保险政策时，不能只考虑产业上游棉农收益的问题，同时要考虑这一政策的实施会对下游纺织企业产生的影响。

4.2.4　协调性原则

协调性原则要求产业链上下游、产业内外的相互协调，形成正向外部经济、效率不断提升的产业发展态势。从政策的角度看协调性原则，主要是指根据不同政策的不同目标，构建起一个互补的政策支持体系，合力促进产业繁荣发展。

棉花价格保险作为政府正在积极探索的新型补贴方式，它不仅要达到 "转箱" 的目标，而且必须要与其他政策相互协调。这里的协调性原则包含两层意思：一是棉花国内支持政策要与其他方面的农业保护政策（如耕地保护、环境保护政策等）协调一致，形成互补关系，而不能出现排斥关系，否则会抵消政策的部分实施效果。二是从纵向来看这一政策的 "转箱" 要能协调好产业链上不同层次、不同主体的利益关系，不能过于偏重某一主体，要有助于遏制各环节的败德行为,形成科学规范的利益分配模式,使各主体的利益达到一种相对稳定、平衡的状态。

4.3 中国棉花补贴政策"转箱"的目标

确定棉花补贴政策"转箱"的目标,是政策调整必须要明确的导向性内容。我国棉花补贴政策"转箱"的目标可以分为总体目标和具体目标。

4.3.1 中国棉花补贴政策"转箱"的总体目标

当前,中国实施棉花补贴政策"转箱"的总体目标是在符合 WTO 规则的约束下,结合我国的具体国情,对棉农采取符合 WTO 规定的补贴方式,通过补贴政策引导棉农种出高质量的棉花,以实现提升我国棉花质量、降低棉花生产成本,稳定棉农植棉收益,提升棉农植棉积极性;在棉花国际竞争日趋激烈的国际背景下,提升我国的棉花综合竞争力,能够缓解棉花供需结构性矛盾,为我国的纺织企业提供稳定的、高质量的棉花资源供给。

4.3.2 中国棉花补贴政策"转箱"的具体目标

4.3.2.1 实现政府对棉花补贴的精准预算

在当前的目标价格补贴政策下,由于执行的环节多,又以产量为补贴依据,导致政府存在高昂的行政成本,中央和地方各级政府对棉花补贴的具体数额均很难做到精准预算,影响了政府对棉农补贴过程中的执行效率和政策实施的效果。

实施棉花价格保险作为新型补贴方式的具体目标之一就是要解决在目标价格补贴政策下政府无法实现对棉农补贴精准预算的问题。并且依托于保险形式的政府预算将能够有效地解决这一困难。

4.3.2.2 保障棉花资源的稳定供给

在国际竞争加剧、WTO 补贴支持空间收窄、国内植棉成本高居不下、国内棉花质量比国外低的情况下,试点棉花价格保险政策,需要保障我国的棉花产业能够给纺织企业提供稳定的棉花资源供给,保证全国的纺织企业的棉花需求,首先是保证数量，其次是通过与市场接轨以后强调优质优价来提升质量。这关系着我国的整个棉花产业链的发展，关系着我国在世界上纺织企业大国的地位。一旦棉花收益低于其他农作物的收益，农户就可能会放弃棉花种植，这对我国的棉花纺织企业来说将是巨大损失，所以保证棉花资源的稳定供给是棉花补贴政策"转箱"的具体目标之一。

4.3.2.3　保障棉农的稳定收益

在我国，农业政策的实施必须能够有助于保障棉农的稳定收益，这在任何时期都是相同的。在乡村振兴战略和农业高质量发展背景下，农民作为乡村建设的微观主体，必须坚持保障棉农收益稳定不动摇。

棉花产业在我国牵动着成千上万人的就业和无数参与棉花种植、加工、销售等环节家庭的稳定生活。尤其是在新疆，很多农户家庭的主要收入来源就是棉花种植，从新疆的自然资源禀赋条件来看，棉花种植是比较适宜当地环境的农作物，如果不能保证棉农的稳定收益，这不仅会影响当地农户的收益，而且会增加社会稳定的风险。棉花作为新疆最具种植优势的经济作物，目前围绕棉花种植、加工等环节形成的产业链已经成为新疆的重要支柱产业，保障棉农的收益稳定对新疆经济和社会发展具有重要的作用。

4.3.2.4　促进棉花的高质量发展

农业高质量发展是我国经济发展的目标之一，棉花产业作为农业经济的一部分，实现高质量发展，对于棉花产业健康可持续发展，农村经济社会的繁荣发展的作用不可低估。

在目前棉花目标价格补贴政策下，由于补贴政策执行中主要依据产量获得补贴，而没有体现出质量的重要性，导致在棉花供求市场上存在低端棉花供给过剩和高端棉花供给不足的结构性问题，不能完全满足纺织企业的需求。同时由于高产的补贴政策导向，农户在追求棉花高产的过程中大量投入化肥和农药，不利于生态环境的可持续发展。而推行棉花价格保险的目的之一是改变目标价格补贴政策在这方面的不足，实现从政策上引导农户种植高质量的棉花，形成优质优价的机制，促使农民在这样的导向下提升质量，形成一个高效、高质量的棉花支持政策系统。

4.4 中国棉花补贴政策 "转箱" 的政策取向

——基于 AMS 分析

4.4.1 当前中国棉花补贴 "黄箱" "绿箱" "蓝箱" 政策补贴现状

4.4.1.1 当前棉花的国内支持政策以 "黄箱" 为主

以新疆为例，实施的 "黄箱" 政策主要包括棉花良种补贴（15 元/亩）、目标价格补贴（18600 元/吨）、有机肥料补贴（一般是按每吨或者每亩补贴，按亩补贴为 50~100 元，按吨补贴为 300~400 元）、秸秆农机补贴（兵团最高 1100 元/亩，地方 1500 元/亩）。"绿箱" 政策有与环境相关的地膜收补贴，补贴额为 60%；棉花种植自然灾害保险补贴，其中农户缴纳 20% 保费，其他有中央、自治区及县财政给予补贴[①]。现阶段在新疆对棉花的支持政策主要是以目标价格为主的 "黄箱" 措施，"绿箱" 措施空间大，但是政策种类较少，利用不充分。

4.4.1.2 当前的棉花国内支持措施已不具备 "黄箱" 空间

祝宏辉和李聪聪（2017）、田聪颖和肖海峰（2018）相继以目标价格补贴为对象，运用 AMS 测算了棉花的 "黄箱" 支持空间，均认为目前新疆棉花的黄箱支持空间已经极其有限，甚至超过了 8.5% 的微量允许规则。从中国棉花网可知，3128B 级皮棉新疆市场价格 2019 年 9 月为 12893 元/吨，10 月为 12720 元/吨，而同期 2018 年的皮棉价格分别为 16172 元/吨、15903 元/吨，2019 年比 2018 年同期价格分别降低了 3279 元/吨、3183 元/吨。与目标价格 18600 元/吨相比，可以推算今年农户的收益中近 1/3 为补贴资金，预计 2019 年将为实施目标价格补贴政策以来对棉花补贴的最高值。加上中央财政按照皮棉 2000 元/吨对内地 10 省进行目标价格补贴，按照 2018 年皮棉产量：山东 21.7028 万吨、湖北 14.9314 万吨、湖南 8.5690 万吨、河北 23.9273 万吨、江苏 2.06 万吨、安徽 8.8509 万吨、河南 3.7903 万吨、江西 7.2115 万吨、甘肃 3.5302 万吨、天津 1.8264 万吨（合计 96.3998 万吨），补贴金额约为 19.28 亿元。仅从目标价格补贴这一项的数

---

① 资料来源：http://www.xjbc.gov.cn/UploadFiles/zwgk/2019/1/201901162232324378.pdf。

据来看，进一步印证了棉花"黄箱"支持空间严重不足的事实。

4.4.1.3 中国棉花目标价格补贴现状

由表4-1可知，政府在2014/2015年度和2015/2016年度以目标价格和市场价格的价差为依据为新疆棉农开始进行直补。2014/2015年度中国棉花目标价格定为19800元/吨，大约为147美分/磅，2015/2016年度棉花目标价格下调为19100元/吨，大约为134美分/磅。根据目标价格和中国棉花价格指数的价差，推算出2015/2016年度新疆棉农的直补总额为35亿美元，即45美分/磅，低于2014/2015年度的41亿美元，即41美分/磅。新疆和内地相加，近两个年度中国目标价格补贴总额分别为39亿美元（2015/2016年度）和47亿美元（2014/2015年度），补贴减少的原因是2015/2016年度中国棉花产量减少。

表4-1 目标价格补贴金额现状 单位：亿美元

年份	2014/2015	2015/2016	2016/2017	2017/2018
新疆补贴金额	41	35	16.2	20.6
内地补贴金额	6	4	3.8	3.4
总补贴金额	47	39	20.0	24.0

资料来源：http：//finance.sina.com.cn/money/future/agri/2016-10-10/doc-ifxwrhzc8904889.shtml 和 http：//www.sohu.com/a/279081688_363763；2014年平均汇率为6.1424元；2015年平均汇率为6.2284元；2016年平均汇率为6.6423元；2017年平均汇率为6.7518元。

2017/2018年度至今，新疆棉花的目标价格一直稳定在18600元/吨（大约为130美分/磅）。按这一目标价格和中国棉花价格指数的价差计算，2017/2018年度中国新疆棉农的直接补贴约为21亿美元（约为20美分/磅），高于2016/2017年度的16亿美元（20美分/磅）。在2017/2018、2018/2019两个年度里，其他省份的直接补贴大约为2000元/吨。2017/2018年度，其他省份的直接补贴为3.4亿美元（约为14美分/磅），低于2016/2017年度的3.8亿美元（13美分/磅）。除了边界保护支持以外，2017/2018年度所有直接补贴的总额预计为24亿美元，高于2016/2017年度的20亿美元，出现这一现象的主要原因是2017/2018年度中国棉花产量增加，而目标价格与市场价格的价差基本稳定。

4.4.1.4 "黄箱"政策的测算——基于AMS的计算

（1）测算方法介绍。

综合支持量（AMS）是WTO用来测度各国各产业的黄箱支持水平的方法。

总综合支持量（Total AMS）的计算方法如下：总综合支持量=所有特定农产品综合支持量+所有非特定农产品综合支持量+所有特定农产品支持等值。

其中，特定农产品综合支持量包括：所有对特定农产品的市场价格支持（最低收购价和临时收储措施即属此类），采用 MPS（Market Price Support）衡量；对特定农产品的不可免除直接补贴，如对农作物良种补贴、出疆运输补贴、棉花目标价格补贴等。对于非特定农产品综合支持量，测度没有包含或不能包含在特定农产品综合支持量中的措施，包括对非特定农产品的投入补贴、信贷利息补贴，如农资综合补贴、农机购置补贴、对农业综合开发贷款的利息补贴等。特定农产品支持等值，即对某些特定农产品，虽然存在市场价格支持，但在难以计算它的综合支持量的情况下，应计算其支持等值。

市场价格支持的基本公式如下：市场价格支持=（适用的管理价格-固定的外部参考价格）×有资格接受适用的管理价格的产量-相关规费和税收。

（2）测算结果与分析。

由表4-2可知，中国棉花国内支持政策已不具备"黄箱"剩余空间。从2014年开始在新疆实施目标价格补贴政策，中国棉花"黄箱"支持水平每年占棉花产值的比重分别达25.31%、35.22%、20.19%、20.29%。

表4-2　2014~2017年中国棉花"黄箱"支持水平估计

内容	2014 年	2015 年	2016 年	2017 年
中国棉花总产量（万吨）	629.94	590.74	534.28	565.30
新疆棉花产量（万吨）	367.72	350.30	359.38	456.60
中国棉花播种面积（万亩）	6264.71	5662.47	4797.48	4792.10
新疆棉花播种面积（万亩）	2929.95	2856.45	2707.73	3326.21
中国棉花总产值（亿元）	997.42	774.00	872.33	891.58
新疆棉花总产值（亿元）	541.46	424.56	584.48	769.41
中国棉花微量允许水平	84.78	65.79	74.15	75.78
市场价格支持	—	—	—	—
不可免除的直接补贴	252.40	272.64	176.15	180.94
新疆目标价格补贴（亿元）	187.86	221.82	125.54	128.01
新疆良种补贴（亿元）	4.39	4.28	4.06	4.99
出疆补贴（亿元）	18.39	17.52	17.97	22.83
内地 10 个省份目标价格补贴（亿元）	36.85	24.91	25.24	22.96

续表

内容	2014 年	2015 年	2016 年	2017 年
内地 10 省份良种补贴（亿元）	4.91	4.11	3.34	2.15
"黄箱"支持政策水平（亿元）	252.40	272.64	176.15	180.94
占棉花产值的比重（%）	25.31	35.22	20.19	20.29

注：总产值的计算＝每亩产值×棉花面积。2014 年内地实施目标价格补贴政策的只有 9 个省份，2015 年增加了天津。

资料来源：《全国农产品成本收益资料汇编》、国家统计局。

从中国棉花网可知，3128B 级皮棉新疆市场价格 2019 年 9 月为 12893 元/吨，10 月为 12720 元/吨，而同期 2018 年的皮棉价格分别为 16172 元/吨、15903 元/吨，2019 年比 2018 年同期价格分别降低了 3279 元/吨、3183 元/吨。与目标价格 18600 元/吨相比，可以推算今年农户的收益中近 1/3 为补贴资金，预计 2019 年将为实施目标价格补贴政策以来对棉花补贴的最高值。加上中央财政按照皮棉 2000 元/吨对内地 10 个省份进行目标价格补贴，按照 2018 年皮棉产量：山东 21.7028 万吨、湖北 14.9314 万吨、湖南 8.5690 万吨、河北 23.9273 万吨、江苏 2.0600 万吨、安徽 8.8509 万吨、河南 3.7903 万吨、江西 7.2115 万吨、甘肃 3.5302 万吨、天津 1.8264 万吨（合计为 96.3998 万吨），补贴金额约为 19.28 亿元。仅从目标价格补贴这一项的数据看，进一步印证了棉花不具备"黄箱"支持空间的事实。

基于棉花国内支持政策体系和支持水平两个维度的分析，我国的棉花国内支持政策要避免出现棉花领域的国际贸易争端，亟待进行相应的调整，即从"黄箱"转向"绿箱"政策，最大限度地发挥出"黄箱"措施的力度。

4.4.2　国内棉花补贴政策调整的取向

要使我国的棉花支持政策符合 WTO 规则的约束，必须从增加产业支持空间和调整国内支持政策两个角度同时着手才能实现。

4.4.2.1　提高棉花产业的产值，增加微量允许的上限

棉花作为重要的经济作物，现阶段棉花产业的产值仍然较低，这直接导致了"黄箱"支持空间并不会很高。这是棉花产业"黄箱"支持水平已经超过 WTO 规定的上限的原因之一。在过去的棉花生产过程中依赖于扩大种植面积加大生产资料的投入来实现产值的提升，长期以来表现为高投入的粗放型经营模式，这种

方式带来的产值增长逐步减缓，反而给产业发展在各环节带来了众多的问题，比如环境污染。在推进乡村振兴战略，棉花产业供给侧改革、高质量发展的多重背景下，棉花产业链融合、绿色可持续发展日趋成为趋势的情况下，要提高棉花的产值必须改变过去的经营模式。应该从种植环节提高全要素生产率提升棉花内在品质，加工环节减少棉花损耗，从种植到加工到销售中的每个环节加强分工，延伸棉花的产业链，实施产业链融合发展，提高棉花全产业链的附加值，进而提升棉花产值的上限，为支持政策符合WTO规则提供更多的调整空间。本部分将重点集中在如何调整国内支持政策方面。

4.4.2.2　调整国内支持政策，达到符合WTO规则的要求

（1）近期做法。

近期最为容易的做法是将目标价格补贴政策对农户的补贴金额转变为价格保险的形式补贴给农民。一方面，必须明确从"黄箱"压力最大的支持政策入手进行调整，即目标价格补贴政策。目标价格补贴政策是当前棉花支持政策的主体，所占的"黄箱"空间是最大的，降低最大的部分能够明显地降低压力。另一方面，选择符合WTO规则的支持方式来达到这个目标。为了保证政策的变动不会对产业发展和农户收益产生大的变动，从操作的便利性上可以依托现有的棉花价格保险试点，总结完善现有的试点经验和不足，将目标价格补贴的资金转为保险的形式补贴给农户，达到降低黄箱的支持水平的目的。棉花价格保险虽然称作价格保险，但实际上属于收入保险的范畴（王力和程文明，2019）。收入保险属于农业协定中的"绿箱"支持措施，符合WTO规则，也是发达国家采取的主要措施。

（2）远期做法。

程国强和朱满德（2012）认为我国要按照"保供给、促增收"的政策目标，构建农业补贴的政策框架。在供给侧结构性改革和高质量发展的背景下，在棉花产业的发展中对这一目标赋予了新的含义。在棉花产业方面，保供给不仅是棉花资源数量供给安全，并且要与整个产业的高质量发展相结合，保障棉花供给的质量，满足下游纺织企业的需求，解决棉花产业供需结构性矛盾的突出问题。在促增收方面，不能仅仅是农民的增收，需要促进全产业链主体福利最大化，农民和纺织企业均能够提高福利水平，也能降低政府的财政负担，保障棉花全产业链可持续发展。

因此，从远期来看，应该着重从以下两个方面入手：

第一，在"黄箱"转"绿箱"的思路下，改变已有的以"黄箱"支持为主的政策体系，从整体上布局棉花的国内支持政策，逐步建立起种类和层次多样的收入保险体系。农业保险作为"绿箱"支持措施，不受 WTO 削减约束。因此，收入保险可以作为我国棉花支持政策改革的方向。具体地，应该从国内棉花生产的实际出发，通过深入调研了解不同类型经营主体对保险产品的需求，针对不同类型的经营主体设置不同保障水平的产品。在收入保险的设计中非常重要的内容之一是保费依据如何确定。为了提高棉花供给的质量，建议要以成本为导向，以区域内加竞争性作为的基本收益为参考（王力和程文明，2019），结合历史平均产量数据来计算收益，降低低质量、低收益的植棉农户的套利空间，让低质量低效率的农户退出棉花种植，让有效率、能够种出高质量棉花的农户继续种植，并且给予更好的保障，进而从整体上实现棉花供给质量的提升。

第二，建立科学的政策动态决策机制和利益链接机制。因为棉花产业链主体众多，既要保障国内农民的植棉收入稳定，又要保障纺织产业的可持续发展，必须要从政策决策机制上出发，建立起一整套科学的动态决策体系，不管在面临国际还是国内新的问题时，均能够做到科学制定政策，减少政策失误。同时，要建立起不同主体间的利益链接机制，形成风险共担，利益共享的机制，实现棉花供给高质量和产业高质量发展的目标。

4.5 本章小结

本章主要回答了为什么要中国需要转变棉花补贴政策，棉花补贴政策的"转箱"应该坚持哪些基本原则，补贴"转箱"应该达到哪些目标以及我国棉花补贴政策调整的政策取向。

从内容分析来看，首先从国际发达国家和地区的改革趋势以及目标价格补贴政策存在的不足两个角度分析了中国棉花补贴政策"转箱"的必要性；其次提出了我国棉花补贴政策"转箱"必须坚持政府行为市场操作、立足国情、系统性、协调性的原则；最后提出了中国棉花补贴政策"转箱"的总体目标与具体目标。在分析当前我国棉花补贴"黄箱""绿箱""蓝箱"现状的基础，提出了我国棉花补贴政策"转箱"的政策取向，通过分析可知可以将农业保险作为我国棉花支持"转箱"的具体措施之一。在棉花补贴政策"转箱"的具体选择上可能有多种选项,棉花价格保险只是其中一种,这一部分的研究在下文中将以现阶段试点的"转箱"措施(棉花价格保险)作为对象进行深入的案例研究。

第5章 中国棉花补贴政策"转箱"的实践探索

——来自新疆棉花价格保险的案例

5.1 新疆试点棉花价格保险的背景

棉花价格保险是在 WTO 规则约束下，总结我国目标价格补贴政策经验后，进行的新型棉花补贴方式的探索，具有强烈的现实需求和重要的政策改革意义。

5.1.1 产业背景

（1）新疆是我国最大的棉花产区，棉花是新疆最主要的农业经济作物。

近年来，新疆以外省份棉花种植面积大幅度减少，新疆棉区成为我国的主要棉花生产区，对新疆来说棉花产业的发展关乎全区的经济社会稳定发展（喻树迅等，2015）。全疆棉花种植区域分布在南北疆 60 多个县和 119 个团场，其中南疆 90% 以上的县种植棉花，而整个新疆约 50% 的农户从事棉花生产，农民人均纯收入的 35% 左右来自植棉收入，主产区更占 50%~70%（金炜，2014；程文明等，2019）。由于新疆的自然条件，棉花种植是新疆最合适的富民产业，对于新疆的全面实现小康社会具有重要的贡献。

依据国家统计局数据，2018 年全国的棉花播种面积为 3354.41 千公顷，其中新疆的棉花播种面积为 2491.30 千公顷，占全国棉花播种面积的 74.27%；2018 年全国棉花产量为 610.28 万吨，其中新疆棉花产量为 511.09 万吨，占全国的比重为83.75%①,是我国最大的棉花产区。这一数据足以说明棉花种植对新疆农民家庭的重要性,考虑到新疆的自然条件禀赋,对新疆的农民来说,从事棉花种植是经济收益最好的农业生产活动。

(2)新疆兵团是我国棉花种植水平最高的区域。

棉花种植水平一方面体现在单产水平方面,另一方面体现在机械化程度方面。2016年新疆兵团棉花单产水平为2409千克/千公顷②,不仅是中国棉花种植中单产水平最高的区域,也是世界棉花单产水平最高的地区。目前新疆兵团在棉花种植中已采用了机耕、测土配方技术、自动化播种、有机液体肥、化学打顶、无人机喷施脱叶剂、机械化自动采收打包一体等一系列的先进生产技术。由2017年《新疆生产建设兵团统计年鉴》可知,2016年新疆兵团棉花机械化采收面积为433.37千公顷,棉花播种面积为621千公顷,棉花机械化采收率为69.79%。通过实地调查可知,北疆的棉花机械化采收率已达90%以上,比如第八师已经百分之百实现了农业机械化采收;南疆师棉花机械化采收率超过了50%。从单产水平和现代农业生产科学技术方面来看,新疆兵团均是我国棉花种植水平最高的区域。选择种植水平和机械化、信息化水平最高的地区进行开展试点工作具有典型性。

5.1.2 棉花政策背景

自2014年在我国新疆实施棉花目标价格补贴政策以来,取得了一定的成效,比如,减少了政府对价格的干预,充分发挥了市场作用,同时提高了补贴效率(杜珉和刘锐,2015);棉花的市场价格机制初步建立(王力和温雅,2015;黄季焜等,2015;张杰和杜珉,2016);棉花的质量品质得到了明显提升,促进了棉花种植区域的优化调整(王力和温雅,2015;张杰和杜珉,2016);保障了棉农的基本收入,棉农、纺织企业对政策满意度较高(翟雪玲和李冉,2015);促进了流通企业与市场接轨,增进了纺织企业采购新疆棉花的意愿(张杰和杜珉,2016);与临时收储政策相比降低了政府的财政支出(Wusheng Yu,2017)。但是棉花目标价格补贴政策依然存在诸多的不足:这一政策在执行中存在入库公检程序多、操作慢(王力,2012),棉花保存成本过高,政府执行费用高昂;棉农

---

① 资料来源:国家统计局。
② 资料来源:《新疆生产建设兵团统计年鉴》。

补贴资金到账时间周期长（王力，2012；矫健等，2015）；在采棉旺季时，"一试五定"政策可操作性成疑；目标价格补贴在兵团的执行中是按照衣分率收购以及按照产量进行补贴，导致农户追求高产而忽略质量，影响了棉花产业高质量发展；同时存在着轧花厂套补贴的败德行为、政府执行成本高难以稳定预算等诸多问题。在政策执行之外，对我国整个棉花产业发展而言，更紧迫的问题是目前我国对棉花价格波动的风险保障措施还比较缺乏。

而且，当前我国的棉花目标价格补贴政策属于 WTO 的"黄箱"支持政策，受到棉花总产值 8.5% 的微量允许规则的约束，祝宏辉和李聪聪（2017）研究认为，我国的棉花"黄箱"补贴空间极其有限，田聪颖和肖海峰（2018）进一步研究认为，目前新疆棉花目标价格补贴可能已经超过了 8.5% 的补贴上限。所以，在 WTO 规则下，为了避免被别国起诉，我国的棉花补贴政策，特别是新疆，到了必须进一步完善时刻。

对此，新疆政府积极响应国家的号召，在新疆颁布了多个政策性文件有效地指导了棉花价格保险的试点工作。2017 年 5 月，新疆维吾尔自治区人民政府颁布了《2017–2018 年度棉花目标价格改革工作要点》，明确指出要利用保险、期货等金融工具来探索新型棉花补贴方式。2018 年 9 月新疆维吾尔自治区人民政府办公颁布了《关于印发 2018 年自治区棉花"价格保险+期货"试点方案（试行）的通知》（新政办〔2018〕104 号）公示了 4 个县开始试点"价格保险+期货"。2019 年 11 月新疆维吾尔自治区发展改革委、新疆维吾尔自治区财政厅、新疆维吾尔自治区农业农村厅、新疆银保监局四部门联合印发了《2019 年自治区棉花"价格保险+期货"试点方案》（新发改规〔2019〕6 号），目的在于完善已有试点的价格保险机制。

5.2　新疆棉花"价格保险+期货"试点开展情况

5.2.1　新疆棉花"价格保险+期货"试点参与主体

5.2.1.1　保险公司

保险公司作为转移棉花价格风险的主要载体，在棉花"价格保险+期货"政策实施中具有举足轻重的地位。棉花价格保险是一种新型农业保险，目前在我国还不够成熟，因此需要在新疆域内农业保险业务有一定经营规模的保险公司来运作。根据新疆维吾尔自治区政府采购中心《购买 2018 年自治区棉花"价格保险+期货"试点保险承办服务机构招标项目》的招标文件，参与棉花"价格保险+期货"的保险公司需要满足以下要求：①经营资质。经国务院保险监督管理机构同意，在新疆区域内开展农业保险业务，并具有经国务院保险监督管理机构备案或审批的保险产品。②经营实力。具备与其风险和业务规模相适应的资本。③服务能力。具备与棉花"价格保险+期货"要求相匹配的分支机构设置及人员配备。④内部管理。具备完善的农业保险业务全流程制度。⑤技术保障。具备相应的农业保险业务技术保障能力，能够从投保人信息收集、投保面积核定、信息共享支持等方面为试点工作提供全方位技术支持。⑥风险管控。具备与其业务相适应的资本实力、完善的内部制度建设、稳健的风险分散安排及风险应对预案，能够使用棉花期货期权、再保险等方式分散经营风险。⑦防范措施。能够按照"单独建账核算"的原则管理试点保险费补贴资金，实现棉花"价格保险+期货"保险业务与其他保险业务分开管理，单独核算损益，满足财务报告报送需求。

　　保险公司在承保棉花"价格保险+期货"保险业务过程中的工作主要分如下几个阶段：首先，宣传"棉花保险+期货"并开展棉花种植面积审核。由于新疆部分棉农文化程度较低，保险公司需要设计印制双语宣传资料，结合行业协会设计的棉花价格保险"十必知"，共同形成保险公司的"棉花保险+期货"项目的宣传资料，告知棉农具体流程、合同条款等。保险公司需要建立健全服务网点和信息系统，组建专业队伍，与实施棉花"价格保险+期货"县（市）的棉花目标价格改革领导小组成员单位、乡镇政府做好衔接。与当地农业局、政府农村工作办公室、发展改革委等相关部门，建立联席机制，并对当地棉花种植面积、产量进行初步摸底。其次，保险公司分公司及当地公司针对棉花"价格保险+期货"制定专项工作方案及行事历，确保整个项目顺利推动并按时落地。成立服务网点，建立协保员队伍，协助保险公司后期开展相关的工作。保险公司运用卫星遥感技术对各乡镇、各村的棉花种植面积进行核实、复查。利用卫星遥感数据以及棉花交易平台数据，通过现场与农户确认面积，对有异议的农户进行现场验标测量，争取做到面积数据准确。另外，实施棉花"价格保险+期货"县（市）的棉花加工企业配合保险公司做好基础数据的采集及汇总。最后，签订合同、承保出单与赔付工作。种植户保险信息录入。棉花面积核实认定后，由保险公司在保险信息系统录入棉农信息。承保出单：保险公司向参保棉农出具保险单或保险凭证。赔付阶段：保险公司依据具体保险合同条款对棉农进行理赔。

5.2.1.2　棉花实际种植者

棉农与保险公司签订棉花价格保险合同后，根据自治区公布的棉花价格与保险中的目标价格对比确定是否需要保险公司赔付，并及时申请保险公司赔付。由于赔付依据是基于发票、系统与交售量三项数据统一进行赔付，所以棉农要把棉花交售到经自治区级地级文件公示的棉花收购加工企业，并开具发票。试点期间是政府代表农户与保险公司签订一个集体合同，但后期可能会需要棉农自己缴纳部分保费，因此棉农还是有必要提高自身的风险意识和保险意识，了解棉花价格保险是如何规避风险、稳定收入的。在投保之前还应该准确地了解保险的内容与保险细则，查看保险条款，最重要的是看"保险责任"和"免除责任"，再根据自身棉花种植面积及棉花市场情况购买不同保障水平的棉花价格保险，以转移自身承受的棉花市场价格波动风险。

5.2.1.3　政府

由于价格风险的系统性，一旦发生赔付，保险公司需要支付巨额赔款，因此保险公司针对棉花"价格保险+期货"会设定较高的保费，而农户就会不愿意参保，造成供需不平衡，此时需要政府通过补贴的方式提高农户的参保积极性。因此棉花"价格保险+期货"属于政策性农业保险。政策性农业保险是由政府主导、保险公司参与，为了保护农业生产者利益，通过保费补贴等方式而开展的保险，因此政府部门的组织、协调、监督对于棉花"价格保险+期货"的实施起到关键性的作用。自治区发展改革委主要负责棉花"价格保险+期货"试点整体推进工作，牵头制定试点方案，同时协调、督促相关单位和有关地（州）、县（市）及时开展试点各项工作。并按照招标确定承办保险公司；对棉花市场平均价格、实际棉花交售量提出审查意见；负责组织相关部门审核、制定棉花保险费财政补贴资金拨付方案；组织相关部门开展试点总结评估工作。

5.2.2　新疆棉花"价格保险+期货"运行模式

棉花"价格保险+期货"是由政府组织、保险公司参与的一款保障棉农收益的政策性农业保险，在农户投保时，政府会给予相应的保费补贴。自治区联合保险公司宣传棉花"价格保险+期货"，棉农向保险公司购买棉花价格保险，当市场平均价格低于保险合同中的目标价格时，由保险公司向棉农进行理赔，反之保险公司不需要承担赔付责任。

因价格风险是系统性风险，一旦棉花价格下跌，保险公司的赔付金额将不可估量，因此需要借助期货市场购买棉花期货期权分散部分风险。棉花"价格保险+期货"运行模式如图 5-1 所示。棉花"价格保险+期货"试点主要由农户、保险公司、政府与期货公司多方主体参与。因棉花"价格保险+期货"在试点阶段，所以保费补贴是全额补贴。具体运行模式为：政府承担所有保费并代替棉农向保险公司购买棉花价格保险，签订集体合同，实现第一次风险转移。其中保险费率并不是保险公司精算得来的，而是由自治区通过招标进行采购。棉花价格保险价格形成机制依然按照棉花目标价格补贴政策统计的数据。保险目标价格与低于此价格的棉花市场平均价格之间的价格区间为保险理赔区间，当棉花市场平均价格低于保险目标价格时，保险公司启动保险理赔，按照保险合同约定履行价格保险赔付义务；为了分散经营风险，保险公司可以选择向期货公司购买场外看跌期权，即实现第二次风险转移，最终将风险转移到资本市场。

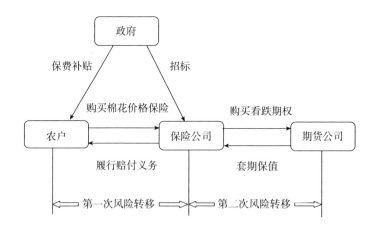

图 5-1 棉花"价格保险+期货"运行模式

5.3 案例研究

5.3.1 棉花价格保险试点案例一：新疆兵团第六师小棉袄棉花价格保险

5.3.1.1 模式介绍

2014 年新疆启动棉花目标价格改革试点工作[①]，2016 年和 2017 年中央一号文件、《农业部办公厅关于开展 2017 年度金融支农服务创新试点的通知》；2017 年和 2018 年新疆维吾尔自治区人民政府相继印发《2017-2018 年度棉花目标价格改革工作要点》《关于印发 2018 年自治区棉花"价格保险+期货"试点方案（试行）的通知》等一系列政策文件，提出了积极探索新型棉花补贴方式，利用现有保险业成熟的体系及期货市场价格发现及套期保值的原理开展"保险+期货"的试点。

新疆生产建设兵团第六师芳草湖农场在 2017 年开展了农户直接参与"棉花价格保险+期货"的试点工作，其名为"中华小棉袄棉花价格保险"，现已经过了两个完整年度的试点，其试点经验将会为未来我国棉花补贴政策"转箱"，探索新型棉花补贴方式提供宝贵的经验。通过实地调查，2018 年的试点方案和 2017 年的一样，本部分从获取资料的完整性的角度选择 2017 年的调查结果进行深入的案例分析。

新疆兵团第六师试点的棉花价格保险属于纯商业化的模式，虽然在试点的初期有提出棉花协会给予适当的补贴，但是通过调研这一补贴并没有执行，是属于纯商业化的棉花价格保险。这一险种对政府、保险公司和农户来说都是一个新兴的事物。在试点初期保险公司对于这一领域可能面临的风险难以准确估计，所以结合郑州商品期货交易所棉花期货价格，在目标价格补贴政策补贴标准以下进行了纯商业化模式的探索。这一模式是由保险公司和期货公司联合推动的纯商业化的价格保险，价格保险阶段参与主体只有保险公司与农户两个主体，由农户自己

---

① 新疆启动棉花目标价格改革试点工作［EB/OL］. http://xj. people. cn/n/2014/0917/c349472-22345888. html.

向保险公司签订保险购买合同，当农户棉花销售价格低于保险约定价格时，保险公司给予赔偿。在这一模式下，值得注意的是，保险公司为了期货市场风险对冲，需要控制棉花资源，所以借助了合作社的平台，通过合作社与入社农户签订合同来实现。简单的模式流程如图5-2所示。

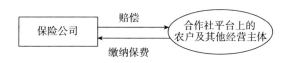

图5-2　纯商业化模式的棉花价格保险流程

5.3.1.2　新疆兵团棉花价格保险试点方案

（1）小棉袄棉花价格保险介绍。

在新疆兵团试点的棉花价格保险名叫"小棉袄棉花价格保险"。农户、农民专业合作社、家庭农场等农业经营主体首先向中华联合财产保险公司购买棉花价格保险产品，如果棉农在棉花销售时低于约定保障价格水平，保险公司将会向农户赔偿；中华联合财经保险公司将从农户、农民专业合作社、家庭农场等农业经营主体收取的保费向中信期货公司购买场外看跌期权进行套期保值，进行风险对冲，达到规避风险的目的。具体运行模式如图5-3所示。

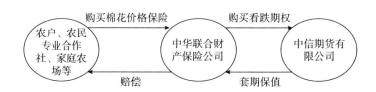

图5-3　小棉袄棉花价格保险运行模式

（2）小棉袄棉花价格保险试点方案。

2017年新疆小棉袄合作社联合中华联合财产保险公司新疆分公司、中信期货两家企业，在新疆兵团第六师芳草湖农场最先推出了"中华小棉袄"棉花价格保险，后期分别在克拉玛依小拐乡、新疆兵团第一师阿拉尔市开展了棉花价格保险试点，三地共进行了2万亩棉花价格保险试点，棉花价格保险的参保对象主要针对团场棉花种植农户。具体方案如表5-1所示。

表 5-1　新疆兵团小棉袄棉花价格保险的具体方案

类别	内容
保险时间周期	根据棉花主要的收获上市期,定为 2017 年 9 月 15 日至 11 月 30 日
参保对象	从事棉花种植的农户、农民专业合作社、家庭农场、农事企业等
保障内容	棉花 CF1801 期货合约在保险期间各交易日收盘价的平均值低于保险目标价格时,保险公司按差价进行赔偿。保险期间各交易日收盘价的平均值=保险期间各交易日收盘价之和/交易日数
保障水平	保险亩产此次保障的平均亩产为皮棉 0.1 吨/亩
保险目标价格	16500 元/吨(皮棉),即 1650 元/亩(皮棉)
保费	保费为 132 元,其中协会补贴 66 元/亩,农户支付保险费 66 元/亩
赔偿处理	保险期间内(2017 年 9 月 15 日至 11 月 30 日),以郑州商品交易所棉花期货 CF1801 合约各交易日收盘价的平均值作为理赔依据。如该平均值低于 16500 元/吨,则保险公司赔付差值部分。赔偿金额=(16500 元/吨-保险期间内棉花期货价格平均值)×保险面积(亩)×保险亩产(0.1 吨/亩)
2017 年赔偿情况	每亩理赔 141 元(除 66 元每亩保费,实际每亩理赔 75 元)

资料来源:课题组实地调研。

5.3.1.3　小棉袄棉花价格保险的特点与效果

(1)属于纯商业行为。

当前新疆小棉袄棉花价格保险的试点是纯商业行为,没有政府的资金支持,在试点区域农民实际支付保费为 66 元/亩,在试点中没有任何的政府补贴。从政府角度看,纯商业行为的价格保险试点可以明显地减轻政府以往对棉农的支持及执行中的财政负担,对政府在政策执行中的成本是巨大的节约,而且保险公司对农户的赔偿不受 WTO "黄箱"的约束,对于我国的棉花补贴政策由"黄箱"转"绿箱"具有非常重要的现实意义。

(2)农户操作方式简单便捷。

中华联合保险公司和小棉袄棉花合作社开展的棉花价格保险试点工作,创新了农户投保的方式,是首个可以在手机上购买价格保险的项目,农户在手机上即可完成投保,比传统的投保方式更便捷(王蕾,2017)。在信息化快速发展的今天,几乎每个家庭都有智能手机,农户在任何可以上网的地方就可以购买棉花价格保险;而且农户使用手机自行购买保险比对原有的集体统一购买更透明,更有助于使农户了解具体条款和相关理赔条件。

中国棉花补贴政策"转箱"研究

（3）理赔效率高。

新疆兵团实施的目标价格补贴政策，对棉农的补贴一直采用分两次发放补贴的形式，以 2017 年的新疆兵团第六师芳草湖农场农户补贴为例，每千克籽棉补贴为 0.65 元，第一次补贴 0.5 元，第二次补贴为 0.15 元。这样分两次补贴对于农户的生产计划以及政府在政策执行中增加的成本和执行的效率都具有非常大的影响。

棉农购买棉花价格保险以后，当棉农的棉花价格低于保险目标价格，保险公司将会对棉农进行赔偿，保险公司单次就可以将理赔的金额发放到棉农手中。现有的操作方式避免了分两次补贴，显著地提高了补偿的效率，对农户而言能够更快地获得现金对于其的生产生活具有非常大的帮助。

（4）能够保障参保棉农的收益。

依据实地调查可知，2017 年小棉袄棉花价格保险试点区域内共有 314 个农户参与了投保，投保的总面积为 21780 亩，依据保险期内期货价格平均值 15090 元进行理赔，每亩理赔 141 元（除每亩 66 元保费，实际每亩理赔 75 元），理赔兑现总额为 315 万元，其中获赔金额最多的农户为 12.3 万元。使用棉花价格保险这一新的方式有效地保障了棉农的收益，不因为棉价的大幅度下降，导致入不敷出，增加农民的还贷压力而影响生产和生活，参保农户对棉花价格保险的评价普遍比较满意。

5.3.1.4 小棉袄棉花价格保险试点中存在的主要问题

（1）保费比传统的种植险高，农户难以承受。

依据调查，目前新疆兵团实行中的自然灾害保险保费价格大概为 20 元/亩，团场补贴以后保费价格更低；而目前试点中的小棉袄棉花价格保险的保费是 66 元/亩，若是没有棉花协会的补贴将会是 132 元/亩，保费分别是普通自然灾害保险的 3 倍和 6 倍。这明显增加了棉农的生产成本，在兵团职工人均 50 亩耕地的情况下，一年的植棉总成本的增加将不是一个小数目，大部分棉农均表示不能承担这样高额的保费，是影响棉农参加棉花价格保险的重要因素。

（2）保障水平较低，对农户生产行为影响有限。

新疆兵团目前棉花亩均籽棉亩均产量大部分团场籽棉都能达 350 千克/亩以上，若是按照轧花厂收购时普遍采用的 38% 的衣分率标准进行计算，亩均皮棉产量能够达 133 千克/亩以上。依据小棉袄棉花价格保险实施方案中的每亩保障水平为皮棉 100 千克/亩，对于新疆兵团棉花籽棉亩均产量能够达到或者超过 300

千克/亩的这一类型农户，概括起来就是对植棉技术水平高、产量高、质量高的农户来说，这样的保障水平吸引力不足，而吸引的是棉花种植产量低，耕地质量差的开荒地的部分农户参加棉花价格保险，不能真正地引导棉农在市场作用下改善棉花种植的质量，促进棉花产业的高质量发展，提升棉花竞争力。

从实地调查了解到，目前参保棉花价格保险的农户投保大多数为家里的开荒地、产量较低的地区，质量好的土地投保的较少；这不难理解，因为每亩均按照100千克皮棉的保障水平设施标准，对农户来说这些地本就产量低，质量方面相对较差，这部分土地的植棉收入本来就没有保障，所以愿意参加棉花价格保险，以获得相应的赔偿来增加收入。而对于植棉大户，产量高的农户，他们认为保障水平较低，不足以保障其植棉收益，所以这一类型的棉农参与率比较低。从整个棉花产业健康的发展来看，这还没有实现棉花价格保险通过市场对农户生产高质量棉花的行为导向。

（3）农户败德行为难以约束。

通常我们认为棉农若是对价格能够进行一定的预测，就会产生逆向选择。在棉花价格保险试点阶段，棉农虽然对价格不能进行预测，不能在保费上进行逆向选择骗取赔偿。但是，会出现部分农户在签订合约以后不履行合约，如果市场价格高于合同约定价格，棉农会选择提前将棉花卖出，导致棉花在期货市场上交割的时候没有现货的问题。比如小棉袄合作社与农户签订的棉花现货合约，当农户面临较高的收购价时农户可能会选择将棉花卖掉，对于参保的农户而言能够卖出高价、更快地获得现金收益是其理性追求利益的目标，尤其是对质量高的植棉农户，相对而言更容易卖出高价棉，其潜在的道德风险越高，导致期货合约到期时没有棉花交割的问题。目前这一方面还没有比较完善的制度约束，全靠人情关系的支撑，农民普遍缺乏契约精神。

（4）保费确定不科学。

保费确定不科学主要分为确定方式不科学和保费标的设计不科学。目前试点中保费价格的确定方式是保险公司与期货公司共同依据保险期间期货价格的加权平均商量来确定的，没有农户的参与，也没有具有公信力的第三方来参与确定一个大家一致认可的价格，这是不能让农户信服的。目前为了保费方便计算确定的每亩100千克皮棉的标准，仅有这一个标的是完全不够的。不同种植规模、不同生产方式的农户在生产环境、生产条件、需求等方面不一样，均按照试点的每亩100千克设施保费不科学，不能满足不同农户的需求及个性化的服务，在未来应加强保费和保障水平的科学化设定。

（5）棉花价格保险试点期限较短，大部分农户对此还未充分认识。

对于试点区域以外的农户而言，大多数人只是听说过棉花价格保险，对其详细的内容了解并不多。第一，存在部分农户认为棉花价格保险与过去的自然灾害保产量没有区别的错误认识，认为是否购买棉花价格保险这一险种并不重要，一旦出现大范围植棉收入较低的时候或者损失较大的时候，会有国家给予一定程度的补偿或者救济来保障其收入稳定；第二，受到过去购买农业保险不愉快的经历，比如以往的产量保险在理赔中速度慢，部分条款解释模糊，实际补偿中受灾面积测量不满意等，有不少的农民对购买棉花价格保险存在着抵触心理。实际上棉花价格保险与传统的自然灾害保险是完全不同类型的农业保险，大部分农户还没有认识到这一保险的重要性。

（6）保险公司风险保障措施欠缺，保险公司风险较大。

由于在试点中没有政府的补贴资金支持，保险公司在经营过程中一旦出现大的亏损，将会影响保险公司经营这一险种的可持续性。

目前我国的保险公司的再保险措施比较有限，现有的主要做法是保险公司将保费交给期货公司进行套期保值，运用期货套期保值进行保险公司规避系统性风险损失。但是由于现阶段农产品期货交易的市场容量有限，在保险公司再保险制度还不完善的情况下，大范围的实施棉花"价格保险+期货"模式，对保险公司的经营存在非常大的风险。

5.3.2 棉花价格保险试点案例二：阿克苏地区柯坪县棉花价格保险

5.3.2.1 模式介绍

柯坪县棉花价格保险属于政府主导下的"保险+期货"模式。棉花"价格保险+期货"的操作，包括保险公司、期货公司、棉农三个主要参与者，其流程是：首先由保险公司与期货公司联合设计对棉农的棉花价格保险产品，其保费是根据期货市场的价格来确定的，政府代替农户购买整县的棉花价格保险，保险整个参与试点县的所有农户。其次保险公司将保费的收入交由期货公司进行期权交易来降低棉花价格风险，如果棉农卖的棉花价格低于约定价格，则由保险公司给予农民赔偿。

政府主导市场化操作模式，是政府为了规避WTO"黄箱"规则约束，保障棉农的收益、植棉面积稳定主动推动的试点改革。这一模式下，主要有政府、保险公司和农户三个参与主体，由政府与保险公司签订一个整县保单，将县域内每个种植棉花农户都纳入保障范围，政府向保险公司缴纳保费，当农户的棉花销售价格低于保险约定价格（18600 元/吨）时，保险公司向农户进行赔偿，农户在这一过程中不缴纳任何的保费。模式流程可如图 5-4 所示。

图 5-4　政府主导市场化操作模式下的棉花价格保险流程

5.3.2.2　新疆柯坪县棉花价格保险试点方案

从实地调研可知，在新疆柯坪县、叶城县和博乐市三个棉花价格保险试点地区采用的是同一种模式，从资料可获得角度选择以阿克苏地区柯坪县为案例进行分析。新疆阿克苏地区柯坪县棉花价格保险的试点方案如表 5-2 所示。

表 5-2　柯坪县棉花价格保险试点方案

类别	具体内容
参与主体	政府、中国人寿财产保险股份有限公司、农户及其他经营主体
保险合同签订	由自治区政府与保险公司签订一份整体合同
保费缴纳	由自治区财政厅按照 12.6% 的费率缴纳给中国人寿财产保险股份有限公司保费，预估总保费 2889 万元左右，农户不再缴纳保费
保险保障期限	2018 年 9 月 1 日至 2019 年 1 月 31 日
保险标的	皮棉 18600 元/吨
保障水平	无明确水平线，与目标价格政策目标一致
期货价格的确定	2018 年 8 月 1 日至 2018 年 8 月 31 日各交易日郑州商品交易所 CF1901 期货结算价格算术平均值
保险公司赔付金额	12327.92×（18600-X）= 41693025.44 元，其中 X 为期货平均值与现货平均值较低者，由经自治区棉花目标价格改革领导小组审定 2018 年计算的价格为皮棉 15218 元/吨
农户获得赔偿情况	2018 年参与棉花价格保险的农户每公斤籽棉获赔 1.3 元左右

资料来源：柯坪县实地调查。

5.3.2.3　新疆柯坪县棉花价格保险的试点效果

柯坪县是南疆阿克苏地区是低收入地区，2018 年选择在柯坪县试点棉花价格保险意义非凡。试点棉花价格保险积极响应政府号召参与试点改革。2018 年柯坪县全县棉花种植面积为 114369.5 亩，所有棉田均参与棉花价格保险；参加棉花价格保险的农户总计 5202 户，其中基本农户 5026 户，经营单位 176 户。总交售量籽棉产量 31052.7 吨，平均衣分率为 39.7%，皮棉总交售量为 12327.92 吨；目标价格为 18600 元/吨；预估给农户的赔款金额为 41693025.44 元。

在这个试点过程中，参保农户不直接与中国人寿财产保险股份有限公司签订保险合同，也不缴纳保费，而是由新疆维吾尔自治区政府与中国人寿财产保险股份有限公司签订一份整县合同，由自治区财政厅统一替农户缴纳保费，其余的相关操作按照保险公司的市场化原则进行操作，在年末由保险公司按照保险合同约定为农户进行相应的赔偿。降低了政府财政压力，减少了政府对棉花产业发展的干预，规避了 WTO 规则的约束；降低了政府财政支出，有助于稳定政府进行准确的财政支出预算；能够保障棉农收益稳定，能为棉花产业竞争力提升提供重要的支持。

5.3.2.4 新疆柯坪县棉花价格保险试点中存在的主要问题

从政策内和政策配套方面梳理了当前试点中存在的问题。

（1）政策内问题。

数据问题。第一，由于各乡镇、村级相关单位的基础数据库未能建立起来，存在基层单位提供的相关数据不准确的问题，这里主要包括名单不准确和数据不准确。地方棉农实际种植棉花的数据与自治区层面交易数据平台数据统计不一致的问题比较多，反复核实数据增加了工作量，影响了后续保险公司的赔付进度。第二，由于管理权限导致信息统计存在障碍。目前关于棉花种植面积的采集主要是依靠卫星定位系统实现，由于大户的承包地不属于村镇管理权限范围，以及同一户在不同地区有承包地，但是在卫星定位中，乡镇的卫星定位图中不能将这部分土地定位到，而且这部分人身份证和银行卡信息村镇也提供不了，导致了相关数据统计不一致的问题，增加了政策执行的复杂程度，降低了政策执行的效率。

存在可能的逆选择或者败德空间。在政府主导下市场化操作模式下，以柯坪县为例，由于柯坪县人均不到 1 亩地，部分棉农由于地少产量小和交棉花或直接卖棉花给经纪人，且未单独分开开票，导致保险公司给农户进行赔偿的时候出现部分棉农有地但无交售量，部分代交售的棉农地少但交售量巨大，赔付存在风险，无法保证每一户棉农利益。

农户对棉花价格保险的认识不足。据调查，参与过棉花价格保险试点的棉农，在现阶段仅仅认为这是棉花目标价格补贴政策的另一种操作方式，"随大流儿"现象比较严重；棉农自身还未充分认识到棉花价格保险的作用、特点以及与自然灾害有哪些不同，未来自主选择棉花价格保险时可能面临的风险等相关问题几乎不懂，关于其原理和模式更是知之甚少。

（2）政策配套问题。

保费标的、保费费率确定不科学。均选择利用期货发现价格的功能来确定对冲价格，进而确定标的和保费的保费，仅仅通过这种方式在我国期货市场发现不完善的情况下确定，对于农户、保险公司均存在较大的不确定性。比如，柯坪县依据 2018 年 8 月 1 日到 8 月 31 日的期货价格来确定期货对冲价格，最终市场价格与目标价格（皮棉 18600 元/吨）差距每吨达 3000 元以上，影响了保险公司的积极性。在新疆兵团第六师由于其定价过低，不能发挥出影响农户积极生产的作用，反而带动了逆向选择行为的产生。保险费率的确定还需要深入研究。

工作人员综合素质有待提高。价格保险的出现给保险工作人员带来了巨大的挑战，现阶段的保险公司缺乏相应的人才队伍，在实践中依赖于各地聘用的"协保员"，而协保员的聘用、管理、培训都缺乏相应规范的管理，存在一定的随意性（庹国柱，2019），"协保员"或者工作人员目前自身对棉花价格保险缺乏深入的了解，无法对农户进行详细的解答；而且还会带来很多的信息偏差，影响了价格保险在实际推广中的效果和试点的成效。

政府实践中的任务重。在棉花价格保险政策下，虽然政府财政支出压力大幅度降低，但是由于保险公司开展试点工作不久，为了便于开展工作，在具体的实践中需要通过地方政府工作人员来协助其棉花价格保险宣传、数据核实或其他工作，促进棉花价格保险的推广，这使得政府在棉花价格保险实际操作中任务量剧增，特别是在帮扶任务艰巨的地区，增加了人力、物力、财力支出。这主要是因为在试点的初期，保险公司对这一行业面临的各种风险也不能准确地估计，为了降低风险，需要地方政府的协助，随着保险公司对业务熟悉程度逐步提升，政府的任务量应该会显著下降。

保险公司的风险规避措施缺乏。目前保险公司主要的规避措施是通过期货市场风险对冲，规避措施有限，事实上两种模式下保险公司均亏损严重，通过初步测算中国人寿财产保险股份有限公司 2018 年在柯坪县试点棉花价格保险亏损额约为 1280 万元。但是，随着中国农业再保险公司的成立，保险公司规避风险措施的增加，保险公司在这一险种运作中的风险也会明显降低。

5.3.3 两种模式对不同主体的影响

在对当前棉花价格保险的两种典型模式的方案和试点情况介绍的基础上，将进一步对比分析在这两种模式下，不同的参与主体受到的优势和劣势影响差异。具体如表5-3所示。

表5-3 不同模式下不同参与主体的对比

主体	兵团模式（商业化价格保险）	地方模式（价格保险+期货）
农户	保障收益、效率高；保费高、保障水平有限	保障收益、效率高；无保费、保障水平高
政府	不参与	按照保费费率支出、稳定了植棉意愿、政府辅助完成
保险公司	发挥社会效应、提前占领市场、培养人才队伍；保险公司损失较大	发挥社会效应、提前占领市场、培养人才队伍；保险公司损失较大

5.3.3.1 对农户的影响

纯商业化模式下，参保棉农的收益能够得到有效保障，获得理赔及时而且效率高。依据前文的案例可知，在新疆兵团第六师参与价格保险的农户，都一次性在约定时间获得了75元/亩的赔偿。对农户而言存在的不利因素主要是保费较高，保障水平较低。自然灾害保险的保费通常在20元左右，而试点的棉花价格保险保费远高于传统自然灾害保险保费，给农户的生产带来了巨大的压力；而且按照每亩1650元进行保障，保障水平有限，对于能够种出高产量、高质量棉花的农户吸引力不足。

政府主导市场化操作模式下，农户不用缴纳任何保费，能够达到有效保障棉农收益的目的。在棉花价格保险政策下，在新疆柯坪县参加棉花价格保险的农户籽棉获得的赔偿约1.3元/千克，比其他地区未参与棉花价格保险的农户籽棉多补贴约0.4元/千克，对于柯坪县的致富具有重要的现实意义。棉花价格保险在这一模式下与目标价格补贴的相关交售过程几乎一致，农户比较容易接受，只是改变成了一种符合WTO补贴规则的方式来对农户进行补贴。

5.3.3.2 对政府的影响

无论哪一种模式，对于政府而言，与目标价格补贴相比政府财政负担均显著降低。因为纯商业化模式下政府没有参与；在政府主导市场化操作模式下政府仅仅缴纳了保费，而且其他方面的支出大幅减少。同时也减少了政府对棉花市场的直接干预，没有了政府对农户的直接补贴，符合 WTO 操作规则，是现阶段摸索有效规避 WTO 规则约束的措施之一；而且均能够达到保障农民受益稳定和棉花播种面积稳定的政策目标。

在纯商业化模式下，从签约到理赔完成的全部操作几乎由保险公司自己操作；政府主导市场化操作的模式下，由于保险公司刚刚涉及这一领域的相关工作，在实践中需要大量的协保员，地方政府一线工作成员成了协保员的主体，尤其是在低收入地区，增加了帮扶工作人员的工作任务量。

5.3.3.3　对保险公司的影响

在这两种模式下，保险公司均在帮扶方面发挥了积极社会效应。保险公司作为社会活动的主体之一，在全面建成小康社会的进程中具有重要作用，保险公司参与试点棉花价格保险，达到了为农民分真忧、为农民解真难、保障农民收入稳定的目的。

有助于保险公司相关产品开发和提前占领市场。从国外对农业政策的支持看，保险是未来政府支农的主力政策，对保险公司来说，不管现阶段能否盈利，参与棉花价格保险的试点能够有助于保险公司相关人才队伍的培养，有助于通过实践摸索设计出满足不同需求的保险产品，而且可以提前占领市场，为以后参与全面实施棉花价格保险提供丰富的实践经验。

当前阶段对保险公司的不利影响是，在不同的模式下保险公司在棉花价格保险上均有较大的损失。这主要是因为这一险种目前还处于试点阶段，各方面均存在一定的不足，影响了保险公司的风险规避。

5.4　新疆棉花"价格保险＋期货"试点取得的初步成效

5.4.1　推进棉花产业融合发展

许多农民对于价格的反应具有一定的滞后性，再加上棉花生产具有一定的生长周期，因而棉花的生产规模不易调整，这就导致棉花供不应求与供过于求的市场不均衡状况反复出现，不同季节其价格波动比较大。轧花厂作为棉花产业链中的关键节点，上游收购棉农的棉花、下游直接面对市场，在试点期间，保险公司引入轧花厂托底收购激活整个棉花产业链，特别是可以通过轧花厂将部分保险收益让渡给棉农，提高为棉农的服务能力，降低棉花的市场风险，促进了农业与加工业的融合发展。

在棉花"价格保险+期货"试点期间，政府积极引导第三产业的保险行业和期货行业与农业的棉花产业融合发展，分散风险，实现产业间互利互赢。棉农想要通过期货市场进行市场风险管理需要较强的金融专业知识和资金保障，这对于文化程度较低的农户来说是一个较大的门槛，价格保险产品更适用于保障农户收益，尤其适用于我国的小农经济。棉花"价格保险+期货"的试点不仅拓展了保险公司的业务范围，还能促进期货市场与保险业的融合发展。

5.4.2 有效规避 WTO"黄箱"政策的约束

为了建立一个以市场为导向的农产品贸易体系，使国际贸易更加公平化，减少国家与国家之间的恶性竞争，WTO《农业协定》对国内支持政策作出了相关规定。国内支持政策中"黄箱"政策是被约束性最严格的政策，一旦超出标准可能会引起贸易国家的起诉，另外，WTO《农业协定》中还有"蓝箱"政策和"绿箱"政策。其中"蓝箱"政策可减除免让，如休耕地差额补贴。而"黄箱"政策超出标准必须减让，主要是因为"黄箱"政策极易对贸易产生扭曲，造成贸易摩擦，不利于贸易全球化的发展，如对农产品的价格补贴。相对于"黄箱"政策，"绿箱"政策相对缓和，仅仅会对国际农产品贸易产生微小的扭曲影响，甚至可能不产生任何扭曲影响，因而"绿箱"政策不仅能够有效地保护本国农业的发展，还能促进贸易国之间的交易。

祝宏辉和李聪聪（2017）研究认为，我国的棉花补贴空间已经极其有限，朱满德和程国强（2017）曾指出 2014~2016 年新疆棉花目标价格补贴已超过"黄箱"微量允许上限水平，也就意味着棉花目标价格将面临 WTO 补贴规则的挑战。田聪颖和肖海峰（2018）通过对新疆的棉花目标价格补贴额度进行研究，认为补贴金额可能已经超过了 WTO"黄箱"补贴规则的数额。我国在"入世"协议书中做出承诺：用于整个农业和用于特定产品的支持均采用 8.5%这一微量允许标准。作为 WTO 的成员国之一，应该遵守其相关规定，避免引起不必要的贸易争端。随着全球经济的快速发展，这个标准以后可能会更加严格，"黄箱"政策的发展空间有限。而棉花 "价格保险+期货" 属于 "绿箱" 政策，根据 WTO 规则，我国有权不受限制地采取 "绿箱" 政策扶持农业，因而其补贴比例不受 WTO 的 "黄箱" 政策的约束。在棉花 "价格保险+期货" 在试点阶段，保费补贴是全额补贴。政府承担所有保费并代替棉农向保险公司购买棉花价格保险，签订集体合同，保费直接拨付给保险公司。由此可见，棉花 "价格保险+期货" 并不能归为与棉花生产直接相关的 "黄箱" 政策，规避了与贸易国之间的摩擦，并且能够有效地保护棉农的收益。棉花 "价格保险+期货" 的本质是政府把价格风险转移给银行，由银行保障农户的收益，并由银行进行赔付业务，因此可以间接加大政府对棉花产业的支持力度。保险公司作为企业，其对农户的赔付属于合理的商业行为，不是来自政府的补贴，不受 WTO "黄箱" 产品总值 8.5% 微量允许的约束，因此棉花 "价格保险+期货" 试点既能对棉农进行合理的补贴，又能成功地规避违反 WTO "黄箱" 政策的风险。

5.4.3　降低市场风险，保障棉农的基本收益

棉农向保险公司购买棉花价格保险，降低了棉花的市场价格波动风险，不管市场价格如何剧烈波动，是大涨还是大跌，棉农都能够获得稳定的收入保障，避免 "谷贱伤农"。此次试点是以棉农交售的籽棉为保险标的，折算成皮棉的保险价格为 18600 元/吨，保险期限为 2018 年 9 月 1 日至 2019 年 1 月 31 日，在保险期间，阿克苏柯坪县引入轧花厂托底收购，锁定籽棉的收购，轧花厂以 15600 元/吨的托底价收购参保农户的棉花，稳定了棉花的收购价格，保障了农户的销售收入。15600 元/吨的托底收购价格折算成棉花种植收益为 1950 元/亩，按照这个价格农户每亩地可以获得 300~400 元的收入，棉农销售棉花现货可以保证收益，不用担心轧花厂压价，激发棉花种植的积极性，加大优质棉生产投入。

此外，政府给试点地区的棉农吃了 "定心丸"，即保证棉花市场平均价格只能取郑州期货交易所棉花期货平均价格和整个新疆现货市场平均价格中的较低者，而目标价格补贴的目标价格为整个新疆现货市场平均价格，因此 "价格保险+期货" 模式的理赔标准只能高于或等于棉花目标价格补贴标准，试点地区棉农的基本收益也只能高于或等于棉花目标价格补贴地区农户的收益。2018 年参加棉花 "价格保险+期货" 试点的棉农得到赔付的时间较早，棉花得到的赔付是 1340 元/吨，远高于目标价格补贴地区农户拿到的补贴。

通过此项改革，提前锁定棉花目标价格，能够有效提高棉农种植积极性，稳定农民收入，充分发挥精准扶贫和增强产业"造血"的功能。同时，试点地区棉农不用出任何资金，政府也不需要再次对棉农进行补贴，由棉花价格保险的保障，不管期货市场价格是涨是跌，都不会影响农户的最终收益，棉农都能够获得了稳定的收入。

5.4.4 降低政府财政成本，减轻国家财政负担

当前棉花目标价格补贴政策财政成本居高不下，难以预算。翟雪玲和李冉（2015）测算出 2014 年整个棉花目标价格补贴已达 280 亿元左右，2017/2018 年度新疆棉花目标价格补贴额为 21 亿美元。若遇到棉花市场价格骤跌的情况，财政成本将会成倍增长，国家很可能难以承受如此巨大的财政支出。另外，我国政府财政采取的是预算制，政府需要对本年度财政收支进行预算。而我国棉花价格与国际棉花价格接轨后，价格波动幅度加大，由于市场价格无法估计，这就导致每年用于棉花目标价格补贴的财政支出难以预算。

棉花"价格保险+期货"试点中政府承担固定的保费并代替棉农向保险公司购买棉花价格保险，签订集体合同，充分发挥了政府补贴的杠杆作用。2019 年试点方案新增了"保险费财政补贴上限"，即应拨付试点补贴资金总额作为实拨保费补贴资金总额上限，说明政府支出不会高于棉花目标价格补贴政策。而且利用保险公司特有的全流程风险管理产业链运作优势，补贴效率也会更高，农户能够更快地拿到赔付额。此外，政府工作人员只需要负责保险公司招标工作、统计棉花价格数据工作以及与保险公司统筹协同开展相关工作，政府在棉花"价格保险+期货"中主要发挥统筹规划、监督的作用，至于无人机测量棉花种植面积、棉花价格保险承保资料签字、后续保险公司赔付资金发放等相关工作，都由保险公司进行操作，由此可见，棉花"价格保险+期货"试点简化了政府的工作环节，直接减少了政府的行政成本，同时也减轻了财政压力。试点地区设置交通卡点，加强对经县域运棉车辆的登记、盘查，做好对运棉车辆的跟踪，防止棉花外流，避免一车棉花享受两次补贴的现象，杜绝转圈棉的产生，减少了政府不必要的支出。同时，由于价格保险的费率在招标结束后就已经确定，因此用于棉花"价格保险+期货"的财政支出在保险公司对农户承保前基本能够事先估计，由此可见，棉花"价格保险+期货"很好地降低了财政风险。

5.4.5　进一步完善棉花补贴机制

棉花"价格保险+期货"是一种新型棉花补贴方式，充分利用保险、期货等金融工具，将保险公司作为一个平台，农民通过购买保险公司农产品价格保险产品的模式，来保证自己的收益，而保险公司则通过购买场外期权产品来对冲棉花价格下跌带来的赔付风险，起到双保险的作用。证券公司或期货风险管理子公司再由场内期货市场进行风险对冲，将风险回归于市场，让市场来共同承担棉花种植者价格波动带来的风险，形成了一个风险分散链。棉花"价格保险+期货"试点工作的顺利开展能够为棉花产业提供多样化的风险管理途径，为推动我国棉花产业发展迈上新台阶，为完善现行补贴政策提供有益参考和有效补充。

5.5　新疆棉花"价格保险+期货"试点中存在的问题

由于三个试点地区都是属于新疆维吾尔自治区管辖，完全按照自治区下达的文件推进试点工作，出现的问题大同小异，因此本节主要是指出三个试点地区出现的共性问题。

5.5.1　棉花价格保险的目标价格设计不合理

为保证试点方案的顺利推行，使农户消除对保险的抵触与顾虑，2018 年试点地区棉花价格保险的目标价格参照了已经被广大棉农所熟知并接受的棉花目标价格（18600 元/吨），但是参与棉花"价格保险+期货"试点的保险公司是政府招标竞选，因此中标的保险公司设定的费率较低，导致保险公司损失惨重。比如2018 年中国人寿财产保险股份有限公司向自治区收取柯坪县保费 2889 万元，赔款 4169 万元，赔付率高达 144%，保险公司亏损严重。实地访谈发现保险公司还是愿意继续承保，一方面是为了实现企业社会责任，帮助新疆棉农致富；另一方面是为了开拓新疆的农业保险市场。保险公司为抓住试点期间政策优惠时机扩大"价格保险+期货"试点覆盖面，不惜亏损快速占领市场，等棉花"价格保险+期货"试点成熟并打算推广的时候，承保试点的保险公司能够占领先机。后期如果一直亏损，保险公司也很难承受这大的损失，如何保证保险公司的利益，使保险公司自愿长期签订这些保险合同是一个难题。"价格保险+期货"模式是保险公司一个新的尝试，期货期权等分散风险的方式是保险公司不常接触到的业务，至于如何分散风险更是一件复杂的事情，政府应该给保险公司一个适应的阶段，以便扩大棉花价格保险的规模。价格风险属于系统性风险，当保单中目标价格过高时，如果保险公司不能很好地使用分散风险工具，则容易遭受想象不到的巨大损失。棉花"价格保险+期货"目标价格的设定过高，则保险公司受损，过低则不能保障农户的收益，除此之外还要考虑国家财政的承受能力，使保障棉花价格保险的目标价格被保险公司、政府和农民所信服。

5.5.2 棉农的保险意识淡薄

棉花价格保险试点阶段，为保证农户的收益，由政府代表农户与保险公司签订一个整县保单，将县域内每个种植棉花农户都纳入保障范围，棉农不需要缴纳保费，至于自治区财政向保险公司拨付和清算的保险费来源于中央棉花目标价格改革补贴资金。通过实地调研发现虽然棉农是棉花价格保险的参与主体之一，但由于棉农实际上并没有缴纳保险费用，这在一定程度上使棉农对政府形成了依赖，只知道政府为他们购买了棉花价格保险，不懂得如何有效利用保险管理价格风险，对保险的具体内容也不了解，更不知道如何保障他们的权益。这种农业保险更倾向于政府对农户的救济性扶持，短时间内效果显著，但不利于培养农户保险意识。调研发现，部分农户甚至连农业保险的免赔率都不了解，若后期保险公司推出免赔率为10%或者20%的价格保险，则农户可能会认为这是保险公司盈利的手段，投保积极性将受到影响，棉农的保险意识淡薄将会成为后期棉花"价格保险+期货"推广的障碍之一。加上现在有棉花目标价格补贴政策的托底，农户很难意识到棉花价格保险的重要性。棉花"价格保险+期货"一旦缺少政府财政的支持，则很难可持续发展，棉农的投保积极性也会降低。

5.5.3 交售信息与赔付机制脱节

2018年，根据自治区级地区文件相关要求，取消棉花加工资格认定行政许可后，所有棉花企业需要进行新一轮的考核，公示后方可收购棉花。棉农必须把棉花交售到被自治区政府公示的有棉花加工收购企业，并且凭借棉花加工收购企业开具的发票后才能得到保险公司的赔付。新疆属于人多地少的区域，小规模种植比较普遍，由于产量较少，被自治区公示的有棉花加工收购企业距离又远，部分农户会把棉花交售给棉花经纪人或者委托其他棉农代替交售棉花，但这种情况棉花加工收购企业一般不会分开开票。无发票凭证导致在自治区交易数据平台中有名单的部分棉农因交售量无法确定而不能享受保险公司的补贴。部分种植面积较少的棉农因代替其他棉农交售棉花而使得棉花单产可能会超出预警上限，因此其不能按时拿到补贴。另外保险公司发放赔付资金时只能赔付有棉花加工收购企业开具发票的棉农，其他棉农只能享受面积补贴。因此，保险赔付机制存在漏洞，无法保证每一户棉农的利益。试点第一年，棉花外流，一车棉花享受两次补贴的现象还未能杜绝。按照自治区现行的补贴标准计算方式，在棉花外流不可避免的情况下，势必导致试点地区棉农补贴标准降低，损害其他棉农的利益。

5.5.4　保险品种单一，保险公司缺乏专业人才

新疆的植棉大户和小农户，不管是种植面积还是管理方式都存在很大的差异，追求的种植目标也不一样，植棉大户承包土地，其资金就丧失了机会成本，因此更加追求利益更大化，而对于小农户来说，种植棉花所带来的收入占其总收入的比例较低，即使全部亏损，资金损失也较小，政府救济工作比较容易开展，因此可以开发"普惠型"的保险产品，收取基本保费即可。植棉大户一般具有较强的风险意识，承包地的资金投入使他们更愿意购买保险来规避风险，一旦棉花价格下跌可能会直接影响他们的资金链，因此保险公司应满足其需求设计"高保障"的保险产品。在当前试点期间，保险公司推出的保险产品只有一种，小农户与植棉大户的保险需求档次不同，统一的保障水平使农户只能选择购买或者不购买，很难满足农户的多样性需求。相比较而言，美国的棉花保险选择比较灵活，比如，美国的棉花累计收入保险有 4 档保险级别可供选择，保险覆盖的范围越大，赔付越多，保费也就越多，可以满足不同农户对棉花保险差异化的需求，随着保障水平的提高，政府补贴的保费比例越低。农户缴纳的保费与其获得赔付的金额成正比。

通过实地调研发现，目前保险公司缺乏专业的农业保险人才。每种保险在保险金额、保费厘定、损失评估方面都存在较大差异。保险公司现有的保险人员更熟悉车险和人寿险业务，对于棉花种植、面积测量、生长周期等相关知识都一知半解，风控人员对棉花价格波动周期、波动频率更是知之甚少。农业价格保险是一种新的险种，保险公司人员不仅要了解现货市场价格，还要把握期货市场的波动，风险评估较为复杂，一般的财会专业人员或农业专业人员都无法胜任，同时

优秀的理赔员还可以尽量使棉农的败德行为和逆向选择行为最小化，降低保险公司的成本。但目前保险公司并没有培训出相关专业人才，这将阻碍保险公司深入拓展棉花价格保险业务。

5.5.5 风险对冲工具不足

根据规定我国的保险公司不能直接进入期货市场进行交易，期货公司的期权交易是保险公司降低经营风险的途径之一，调研发现，保险公司没有使用该方法。一方面，试点项目的中标公告公布太晚，自治区于 2018 年 11 月 29 日开始招标工作，12 月 12 日才公示保险公司的中标公告，保险公司错过了与期货公司合作的最佳时间。中标的保险公司后续还要签署相关商务合同，当保险公司开启棉花价格保险承保工作后，发现棉花市场价格一直处于低位，而试点方案中又要求保险公司于次年 2 月 28 日之前完成赔付，时间过于紧迫，导致保险公司一直未找到合适的方式转移风险，因而错失了做再保险的机会。另一方面，保险公司只能在政府规定的时间内购买期权，这让本不熟悉期货市场的保险公司更加难以操作，再加上第一年试点，保险公司准备不充分，因此并没有很好地发挥期货市场分散风险的作用。

5.6 新疆棉花"价格保险+期货"试点方案的调整

2019~2020 年新疆棉花"价格保险+期货"试点方案并没有很大的变动，总体补充调整了五个方面，如表 5-4 所示。

表 5-4 2019~2020 年新疆棉花"价格保险+期货"试点方案调整内容

序号	补充与调整	具体内容
1	新增了"保险费财政补贴上限"	应拨付试点补贴资金总额作为实拨保费补贴资金总额上限
2	新增了"单产上限测定要求"	为防止试点区域外棉花流入区域内，提出了试点区域做好完成棉花单产上限测定工作

续表

序号	补充与调整	具体内容
3	调整了"保险费率厘定相关参数"	一是以发布招标公告前 30 个交易日 CF2001 平均价作为期货价格;二是以亚式平值看跌期权价格作为购买场外期权权利金
4	调整了"赔付标准核定相关参数"	一是将中国棉花价格指数作为棉花现货价格;二是将棉花期货价格和棉花现货价格的算术平均值为棉花市场平均价格
5	适当扩大试点范围	昌吉州昌吉市

"两增":试点方案指出由于目前还没有针对棉花"价格保险+期货"保费补贴的相关配套资金,补贴费用从中央改革补贴资金中调拨,鉴于当前市场价格形势复杂,为不增加自治区财政负担,2019~2020 年新疆棉花"价格保险+期货"试点补贴资金总额调整为实拨保费补贴资金总额上限,保险费率仍然是通过政府采购方式确定。2018 年试点地区赔付标准与补贴标准存在较大差异,为防止试点区域外棉花流入区域内,提出了试点区域做好完成棉花单产上限测定工作,缩小骗保、骗赔空间,确保试点理赔精准性。建议各县市建立棉花外流联动机制,统一外流棉花的去向,并进行跟踪,避免一车棉花享受两次补贴的现象,杜绝转圈棉的产生。

"两调":调整了"保险费率厘定相关参数"。为使费率上限厘定更加科学,确保有效对冲风险,调整了"保险费率厘定相关参数"。一是以发布招标公告前 30 个交易日 CF2001 平均价作为期货价格;二是以亚式平值看跌期权价格作为购买场外期权权利金。调整了"赔付标准核定相关参数"。

"一扩大":适当扩大试点范围:将昌吉市纳入 2019 年试点,一是适当扩点,营造充分竞争环境;二是目前棉花市场价格处于低位,适当扩点,减少保险公司赔付压力,降低潜在亏损风险。

5.7 本章小结

本章首先介绍了在新疆试点棉花价格保险的产业、政策、国际经验背景;其次介绍了当前各种试点的棉花价格保险的理论模式;最后结合新疆兵团的商业化价格保险和新疆地方的棉花价格保险试点分析了现有试点取得的成效及存在不足。并进一步对比了两种模式的差异，探讨了这两种不同模式下对主要参与主体农户、政府、保险公司的影响，可以发现现有的试点中无论哪一种模式对政府来说将会显著降低其财政负担；并且能够保障棉农的收益，但是保险公司的风险较大。这些内容的分析，将为下文棉花价格保险与目标价格补贴政策的福利经济学比较分析提供现实来源支撑。

第6章 棉花价格保险与目标价格补贴政策的比较分析

6.1 政府政策执行成本比较分析

6.1.1 执行成本的概念

政策执行成本是指在政策执行过程中消耗的各项资源，也就是政府和社会代价的付出，这种代价的高低是衡量政策成功与否的一项重要标准（姚鹏，2006）。政策执行成本的产生主要是因为政策制定者与执行者之间是一种委托代理关系，为了保证正常政策制定者交付的任务能够顺利地被付诸实践，政策执行者的一切活动（如信息收集、计划制订等）都要围绕政策实施展开，在这个过程中会产生政策相关的执行成本（丁煌和定明捷，2006）。郭渐强和杨露（2018）认为政策的执行成本高居不下是公共政策执行不力的体现。农业政策同样面临执行成本的问题，不同的是农业政策中的执行成本高不一定是政策执行不力，更多是因为农业自身的特点，政策执行中执行者、监管者必须面临成千上万的小农户，是多环节、多层次的委托代理关系，有着严重的信息不对称，收集相关信息的难度大，成本高。

6.1.2 执行成本的分类

涉及农业政策执行成本的内容非常多，政策执行的成本大致可以分为以下组成部分：

第一，决策成本。在某一项政策颁布前，需要组织各个领域的专家讨论、需要进行实地调研考察、进行实施方案设计和优化，把相关语言表述含糊不清、目标不清晰、内容模棱两可、将尚未出台的政策转变为可行性行政决策，需要支付大量的调研、方案设计、咨询、信息收集等费用。

第二，组织成本。在政策的决策阶段、政策实施阶段、政策运行的保障等阶段，政府需要对各个环节开展的活动支出一定的劳务费、办公材料购买费用、物资损耗费用。

第三，监管成本。对政策实施过程进行协调、监督和效果评价时的公共财政支出。在政府实施农业政策的管理活动中，需要对参与的各环节利益主体行为进行监督、利益及纠纷协调、对政策执行的效果评估等环节会产生人、财、物的投入费用。

第四，保障成本。在政策宣传、政策组织运行的全部过程中，为了政策的顺利执行所产生的所有成本（周云，2013）。保障成本在各行各业均存在，具体有一定的差异，在农业政策方面可以理解为表现为确保农业政策顺利执行所带来的所有费用的总和。

第五，灰色成本。在执行公共政策时，政策的执行人员或者参与者在实施政策过程中相互勾结或欺骗他人的利益或存在小团体主义，从而损害了集体的利益，造成整体或者社会资源的浪费，来得到他们个人的灰色收入。丁煌和定明捷（2006）研究认为，在实际政策制定过程中，政策的制定者经常会有意制定一些概念和含糊不清的法律和政策，将政策的交易成本转嫁到政策实施过程中去，这样既可以避免在政策制定的初期出现利益冲突，又能延续政策制定的过程，从而增加灰色成本的空间。自身利益在政策制定阶段并没有得到满足或体现的政策活动者，就把博弈场所转移到政策实施环节，政策实施也就成为一个充满冲突、交易和政治互动的过程。

6.1.3 政策执行成本比较——基于程序简化的视角

由于不同的政策在运行过程中相互交织，某单一项的政策成本数据难以准确量化，因此本部分将从简化程序的视角对比棉花价格保险与目标价格补贴政策的执行成本，对比不同政策由于程序的变化对社会福利的影响。

6.1.3.1 简化程序的必要性

简化程序是提高行政效率、降低行政成本的重要途径（郭渐强和杨露，

2018）。政策执行成本的高低与政策执行程序的繁简有着密切联系，程序烦琐，成本上升；程序优化，成本下降。简化程序对降低政策执行成本的影响主要体现在如下几个方面：

第一，简化程序无论对于哪种政策的制定或者实施来说，都具有节约成本的优势。如果在政策机制的设计上能够有科学规范的程序简化设计，减少无效率的会议过程，减少复杂的文本审核过程，而将精力更加务实地投入政策本身的设计上，会大大提高效率，并降低成本。

第二，在政策制定过程中，首要任务就是收集基础信息，通常政策制定时的信息收集会给予时间界限的规定，由政府管理部门层层推进来获取。在这种情况下，由于基层在实践中会同时承担多项职能工作，尤其是在业务繁忙的时期可能并不能及时地完成好相关信息统计，在这种情况下就会出现信息编造、失真，以及超时的问题。在信息上报的过程中又需要一层一层地审核。若是能够简化不必要的程序可以有效地提升这个方面。

第三，简化程序将有助于降低协调策略执行过程的成本。政策实施是一个多层次的决策执行过程，公共政策不同主体、不同层级部门的目标和对象可能由于信息沟通不畅通、程序过多，引起很多摩擦和冲突，从而增加了协调成本，简化程序缩短了协调成本的时间，减少了执行成本。

第四，简化程序可以降低时间成本是指政策实施阶段和环节成本所带来的对应时间与策略执行过程中每个过程的成本，时间不仅仅影响政策执行成本，也影响政策执行的效率。但时间不是越短越好，要保证政策执行的质量，要在规定的时限内完成相应的步骤和链接是至关重要的，因为随着时间的推移，程序的形成简化了程序，减少了随机时间的浪费，减少了时间成本，提高了执行效率。

6.1.3.2　棉花目标价格补贴政策执行成本高的表现

第一，形式成本高。郭渐强和杨露（2018）认为，形式成本与程序烦琐是相伴相生的，形式主义催生烦琐的程序，而程序烦琐加重形式主义作风，因此简化程序具有重大意义。已有研究表明，政府处理一个文件只需要 7 分钟，但耽搁在中间环节的时间却能多达 4 天（张爱阳，2006）。任何一项政策在执行前需要进行深入广泛的宣传，宣传的形式有正式文件、网络文章、新闻评论、语音广播等，这些宣传都将产生较多的成本。在政策制定、执行、保障运行中存在大量的低效率的环节，以新疆目标价格补贴为例，质量的包包检测是轧花厂检测后的二次检测，从轧花厂送到纤维检验局，需要耗费时间成本、运输成本，检验的结果需要排队等待。这样的一些政策执行环节毫无疑问增加了成本，对这样的环节进行精简可以有助于降低整个政策的执行成本。

第二，协调成本高。棉花目标价格补贴政策在新疆地方和新疆兵团的执行中从采价阶段到最后将补贴资金发放给农民的全部完整过程有几十道程序，这么多的程序意味着不同环节和步骤必然存在着大量的协调、监督成本。这过程中各个环节都需要不同执行机构和人员的共同参与和密切配合，需要调动相关行业的人力、财力、物力、时间、信息等多种资源。在新疆执行目标价格补贴过程中面临着语言障碍、风俗的差异，不同执行机构和人员的个性差异以及部分程序操作的复杂性，导致政策执行中存在着较多的纠纷和矛盾。因而，政府在这个政策的执行中要不断地协调沟通。由于不同管理部门的资源和职能有差异，它们之间的需要去协调，不同群体之间的利益纠纷都存在较高的协调成本。以政策宣传为例，任何一项政策（包括棉花目标价格补贴政策）在执行前需要进行深入广泛的宣传，宣传的形式有正式文件、网络文章、新闻评论、语音广播、电话通知等，这些宣传都将涉及多个部门，需要进行协调，必然产生较多的成本。

第三，组织成本高。棉花目标价格补贴政策涉及农业管理部门、财政管理部门、质量检验部门、其他监督部门等多个部门，要顺利地执行这一政策，必须要组建与任务、目标相匹配的执行、监督组织或者机构，配备一定数量的政策参与、执行人员，筹集政策执行中所需的各种资源。通常情况下，无论哪种政策执行中如果组织成本高昂，通常是由于组织机构臃肿、人浮于事，纵向上表现为执行层级多，横向上表现为多头执行、部门林立、权责不清（郭渐强和杨露，2018）。棉花目标价格补贴政策也存在类似的问题，导致政策执行效率不高，组织成本高居不下。

第四，时间成本高。政策的制定和实现过程中通常有时间上的限定，限定时间有利于克服和防止政策执行主体行为的随意性和随机性，因为时限规定为这些行为设置了外在标准，使之不能任意所为。而在现实情况中，由于棉花目标价格补贴政策程序多，在目标价格补贴政策执行中有部分政策的执行人员工作懒散、办事拖沓、看人办事，时间观念单薄，没有效率意识，这种现象仍然比较普遍，如果工作人员处于这种状态，那么政策执行的时间成本必然增加。

6.1.3.3 棉花目标价格补贴政策执行成本高的原因

第一，政策执行的程序烦琐。从王力和温雅（2015）的研究中可以发现，新疆地方和新疆兵团的棉花目标价格补贴政策实施环节多，从国家层面到农民涉及的细节内容多达几十项，并且每一项小的环节中又涉及多个步骤，各环节的检测、审批过程复杂，这么复杂的过程意味着执行成本必然不低。政府要保障这一政策的顺利执行，往往在政策之外付出的成本比目标价格补贴政策本身要高得多。

第二，既得利益的障碍。程序是不同利益群体博弈的制度化结果。棉花目标价格补贴的全程序链，形成了一个环环相扣的闭环，每个环节都涉及不同群体的利益，这样一个政策执行程序链也是一个利益链。在政策执行中，每个环节也相当于一个利益关卡，执行者极有可能在政策执行中获取额外的利益。如果取消其中的部分环节将会使部分的利益受损，这导致一部分政策执行者明知执行程序烦琐，并且有很多的危害，却不愿意去实施简化程序，反而去反对简化程序。

6.1.3.4 棉花价格保险与棉花目标价格补贴政策中政府参与环节对比

政府在推出一项农业政策时，其执行成本将与其参与的环节和参与的程度存在很大的关系。棉花价格保险与目标价格补贴政策的参与主体不同，从政策执行的程序看也存在一定的差异，具体如表6-1所示。

表6-1　棉花价格保险与棉花目标价格补贴政策中政府参与环节对比

环节	棉花目标价格（是否参与）	棉花价格保险（是否参与）
政策制定	参与	参与
政府预算	参与	参与
面积和产量核查	参与	不参与
补贴发放	参与	不参与
监督	参与	参与

棉花价格保险政策中政府将参与政策制定、政府预算、面积和产量核查、补贴发放、监督的全部过程。在实施棉花价格保险中，政府不用参与棉花种植面积和产量核查，而是由保险公司的业务员来执行；也不需要参与补贴发放，只需要做好对保险公司和相关环节的监管即可。棉花价格保险与目标价格相比，政府参与的环节明显减少，将大幅度减少政府的执行成本。

6.2 生产者剩余与消费者剩余的比较

6.2.1 目标价格补贴政策下生产者剩余和消费者剩余

本部分参照朱新方和孔令成（2011）的研究思路，对棉花目标价格和棉花价格保险政策进行分析。棉花目标价格补贴政策属于与农户交售产量和价格挂钩的补贴政策挂钩收入补贴政策。结合图6-1运用福利经济学思想进行分析。

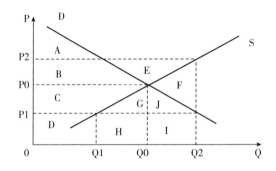

图6-1 目标价格补贴政策下生产者剩余和消费者剩余理论变化

图6-1中的S和D分别代表国内棉花市场的供给和需求曲线。从生产者剩余和消费者剩余的角度进行分析，具体如下：

棉花消费者的福利变化。在均衡点（P0，Q0）处，消费者剩余为面积A+B。当棉花供给量从Q0增加到Q2时，相应的价格也从P0下降到P1，此时的消费者剩余变为面积A+B+C+G+J，所以消费者剩余增加了面积C+G+J，用公式表示为：ΔCS=C+G+J。这个公式表明实施目标价格补贴政策后棉花消费者，即纺织企业的福利增加了，因为增加了棉花产量，同时也使棉花均衡价格下降，从而使消费者受益。

棉花生产者的福利变化。在均衡点（P0，Q0）处，生产者剩余为面积C+D。由于棉花目标价格补贴相当于给了棉花生产者加价，使得棉花价格从P0上升到P2。当棉花价格上升到P2时，相应的生产者剩余变为面积B+C+D+E，所以生产者剩余在该政策下增加了面积 B+E，用公式表示为：ΔPS＝B+E。该公式表明棉花种植者的福利增加了，因为每单位的棉花价格上升后，农民自然获得了更多的收益。

6.2.2　棉花价格保险政策下生产者剩余和消费者剩余

当前在新疆兵团试点的棉花价格保险属于纯商业化的保险产品，这种类型的棉花价格保险属于与产量脱钩的补贴方式，是符合 WTO 规则的操作方式。结合图 6-2 运用福利经济学思想进行分析。

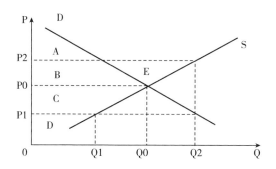

图 6-2　棉花价格保险政策下生产者剩余和消费者剩余理论变化

图 6-2 中的 S 和 D 分别代表国内棉花市场的供给和需求曲线。从生产者剩余和消费者剩余的角度进行分析，具体如下：

棉花生产者剩余的变化。商业化的棉花价格保险作为一项支农政策，实际上棉花的产量高低与补贴无关，农民生产棉花的行为以及棉花的价格完全受市场的调节，在棉花市场供求的相互作用下达到均衡，均衡点为（P0，Q0）。由于实行的是等价交换，所以生产者的剩余没有发生变化。

如果政府想使农民的收入增加 B+E 达到和目标价格政策时的 B+C+D+E，那么政府可以通过保费补贴的方式间接地支付给农民，能够达到降低农民支出提升农民收入的目标。若政府不对棉农进行补贴，棉农的保费支出与收益主要由个人承担。

棉花消费者剩余的变化。由于棉花价格保险政策是一种市场化手段，作为下游纺织企业在棉花购买上比较接近完全竞争的市场环境，受到的影响较小，符合供求规律，可以判断消费者剩余几乎没有变化。

综合来看，棉花价格保险下的棉花供给者与消费者比较接近完全竞争的市场状态，政府没有对市场机制产生干预。若政府对棉农进行保费补贴，将间接地改进棉农福利，而对于棉花供求机制不会有任何干预，能够发挥出市场机制在棉花经济运行中的基础性作用。

6.3 本章小结

本章主要是对比棉花价格保险与目标价格补贴政策的执行成本以及福利效应。通过程序精简视角对比棉花价格保险政策与目标价格补贴政策，可以发现实施棉花价格保险政策会显著降低政府的执行成本。运用福利经济学的思想，从消费者剩余和生产者剩余的角度分析，实施棉花价格保险以后，生产者剩余会增加，消费者剩余不会有明显的变化，社会福利水平会改善。总体来看，实施棉花价格保险以后，政府的负担减轻，生产者福利不会减少，消费者的福利几乎不变，这说明实施棉花价格保险以后不仅可以达到降低政府财政支出的效果，实现"转箱"的目的，也可以实现稳定棉农生产积极性和保障棉花稳定供给的目标。

第7章 棉花价格保险供给与需求意愿分析

7.1 保险公司供给棉花价格保险产品的意愿及影响因素分析

——基于中华联合财产保险的调研

由于参与棉花价格保险试点的保险公司有限，在本章选择了中华联合财产保险公司为调查研究对象，对单位相关负责这一保险的工作人员进行访谈，然后对与本书相关信息进行整理。

通过访谈可以发现，保险公司具有很强的意愿来提供这一保险产品，并且认为这是未来新疆棉花补贴政策调整的方向。即使目前有亏损，也愿意提前占领市场，保险公司能够从时间角度、不同险种平摊分散风险保障不亏即可；同时可以培养相关的专业人才队伍，为以后大范围推广这一类型保险奠定基础。

7.1.1 保险公司提供棉花价格保险面临的风险

第一，偿付能力不足风险。以新疆兵团棉花价格保险为例，在实施目标价格补贴政策以后，基本实现了与国际棉价接轨，国际棉花价格的波动不仅受国内供求的影响，也受到国外或者其他因素的影响非常多。若是大规模地实施棉花价格保险，保险公司将面临偿付能力不足的风险。据调查了解对保险公司而言，在传统的自然灾害下保险公司担心大面积出现冰雹、干旱、洪涝等风险时候的赔付能力，在棉花价格保险政策下，保险公司担心同样担心赔付能力，因为农业生产中的不确定性太多。

第二，政府干预风险。政府干预的风险大多数时间出现在农民与保险公司出现理赔纠纷时。通常情况下，无论农民对农业保险的保单是否准确得到了理解，一旦农民与保险公司发生了利益矛盾，农民相对于保险公司而言处于弱势地位，政府的介入会强调保险公司经营中的社会责任及政策目标，给保险公司经营带来较大的风险，会影响到保险公司原有的经营。

第三，经营费用波动风险。新疆地广人稀、部分农村交通便利程度不高，各地方的自然环境和人文环境具体情况差异大，也可能会存在语言交流上的障碍。这导致在经营棉花价格保险的过程中，需要非常多的保险工作人员去深入基层，每年每个环节可能会存在较大的变化，这都会增加费用波动的风险。

第四，管理风险。棉花价格保险虽然是一种新型的农业保险，但是它依然有传统自然灾害保险的部分特征，比如，出现自然灾害时，会影响农户的棉花产量和质量，会进一步影响农户的销售价格及经济收益，这对棉花价格保险在保费定价等方面带来了困难，现阶段依靠期货市场来定保费和保障水平也面临着诸多的不确定性。业务流程是一样的，需要开展业务宣传、承保、核保及理赔等过程，这需要消耗大量的资源，对于除了保险业务外的内部管理风险，很难做到全面、客观、科学的评估和内部控制，就会存在较大的内部管理风险。

第五，投保人的道德风险。一直以来在农业保险的供给与需求双方存在着严重的信息不对称，由于保险公司对道德因素信息获取和监督成本高，农民的骗保、套保及保险公司管理者与农民勾结现象时有发生，所以保险公司在提供棉花价格保险时面临着投保人道德风险方面管理能力的不足，始终是力不从心。

第六，保险公司的声誉风险。经过访谈了解到，保险公司在与其他保险公司一起推出类似的保险产品时，担忧公司的社会声誉不好会影响本公司在农民心中的印象，导致推广相应的产品时不顺利甚至遇到麻烦。众所周知，如果保险公司在社会中不管哪一方面都有良好的社会声誉，那么对保险公司而言开展相应的业务，推广相关的保险产品将会有很好的效果；反之，如果保险公司在销售保险产品和在农田受损理赔的时候存在部分侵害农民利益或者存在对农民利益有不利影响的地方，这种负面的效应将会在农民群体中广泛传播，就会严重影响保险公司的经营。

第七，保险业系统风险的潜在传递风险。系统风险的概念以往较多地出现在金融研究中，保险公司作为金融系统尤其是农村金融系统也不例外。保险公司的系统性风险更多地体现在保险公司同行之间的风险传递和影响，由于棉花价格保险与棉花价格存在很大的相关性，一旦出现大范围的保险公司赔付严重很有可能会出现系统性的风险，它会影响整个保险行业的健康持续发展。

7.1.2　棉花价格保险供给意愿分析

在新疆目前参与试点的棉花价格保险的保险公司主要是中华联合财产保险公司，其他保险公司经营的主要是传统的农业保险。由于样本量不够多，所以在本书中通过调查访问的方式来了解影响保险公司供给棉花价格保险的主要因素。

在访谈中，保险公司在供给棉花价格保险意愿方面，主要有以下几个顾虑：

第一，对政府政策的疑虑。就现阶段来看，政府对棉花补贴政策的调整未出台明确的文件，政府对棉花价格保险的试点工作是支持的，但是并没有在保险公司相应的产品设计、保费补贴、经营费用补贴等方面给予明确的说明。保险公司担心政策不具有持续性，导致保险公司在这个保险产品上投入以后无法收回成本，也没有相应的财政补贴来挽救损失，这必然增加了保险公司提供这一保险的风险。

第二，对经营风险的疑虑。经过对中华联合财产保险公司的调研来看，一方面，农业保险的经营情况并不乐观，种植业和养殖业两类农业保险基本上属于亏损状态，保险公司对于经营棉花价格保险能否不亏损存在一定的担忧；另一方面，现阶段保险公司在经营农业保险时风险规避手段相对较少，规避经营风险的风险准备金制度和再保险能不能实现也是保险公司经营的疑虑。

第三，对政府财力的疑虑。通过与保险公司工作人员的交流了解到，目前在新疆部分地方试点的棉花价格保险中，有保险机构和政府共担风险的模式存在，在当前个别地方政府财政负担较重的情况下，万一出现了大的损失，地方政府的财力也无法兑现承诺，这必然增加了保险公司的风险。

第四，费率制定的顾虑。对比发达国家而言，由于我国在农业基础数据统计方面一直相对滞后，农业生产相关的各类数据均比较缺乏，在对于运用大数据来确定保费水平的保险公司而言并不是一个好消息，因此在保费费率科学制定上存在较大的难度；并且由于农业保险的支农社会服务性质的特点，不可能超出广大农民的购买能力。棉花价格保险在试点过程中同样面临这一问题，保费水平定多少，以什么为标准定还没有清晰的思路。

第五，缺乏相应的人才队伍。通过棉花价格保险的试点发现，迫切需要一批懂这类新型农业保险的人才，这一险种要求从业人员对农业生产、保险、期货等领域知识均有涉猎才能很好地、深入地从事相应的工作。而现实大多数从业者的知识面比较单一，这种复合型的人才非常缺乏。

第六，道德风险防范压力大。不管在什么地方，只要是涉农的保险，都面临着道德风险防范的压力。因为所有的农业保险都必须面临工作点多面广的现实，因此，必须要投入很多的人力、物力，这样保险公司的经营成本才会大幅度上升，而且在防范少数农民道德风险上总是顾此失彼，并没有很好地解决办法。

第七，棉花价格保险合同地位处于弱势。在目前，尤其是在低收入地区，棉花价格保险在其中更多扮演的是帮扶的角色，而不是纯商业性的经济行为。如果有棉农与保险公司之间发生经济纠纷，通常保险公司可能迫于政府的压力作出不经济的赔付行为，会影响保险公司相应在这一险种上的盈利状况。

第八，产出上的顾虑。从目前来看，棉花价格保险是有较强的政策目标，主要是为了实现中国棉花补贴政策"转箱"，保险公司也认识到了这一点，但是保险公司本身是一个营利机构，这样纯粹的政策性棉花价格保险的目标与保险公司利益最大化目标存在一定的冲突。两者之间如何寻找到一个平衡点，既能够满足农民的利益需求，对农民的市场风险进行规避，又能使保险公司赚取经济利益，这是非常重要的，也是保险公司非常担忧的内容之一。

7.2 棉花价格保险的需求意愿分析
——基于新疆957户农户的调研

7.2.1 理论基础

期望效用理论常被用来研究保险购买的决定因素分析。依据 Roe 等（2004）、Zemo 和 Termansen（2018）的研究，我们假设农民在购买棉花价格保险时决策的依据是效用最大化。当农户不购买棉花价格保险时，其效用函数可以表示为：

$$U_0 = V(X_i) + \varepsilon_i \tag{7-1}$$

其中，U_0 表示没有购买棉花价格保险时的效用；X_i 表示一个与棉花价格保险相关的向量；ε_i 表示期望效应中不可观察的部分，即随机扰动因素。向量 X_i 包括户主个体特征、家庭生产经营、棉花价格保险认知等影响因素。

当农户购买棉花价格保险以后，其效用函数表示为：

$$U_1 = V(X_i, \ c) + \varepsilon_i \tag{7-2}$$

其中，U_1 表示购买棉花价格保险以后的效用；X_i、ε_i 与前文解释一样；c 表示保险费用。只有当 $U_1 > U_0$ 时农户才愿意购买棉花价格保险。

7.2.2　模型设定

在本书研究中，仅当农民愿意参加棉花保险保费计划时，他们才会提供支付价格。我们可以使用 Heckman 选择模型或双门槛模型分析从这种类型的数据，尽管在使用这些模型时存在一些限制，但在 Heckman 模型中，零观察仅因不参与而产生，而 Cragg 模型则放宽了这一假设，并允许在参与障碍和支出障碍中都产生零观察。双门槛模型允许相同的因素以不同的方式影响参与意向和支付金额。双门槛模型假设个人必须先经历两个单独的障碍，然后才能观察到他们的付款水平为正。第一个障碍对应于影响商品市场参与的因素，第二个障碍对应于商品支出水平。一个不同的潜在变量用于对每个决策过程进行建模，其中一个概率确定参与过程，而有序概率模型确定支付意愿。在本书研究中对农户的调查分为两层：第一，农户是否愿意购买棉花价格保险；第二，如果愿意购买，他愿意支付多少保费。CMP 适合大量的多方程式，多级条件递归混合过程估计量（Roodman，2011），使用 CMP 方法进行模型估计时可以有效地避免内生性问题。因此，我们选择条件混合过程（CMP）方法来估计模型，具体来说本部分是使用 CMP 来联合估计 Probit 和 Oprobit 模型。

7.2.2.1　Probit 模型

本部分运用 Probit 模型对农户购买棉花价格保险的意愿即"愿意"和"不愿意"的选择问题进行估计。按照矩阵形式可将 Probit 模型表达式写为：

$$Y = \beta X + \mu \tag{7-3}$$

其中，Y 表示样本观测值，其为愿意 = 1 或不愿意 = 0 的列向量；X 表示解释变量的矩阵；β 表示待估参数；μ 表示误差项。

Probit 模型的概率表达式可写为：

$$\mathrm{probit}(y = 1 \mid X) = \Phi(X, \ \beta) = \Phi(\beta_0 + \beta_1 X_1 + \beta_2 X_2 + \cdots + \beta_n X_n) \tag{7-4}$$

中国棉花补贴政策"转箱"研究

其中，y 为被解释变量，表示农户是否愿意购买棉花价格保险的概率（愿意=1，不愿意=0）；Φ（·）表示标准累积正态分布函数；Φ（z）表示标准正态分布函数小于 z 的概率；X_1，X_2，…，X_n 为解释变量，即待估的 n 个影响农户购买棉花价格保险意愿的因素；β_0 表示常数项；β_1，β_2，β_3，…，β_n 表示解释变量的系数。

7.2.2.2 Oprobit 模型

为了进一步定量分析被调查的农户愿意支付的棉花价格保险保费的影响因素，本部分采用 Oprobit（有序概率模型）模型对棉农愿意支付的棉花价格保险保费价格的影响因素进行分析。因为在本部分中农民愿意支付的保费水平是有序的数值选项，在问卷设计中，y_i 为棉农愿意支付的保费水平，分别为 1~50 元，51~100 元，101~150 元，151~200 元，201 元及以上。

$$y_i = \begin{cases} 1 & (1\text{~}50\text{ 元}) \\ 2 & (51\text{~}100\text{ 元}) \\ 3 & (101\text{~}150\text{ 元}) \\ 4 & (151\text{~}200\text{ 元}) \\ 5 & (201\text{ 元及以上}) \end{cases} \tag{7-5}$$

该模型的函数形式表示为下式：

$$y^* = \beta_0 \beta x_i' + \mu \tag{7-6}$$

其中，i 表示调查的农户；y^* 表示其因变量；x_i' 表示可能影响因变量的 1 组解释变量向量；β 表示相应的未知系数；β_0 表示常数项；u 表示服从正态分布的随机扰动项。样本中 y^* 是无法直接观察的潜在变量，需要用可以观察到的变量 y_i 表示。

7.2.3 变量选择

植棉农户是否愿意购买棉花价格保险这一新型的保险，会受到很多因素的影响。本部分主要从户主个体特征、家庭经营特征、家庭社会资本、购买农业保险经历、棉花价格保险认知五个方面分析影响农户购买棉花价格保险的影响因素。

7.2.3.1 户主个体特征

户主通常为家庭生产活动的决策者（钱文荣和应一逍，2014；程文明等，2019）。其性别、年龄、受教育程度、风险偏好类型、植棉年限等因素会对家庭决策行为产生影响。在大部分家庭中男性的收入比女性的收入高，相对而言在家庭决策中有更高的影响力，并且男性与女性在面临新事物时的决策行为也存在一定的差别。年龄较小的人比年长的人在接受新事物的时候更快，而且也更愿意尝试新鲜事物。受教育程度越高的人对棉花价格保险这类新事物的认知能力会更强更快，可能会更加客观准确地认识它。风险偏好类型是很多关于农户选择方面研究中的重要因素之一，往往风险偏好型的人会更愿意尝试新事物。植棉年限是从经验的角度来分析农户购买棉花价格保险的意愿是否会受到过去棉花种植经历的影响。本部分则考察了不同体制下的棉农是否对其决策产生影响，设置了是否为新疆兵团职工的变量。在本部分将要验证这些因素在农户购买棉花价格保险意愿方面的影响。

7.2.3.2　家庭经营特征

本部分中家庭经营特征主要包括棉花种植面积、家庭的人均年总收入、家庭的劳动力以及机采棉占比四个方面。一般来说，棉花种植面积越大面临的风险也越大，农户更愿意去购买棉花价格保险。随着收入的不断增加，农民使用保险来分散风险的可能性越来越大（张跃华等，2005），农户购买农业保险的能力随之增强（李琴英，2014）。目前试点中的棉花价格保险保费比自然灾害保险保费要高得多，只有农户家庭收入提高以后才有足够的能力去支付棉花价格保险，达到分散市场风险保障植棉收入稳定的目标，否则农户会选择支持目标价格补贴政策或者等待政府救济。在一个家庭中从事棉花种植生产的劳动力越多，反映出一个家庭的收入来源越是依赖农业生产，以农业经营为主要收入来源的家庭相对于依赖财政性收入或者工资性收入的家庭来说，其防御风险的能力较弱，家庭的保障水平较低，这一类型的农户会更加愿意购买棉花价格保险来保障家庭中植棉收入的稳定。

7.2.3.3　家庭社会资本

借鉴杨婷怡和罗剑朝（2012）的研究，本部分用"是否有亲戚在行政单位或者保险公司工作""是否有外出务工经历""是否有经商经历"来衡量家庭社会资本。如果在一个家庭中有亲戚在行政单位、保险公司工作，这个家庭中的成员获取相关信息的速度更快，更容易接受新政策和新思想。如果农户家庭中有更多的社会资本对棉花价格保险的信息获取会更加容易，但是棉花价格保险不同于以往的棉花自然灾害保险，承保的内容是棉花价格，农户的家庭社会资本是否会促进农户购买棉花价格保险还需要验证。

7.2.3.4　购买农业保险经历

在本部分从购买农业保险的经历和农户对保险公司的服务满意程度方面衡量

农业保险购买经历。通常已有购买农业保险的经历会对下一次的保险购买产生一定的影响。周振和沈田华（2012）研究认为，农民购买农业保险的经历会强化农民的风险意识，并形成对保险风险保障功能的依赖；孙香玉等（2016）以天气指数保险的购买意愿为研究对象，通过调查分析认为，在传统保险购买次数很少的情况下，购买频率对购买意愿几乎没有影响。这一因素是否对棉花价格保险购买意愿的有影响还有待进一步验证。

若农户对保险公司有着较好的印象或者评价，那么这样至少可以促进农户与保险公司沟通与协调，有助于促进农户和保险公司的再次合作。因为棉花价格保险与以往的种植保险有很大的区别，对于农户购买棉花价格保险的意愿，这两方面需要去验证是否会影响农户购买棉花价格保险。

7.2.3.5 棉花价格保险认知

农民缺乏保险的基本知识是影响其投保积极性的重要原因（孙镝，2005），农户对农业保险的了解程度越高，其购买农业保险的意愿越强烈，两者之间是一种正相关的关系（杜鹏，2011；刘娟，2014）。农户对棉花价格保险的认知主要包括对棉花价格保险的了解程度和对棉花价格保险重要性认知程度两方面。目前对于绝大多数的农户来说，棉花价格保险是什么，如何操作，保费是多少等问题接触还不多。而且由于部分区域信息的不畅通或者获取信息的成本太高，影响了农户对棉花价格保险的认知程度，这在一定程度上会影响农户对棉花价格保险的了解程度。通常情况下，如果农户对购买棉花价格保险所需要承担的风险、购买的价格、操作流程等相关问题熟知以后，在一定程度上可以促进对棉花价格保险的购买。如果农户认为棉花价格保险对其生活的重要性越高，农户越愿意去购买棉花价格保险来实现其稳定收入的目标。农户对棉花价格保险的了解程度和重要性认知对是否愿意购买棉花价格保险的影响需要在实证部分进行验证。变量设置及赋值如表7-1所示。

表7-1 变量设置及赋值

变量	变量定义	赋值
因变量		
WTPYN	您是否愿意购买棉花价格保险？	是=1；否=0
AMOUNT	如果愿意购买，您最高愿意支付多少钱保费	1=0~50元；2=51~100元/亩；3=101~150元/亩；4=151~200元/亩；5=201元/亩及以上

续表

变量	变量定义	赋值
解释变量		
户主个人特征		
SF	您是否属于新疆兵团职工	是 = 1；否 = 0
Gender	性别	男 = 1；女 = 0
Age	年龄	30 岁及以下 = 1；31 ~ 40 岁 = 2；41 ~ 50 岁 = 3；51 ~ 60 岁 = 4；61 岁及以上 = 5
Education	受教育程度	没受过教育 = 1；小学 = 2；初中 = 3；高中 = 4；大专、本科及以上 = 5
Risk	在农业生产中您是否是风险规避的人？	是 = 1；否 = 0
Years	种植棉花年限	10 年及以下 = 1；11 ~ 20 年 = 2；21 ~ 30 年 = 3；31 ~ 40 年 = 4；41 年及以上 = 5
家庭经营特征		
Size	家庭棉花种植面积（亩）	数值
Income	家庭人均纯收入	5000 元及以下 = 1；5001 ~ 10000 元 = 2；10001 ~ 15000 元 = 3；15001 ~ 20000 元 = 4；20001 元及以上 = 5
Number	家庭从事棉花种植的人数	1 ~ 2 人 = 1；3 人 = 2；4 人 = 3；5 人 = 4；6 人及以上 = 5
MHP	机采棉占比	20% 及以下 = 1；21% ~ 50% = 2；51% ~ 60% = 3；61% ~ 80% = 4；81% ~ 100% = 5
家庭社会资本		
Relatives	是否有亲戚在行政单位或者保险公司工作	是 = 1；否 = 0
Workout	是否有外出务工的经历	是 = 1；否 = 0
Business	是否有经商的经历	是 = 1；否 = 0
购买农业保险经历		
BAI	是否曾经购买过农业保险	是 = 1；否 = 0
IIC	曾经对保险公司的印象如何	非常不满意 = 1；不满意 = 2；一般 = 3；比较满意 = 4；非常满意 = 5
棉花价格保险认知		
FCPI	是否了解棉花价格保险	很不了解 = 1；不了解 = 2；了解（听说过） = 3；比较了解 = 4；非常了解 = 5
ICPI	棉花价格保险的重要程度	非常不重要 = 1；不重要 = 2；一般 = 3；重要 = 4；非常重要 = 5

7.2.4 研究区域、数据来源与描述统计

7.2.4.1 研究区域及数据来源

新疆作为全国最大的棉花主产区，对于研究棉花价格保险的采纳意愿和愿意支付的金额需要进行较为代表性的调查。我们在调研区域的选择上兼顾了新疆南北疆、新疆兵团和新疆地方，分别从新疆兵团和新疆地方选择了面积较大、产量较高的植棉县和植棉团场作物调研的目标区域，按照随机原则对农户进行问卷调查。调研的地区有新疆兵团和新疆地方共 10 个大的地区，共发放了 1100 份问卷，收回有效问卷 957 份。

考虑在问卷发放过程中存在部分难以克服的实际困难，最终调查获取了 957 户农户的基本情况。具体调研的区域有新疆兵团第一师 10 团（1 连队、10 连队、11 连队、19 连队）、第一师 12 团（14 连队、28 连队）；第二师 22 团 7 连队、第二师 29 团 8 连队、第二师 33 团 1 连队、5 连队、6 连队；第三师伽师团场（8 连队、9 连队、10 连队、11 连队、12 连队、14 连队）；第六师新湖农场；第七师 125 团 1 连队；第八师 147 团（4 连队、11 连队）、第八师 149 团 17 连队、第八师 150 团 9 连队。

新疆地方的沙雅县托依堡乡（依杆旗村、排孜阿瓦提村、老其满村、一农场、三农场、四农场）、沙雅县古力巴克乡草原站村、沙雅县新垦农场（2 队、3 队、4 队、5 队、6 队、7 队、8 队、9 队）；乌苏市的四棵树镇（哈达生布勒格村、河坝沿子村、兴科农场、河坝北村、兴科农场）；沙湾县北五岔镇三岔口村；玛纳斯县的兰州湾镇头阜梁村。

7.2.4.2 调查统计分析

农户购买棉花价格保险的意愿调查。在所调查的 957 户农户中，愿意购买棉花价格保险的人数为 700 人，占比为 73.15%；不愿意购买棉花价格保险的比重为 257 人，占比为 26.85%，说明总体上农户对购买棉花价格保险的意愿比较强。

（1）户主个体特征。

由表 7-2 可知，受调查的人群新疆兵团职工占比为 53.61%，新疆地方占比为 46.39%；男性户主占比为 76.07%，女性户主占比为 23.93%；年龄比重最大的是 41~50 岁，占比为 50.37%，其次是 31~40 岁占比为 24.14%，51~60 岁占比为 21.73%，其他人群占比均比较小；从受教育程度可见，受调查的人群中小学学历占比为 29.05%，初中学历的占比最高为 37.72%，高中学历的占比为

20.48%，大专、本科及以上的占比为 6.37%，没有受过教育的占比为 6.37%，由此可见，大部分的植棉户主都受过一定的教育，主要是小学、初中和高中学历；从户主的风险特征可知，是风险规避型的农户占比为 60.61%，不是风险规避型的农户占比为 39.39%；从户主的植棉年限来看，种植棉花年限 10 年及以下的占比为 59.35%，11~20 年的占比最高为 15.88%，21~30 年的占比为 22.68%，31 年及以上的植棉农户占比较小为 2.09%。

表 7-2　户主个体特征统计结果　　　　　　　　　　单位：%

类别	选项	频率	百分比
是否为兵团职工	否	444	46.39
	是	513	53.61
性别	女	229	23.93
	男	728	76.07
年龄	30 岁及以下	23	2.40
	31~40 岁	231	24.14
	41~50 岁	482	50.37
	51~60 岁	208	21.73
	61 岁及以上	13	1.36
受教育程度	没受过教育	61	6.37
	小学	278	29.05
	初中	361	37.72
	高中	196	20.48
	大专、本科及以上	61	6.37
是否为风险规避型	否	377	39.39
	是	580	60.61
植棉年限	10 年及以下	568	59.35
	11~20 年	152	15.88
	21~30 年	217	22.68
	31~40 年	20	2.09
	41 年及以上	0	0.00

（2）家庭经营特征。

由表 7-3 可知，家庭人均年纯收入中低于 5000 元的占比为 12.12%，5001~10000 元的占比为 28.74%，10001~15000 元的占比为 35.11%，15001~20000 元

的占比为 14.42%，而 20001 元及以上的占 9.61%。家庭的劳动力数量占比最高的是 1~2 人，占比为 93.73%，3 人占比为 3.55%，4 人的占比为 2.72%，5 人和 6 人的没有。受调查的农户中，机采棉占比 20% 及以下的占比为 11.70%，21%~40% 的占比为 9.51%，41%~60% 的占比为 11.70%，61~80% 的占比为 9.51%，81%~100% 的占比为 57.58%，说明新疆棉农主要种植的是机采棉。有关家庭棉花种植规模的数据将在变量描述统计中给予说明。

表 7-3　家庭经营特征统计结果　　　　单位：%

类别	选项	频率	百分比
人均年纯收入	5000 元及以下	116	12.12
	5001~10000 元	275	28.74
	10001~15000 元	336	35.11
	15001~20000 元	138	14.42
	20001 元及以上	92	9.61
从事棉花种植人口数量	1~2 人	897	93.73
	3 人	34	3.55
	4 人	26	2.72
	5 人	0	0.00
	6 人	0	0.00
机采棉占比	20% 及以下	112	11.70
	21%~40%	91	9.51
	41%~60%	112	11.70
	61%~80%	91	9.51
	81%~100%	551	57.58

（3）家庭社会资本。

由表 7-4 可知，家庭社会资本中，有亲戚在行政单位或者保险公司工作的占比为 8.99%，没有亲戚在行政单位或者保险公司工作的占比为 91.01%。有外出务工经历的人占比为 35.11%，没有外出务工的占比为 64.89%。有过经商经历的占比为 11.70%，没有经商经历的占比为 88.30%。说明我们调查的农民中普遍没有外出务工和经商的经历，而是依靠比较传统的农业生产来获取收入。

表 7-4　家庭社会资本统计结果　　　　　单位：%

类别	选项	频率	百分比
是否有亲戚在行政单位或者保险公司工作	否	86	91.01
	是	871	8.99
是否有外出务工经历	否	621	64.89
	是	336	35.11
是否有经商经历	否	845	88.30
	是	112	11.70

（4）农户购买棉花价格保险的经历。

由表 7-5 可知，曾经购买过农业保险的农户占比为 73.88%，没有购买过农业保险的占比为 26.12%，说明大部分农民都有过购买农业保险的经历。受调查农户中对保险公司印象非常不好的占比为 10.55%，印象不好的占比为 6.58%，印象一般的占比为 38.98%，印象好的占比为 35.63%，印象非常好的占比为 8.25%，可见大部分农户对保险公司的印象都在中等水平以上。

表 7-5　农户购买棉花价格保险的经历统计结果　　　　　单位：%

类别	选项	频率	百分比
是否曾经购买过农业保险	否	250	26.12
	是	707	73.88
曾经对保险公司的印象	非常不好	101	10.55
	不好	63	6.58
	一般	373	38.98
	好	341	35.63
	非常好	79	8.25

（5）农户对棉花价格保险的认知。

由表 7-6 可知，对棉花价格保险很不了解占比为 7.52%，不了解的占比为 50.57%，听说过的占比为 31.24%，比较了解的占比为 9.61%，非常了解的占比为 1.04%。对棉花价格保险重要程度的认识，认为非常不重要占比为 1.46%，认为不重要的占比为 11.29%，认为一般的占比为 64.99%，认为重要的占比为 20.59%，认为非常重要的占比为 1.67%。

表 7-6　农户对棉花价格保险的认知统计结果　　　　单位: %

类别	选项	频率	百分比
是否了解棉花价格保险	很不了解	72	7.52
	不了解	484	50.57
	了解（听说过）	299	31.24
	比较了解	92	9.61
	非常了解	10	1.04
棉花价格保险的重要程度	非常不重要	14	1.46
	不重要	108	11.29
	一般	622	64.99
	重要	197	20.59
	非常重要	16	1.67

7.2.4.3　变量描述统计

通过对问卷调查的数据进行收集和整体，对常见的样本梳理、均值、标准差、最小值、最大值等基本统计值进行描述统计，如表 7-7 所示。

表 7-7　变量描述统计

Variable	N	Mean	SD	Min	Max
WTPYN	957	0.7315	0.4434	0	1
AMOUNT	700	1.6757	1.0559	1	5
SF	957	0.5361	0.4990	0	1
Gender	957	0.7607	0.4269	0	1
Age	957	2.9551	0.7796	1	5
Education	957	2.9143	0.9995	1	5
Risk	957	0.6061	0.4889	0	1
Years	957	1.6750	0.8939	1	4
Size	957	88.9514	141.3519	4	2420
Number	957	1.9269	0.5497	1	4
Income	957	2.8067	1.1247	1	5
MHP	957	3.9175	1.4567	1	5
Relatives	957	0.0899	0.2861	0	1

续表

Variable	N	Mean	SD	Min	Max
Workout	957	0. 3511	0. 4776	0	1
Business	957	0. 1170	0. 3216	0	1
BAI	957	0. 7388	0. 4395	0	1
IIC	957	3. 2445	1. 0564	1	5
FCPI	957	2. 4608	0. 8091	1	5
ICPI	957	3. 0972	0. 6596	1	5

7.2.5　实证结果与分析

运用 CMP 模型估计棉农的购买意愿和支付意愿，结果如表 7-8 所示。从表 7-8 中可知/cut_2_1、/cut_2_2、/cut_2_3、/cut_2_4 在 1% 的显著性水平下显著，/atanhrho_12 通过了 5% 的显著性水平下检验，说明 CMP 模型构建合理。

表 7-8　CMP 估计结果

Variables	系数				边际效应			
	WTPYN		AMOUNT		WTPYN		AMOUNT	
	Coeff	SE	Coeff	SE	Coeff	SE	Coeff	SE
SF	0. 3864 *	0. 2163	− 0. 6619 ***	0. 1539	0. 0465	0. 0369	− 0. 0666	0. 0159
Gender	0. 1350	0. 1380	0. 2387 *	0. 1240	0. 0247	0. 0265	0. 0247	0. 0126
Age	− 0. 1996 **	0. 0808	0. 1313 *	0. 0737	− 0. 0416	0. 0154	0. 0181	0. 0073
Education	0. 1173 *	0. 0705	0. 0296	0. 0590	0. 0274	0. 0131	0. 0001	0. 0058
Risk	− 0. 0399	0. 1879	0. 2164 *	0. 1267	0. 0188	0. 0326	0. 0201	0. 0129
Years	0. 0708	0. 1089	− 0. 1807 **	0. 0879	0. 0130	0. 0209	− 0. 0194	0. 0089
Size	− 0. 0001	0. 0006	− 0. 0013 ***	0. 0004	0. 0000	0. 0001	− 0. 0001	0. 0000
Number	0. 0037	0. 1198	− 0. 1215	0. 0931	− 0. 0062	0. 0234	− 0. 0112	0. 0093
Income	0. 1448 ***	0. 0560	0. 3656 ***	0. 0480	0. 0227	0. 0106	0. 0363	0. 0052
MHP	0. 0902 **	0. 0443	− 0. 1116 ***	0. 0408	0. 0173	0. 0084	− 0. 0140	0. 0040
Relatives	− 0. 1230	0. 2990	0. 1979	0. 1638	− 0. 0014	0. 0556	0. 0212	0. 0163
Workout	− 0. 2657 **	0. 1231	0. 2675 **	0. 1141	− 0. 0538	0. 0236	0. 0312	0. 0116
Business	− 0. 0478	0. 2007	− 0. 3921 **	0. 1643	− 0. 0227	0. 0377	− 0. 0362	0. 0167
BAI	0. 6133 ***	0. 1346	0. 1889	0. 1224	0. 1307	0. 0246	0. 0079	0. 0119

续表

Variables	系数				边际效应			
	WTPYN		AMOUNT		WTPYN		AMOUNT	
	Coeff	SE	Coeff	SE	Coeff	SE	Coeff	SE
IIC	0.6570***	0.0692	0.3011***	0.0707	0.1260	0.0116	0.0179	0.0066
FCPI	0.7308***	0.0816	0.1386***	0.0660	0.1387	0.0140	0.0039	0.0061
ICPI	0.4005***	0.0998	0.1352***	0.0733	0.0608	0.0178	0.0095	0.0074
N	957	—	700					
/cut_2_1	2.9102***	0.5586	—	—	—	—	—	—
/cut_2_2	3.6041***	0.5511	—	—	—	—	—	—
/cut_2_3	4.1447***	0.5490	—	—	—	—	—	—
/cut_2_4	4.7320***	0.5513	—	—	—	—	—	—
/atanhrho_12	0.6990**	0.3119	—	—	—	—	—	—
Loglikelihood	−995.6013	—	—	—	—	—	—	—

注：*、**、***分别代表 p<10%、p<5%、p<1%。

7.2.5.1 影响棉农购买棉花价格保险意愿的分析

户主个体特征。我们发现新疆兵团的棉农更愿意购买棉花价格保险。这有两个主要原因：第一，新疆兵团属于国营农场，国营农场棉农的平均土地拥有量比新疆地方大，因此属于新疆兵团的棉农在农业生产中面临的风险更大；第二，新疆兵团的各个团场的分工更加清晰，社会化服务体系更好，农民的风险意识更高。我们发现，户主的受教育程度对购买保险的决定有显著的积极影响。受过教育的户主可以更轻松地处理信息并可以快速评估风险，因此他们很可能购买棉花价格保险。年龄与参加棉花价格保险的意愿负相关，年轻人接受新事物的能力和速度更快。其他个人特征对农民购买棉花价格保险没有重大影响。

家庭经营特征。我们发现家庭收入和机器采摘棉花面积的比例对购买棉花价格保险的意愿有积极的影响。因为棉花价格保险的保费普遍比种植保险保费高，只有家庭收入越高的家庭才能有更多的钱去购买棉花价格保险。依新疆兵团六师已结试点地区的调查可知，在补贴以后，农户缴纳的保费价格为 66 元/亩，而自然灾害保险仅为 20 元/亩左右，远高于种植保险。一般而言，机采棉的比例越高，对棉农生产棉花的风险就越大，这是因为投入了更多类型的生产要素，并且产量和收益的不确定性增加。因此，他们更愿意购买棉花价格保险以确保收入稳定。

家庭社会资本。外出务工经历在 5% 的显著性水平下对农户购买棉花价格保险的意愿具有反向作用，主要是因为农户外出务工的收入比植棉收入高，农户更愿意外出务工，相对减少对植棉的投入或者放弃棉花种植。

农业保险购买经历。曾经购买过农业保险对农户购买棉花价格保险在1%的显著性水平下具有正向影响，可以理解为过去的农业保险经验增进了农户对新的保险认识。曾经对保险公司的印象在1%的显著性水平下对农户购买棉花价格保险具有促进作用，可以解释为农户对保险公司的印象越好越能促进双方更好地建立起合作关系，因此会促进农户购买棉花价格保险。

棉花价格保险认知。农户对棉花价格保险的了解程度在1%的显著性水平下对农户购买棉花价格保险的意愿具有促进作用，说明农户越了解棉花价格保险，对这一保险的作用和面临的风险认识越深刻，越能够显著地促进农户购买棉花价格保险。棉花价格保险的重要程度认识在1%的显著性水平下对农户购买棉花价格保险具有促进作用，作为农民认为棉花价格保险在棉花生产中对保障收入稳定越重要，越是会加大投入，因此会促进农户购买棉花价格保险。

7.2.5.2　影响棉农支付金额的分析

表7-8结果表明，性别、年龄、风险规避、家庭收入、非农工作经历、保险公司的印象以及对棉花价格保险的了解对支付意愿产生积极影响。属于新疆兵团的棉农，棉花种植年限、棉花种植面积、机器采摘棉花的比例以及业务经验对农民的支付意愿产生负面影响。

在受调查的农户中发现户主主要是男性，站在他们的角度，作为一家之主，需要赚钱养家，保障家庭的收入稳定，他更愿意支付更多的保费。年龄较大的人较少考虑结婚、买房等事情，并且有能力去支付更多的保费。讨厌风险的人原本打算支付更多保费，以分散家庭种植棉花的风险。在最初打算参加棉花价格保险的人中，非农工作经验增加了家庭的收入来源，并提高了他们支付棉花价格保险费的能力。农民对保险公司的印象越好，越愿意支付更高的保费来保护棉花种植的利益。棉花价格保险意识对农民支付的金额的影响主要体现在农民更好地理解棉花价格保险的作用和风险的能力，而不是跟随别人的选择，农民都是从自身的支付能力的角度和需求角度出发。由于棉花价格保险在中国还很新，虽然在试点中每亩保费是自然灾害保险的三倍，农户的保险意识对支付水平仍有积极影响。主要原因是，对棉花价格保险的户主越熟悉，他们越有可能正确认识到棉花价格保险的作用。因此，农民愿意花更多的钱来确保家庭收入的稳定。

过去新疆兵团的棉农受计划生产体制管理的影响，习惯了被统一安排的生产经营活动。自 2018 年对新疆兵团进行改革以来，农民在做出独立决策时相对保守，最初的支付意愿很低。种植年限越久的农户支付水平越低，主要是因为农户认为当灾难发生时和农作物歉收时，政府会救济农民，农民已习惯于被政府救助。农民愿意为棉花价格保险支付低额费用。大规模的棉花种植意味着支付的总价格会更高，因此，农民愿意为每亩支付较低的保费。机采棉比例较高的农户意味着农民使用更多的机械设备来减少收割棉花，在采收上节约时间降低了自然天气的影响，这比手工收割棉花的相对风险低，因此支付的保费较低。经商的经验意味着农民可以用少量投资基金寻求商机，以获得最大的利润，而不愿意将资金过多地投入农业生产。总体而言，棉花种植和农业生产在中国农民的心中认为是低收入职业，因此，他们经商的经验会对他们的支付意愿产生负面的影响。

7.3 WTP 计算

条件价值评估法（Contingent Valuation Method，CVM）是通过调查公众对某公共物品或资源的支付意愿（Willingness To Pay，WTP），进而对该公共物品或资源的使用价值及非使用价值进行评估的一种方法（Mitchell 等，1989）。随着 CVM 方法的使用领域不断扩展，在国内外的实际调查研究中得到了广泛运用，由最初的资源环境价值评估普遍运用于行为主体对偏好的了解，对支付意愿的评估方面（田红灯等，2013；肖俊威和杨亦民，2017）。因此，本章运用 CVM 方法研究新疆棉农对棉花价格保险的支付意愿（WTP），对于估算棉农棉花价格保险能够承担的最高保费水平具有现实意义与重要影响。

在本章的 WTP 研究中，采用的是类似于支付卡的方法。为了降低在调研中产生的偏差，我们进行了相应的准备工作。例如，在调查之前进行了预调研，了解一些实际情况后完善了第一次的问卷设计，然后才进行正式的调查。在去农村发放问卷前，我们对小组成员进行了集中培训，给小组成员详细地介绍了棉花价格保险、教小组成员怎么采访农民、不要干扰农民的答题，这主要是降低小组成员在调查中提供的信息偏差。然后小组成员采用"一对一"的形式，分别面对面采访农民。我们在发放问卷的时候，首先向被调查者介绍了棉花价格保险，包括它的试点模式、试点地区的保费缴纳情况、缴费方式（可以手机缴费也可以现金缴费）等问题，来降低被调查者的假想偏差。在调查过程中，每份问卷的填写时间控制在 10 分钟以内，来降低时间滞后偏差。

用 CVM 方法计算 WTP 值的公式如下：

$$E(WTP_i) = \sum_{i=1}^{n} A_i P_i \tag{7-7}$$

其中，$E(WTP_i)$ 表示被调查农民平均最高愿意支付的算术平均值（元/亩）；A_i 表示付款金额；P_i 表示被调查人支付这笔款项的概率；n 表示样本 WTP 值。调查数据如表 7-9 所示。

表 7-9　棉农的 WTP 累积频率分布　　　　　　　单位：%

区域	是否愿意支付	WTP 支付金额	样本数量	支付意愿的频率	正支付意愿的频率	累积频率
新疆兵团（n=513）	愿意支付	0~50 元/亩	291	56.73	74.81	74.55
		51~100 元/亩	57	11.11	14.65	89.46
		101~150 元/亩	25	4.87	6.43	95.89
		151~200 元/亩	11	2.14	2.83	98.71
		201 元/亩及以上	5	0.97	1.29	100.00
		Total	389	75.83	100.00	—
	拒绝支付		124	24.17	—	—
新疆地方（n=444）	愿意支付	0~50 元/亩	145	32.66	46.62	46.98
		51~100 元/亩	80	18.02	25.72	72.35
		101~150 元/亩	42	9.46	13.50	85.85
		151~200 元/亩	27	6.08	8.68	94.53
		201 元/亩及以上	17	3.83	5.47	100.00
		Total	311	70.05	100.00	—
	拒绝支付		133	29.95	—	—
新疆（n=957）	愿意支付	0~50 元/亩	436	45.56	62.29	62.29
		51~100 元/亩	137	14.32	19.57	81.86
		101~150 元/亩	67	7.00	9.57	91.43
		151~200 元/亩	38	3.97	5.43	96.86
		201 元/亩及以上	22	2.30	3.14	100.00
		Total	700	73.15	100.00	—
	拒绝支付		257	26.85	—	—

资料来源：课题组实地调研。

运用式（7-7），结合表 7-9 数据进行计算，可以分别得到新疆兵团、新疆地方、新疆整体棉农平均最高愿意支付的保费金额。

$$E_{新疆兵团}(WTP>0) = 50×0.7481+100×0.1465+150×0.0643+$$
$$200×0.0283+250×0.0129$$
$$= 37.405+14.650+9.645+5.660+3.225 = 70.585$$

$$E_{新疆地方}(WTP>0) = 50×0.4662+100×0.2572+150×0.135+$$
$$200×0.0868+250×0.0547$$
$$= 23.310+25.720+20.250+17.360+13.675 = 100.315$$

$$E_{新疆整体}(WTP>0) = 50×0.6229+100×0.1957+150×0.0957+$$
$$200×0.0543+250×0.0314$$
$$= 31.145+19.570+14.355+10.860+7.850 = 83.780$$

通过计算可知，新疆兵团棉农最高愿意支付棉花价格保险的平均 WTP 值为 70.585 元/亩；新疆地方棉农最高愿意支付棉花价格保险的平均 WTP 值为 100.315 元/亩；新疆整体棉农最高愿意支付棉花价格保险的平均 WTP 值为 83.780 元/亩。虽然这一结果可能略高，但是这可以作为政府对棉农保费补贴的上限，仍然具有重要的参考价值。

7.4　本章小结

本章主要通过对参与棉花价格保险试点的中华联合财产保险公司进行访谈了解了保险公司对棉花价格保险产品的认识，供给意愿和相应的顾虑；并对这一保险需求者棉农进行了实地问卷调查，调查的区域有新疆南北疆、新疆兵团和新疆地方，并运用相应的梳理模型进行了分析。主要结论如下：

通过对保险公司的调研可知，保险公司认为棉花价格保险是未来的趋势，愿意以牺牲当前的经济利益来换取提前占领市场份额、积累实践经验。保险公司在当前主要的担忧是政策的可持续性、风险分散措施不足、小农户败德行为难以约束、保费费率如何科学确定、这一新型险种人才短缺等问题。

在接受调查的棉农户中，73.15%的愿意购买棉花价格保险，总体而言棉农对于这一保险产品具有较高的购买意愿；新疆棉农平均愿意支付的最高保费为

83.78 元/亩。

基于期望效用最大化的理论基础，对棉农购买棉花价格保险意愿具有正向影响的因素有：属于新疆兵团职工、受教育水平、人均年纯收入、机采棉占比、农户购买农业保险的经历、对保险公司的认知、对棉花价格保险的熟悉程度和重要性认知。对棉农购买棉花价格保险具有负向作用的因素有：年龄和外出务工经历。

影响棉农支付保费金额高低的因素中，具有正向作用的因素有：性别、年龄、风险规避型农民、农民人均纯收入、外出务工经历、对保险公司的认知、对棉花价格保险的熟悉程度和重要性认知；具有负向作用的因素有：属于兵团职工、规模、植棉年限、机采棉占比、经商经历。

下文将探讨如果大范围地推广价格保险会对棉花播种面积产生什么样的影响。

第8章 棉花价格保险政策模拟

8.1 基于 PMP 模型的棉花价格保险
政策实施效果模拟

8.1.1 PMP 模型介绍及原理

8.1.1.1 PMP 模型介绍

近年来，发达国家和发展中国家有不少学者使用了数学规划模型或者方法来研究气候变化对农业经济的影响（Hertel 和 Rosch，2010），使用校准的优化模型来研究空间上和部门上分散的农业供应对农业环境冲击的响应越来越普遍（Merel 和 Howitt，2014）。因为校准生产模型的原始结构使它们特别适合与生物的物理过程相联系，从而促进了跨学科研究（Heckelei 等，2012）。PMP（Positive Mathematical Programming）模型是 Howitt 于 1995 年正式提出的一种非线性优化模型（Howitt，1995）。这一非线性规划模型对农作物生产和资源约束模型进行了校正，以非线性的产量或成本效益函数作为目标函数，解决一般线性规划模型中优化结果与基期情况相差较大的问题。非线性规划模型 PMP 的优点在于，它对农作物生产变化的模拟与现实情况更为接近，生产供给对各种冲击的响应较为平滑，而且无须在模型中强加过多的限定因素（韩冰等，2017）。与需要大数据的计量经济模型相比，PMP 型的优势在于，它对样本数量的要求较低，适用于没有足够的时间序列数据或者因为结构变动等原因造成时间序列数据不可用的情况。

PMP 模型目前在农业政策模拟（Buysse 等，2007；Fragoso 等，2011；Jitea

等，2015；王裕雄和肖海峰，2012；王文信等，2017；韩冰等，2017；田聪颖和肖海峰，2018）、区域内农作物生产情况模拟（Judez 等，2002）、技术效果评价（张成玉等，2009）、种植结构调整预测（刘盛林等，2016；张成玉，2018）等方面的研究中得到了广泛的运用。从微观角度看 PMP 模型已被广泛地应用于农民风险决策行为研究（Arribas 等，2020）。总之，无论是从宏观角度还是微观角度的研究，这一方法近年来越来越多地被用于农业政策的研究中，因此，用这一方法来研究棉花价格保险的相关模拟具备可行性。

8.1.1.2　PMP 模型的原理

传统的一般线性规划模型在农业经济政策的研究中，即使从理论上能够设置正确的约束条件和模型的技术参数，但是在很多情况下所得到的优化结果与基准期结果并不相近，出现这种情况的主要原因是运用模型模拟分析时，在抽象和简化真实情景中过度简化了相关的信息，导致结果不准确（张成玉和肖海峰，2009）。为了改进这种不足，更好地解决这个问题，Howitt 在 1995 年提出了以非线性二次项的形式来表示利润目标函数的实证数学规划方法来对模型进行修正以反映真实情况。

PMP 模型一般将农作物的利润最大化作为目标函数，可以表示为：

$$\max \sum p_i y_i x_i - (a_i + 0.5\gamma_i x_i) x_i \tag{8-1}$$

约束条件为：$Ax_k \leqslant b$；$x_k \geqslant 0$

在这一模型中，p_i 表示作物的价格；y_i 表示亩均产量产出；x_i 表示作物 i 的播种面积；a_i 表示截距项；γ_i 表示斜率。

PMP 模型共分为三个步骤，参考 Howitt（1995）的研究可知，具体如下：

第一步，用带约束的线性规划模型来计算资源和校正约束的对偶值（影子价格）。

第二步，用校正的约束对偶值（λ_2），基本数据和平均成本函数计算唯一的校正成本函数参数。

第三步，用成本参数和第一年数据对模型进行验证，并进行模拟。

8.1.2　农户决策假设与 PMP 模型的构建

8.1.2.1　农户决策假设

在进行建模和数据模拟以前，首先必须对农户的决策行为进行相应的假设，借鉴王文信等（2017）、田聪颖和肖海峰（2018）的研究，提出以下假设：

第一,"理性小农"假设。本部分沿袭"舒尔茨—波普金命题"学派的观点,认为农户的理性将使他们的生产安排、生产资料配置、劳动力安排等方面遵循决策合理化、效益最优化的目标。

第二,"家庭预期纯收入最大化"假设。本部分认为农户在进行农业生产决策时的目的是追求家庭预期纯收入的最大化,将家庭的经济利益作为决策参考的重要内容。

第三,假定农户为专业性的大规模农户。王文信等(2017)、田聪颖和肖海峰(2018)的研究中假设的农户为兼业农户,表现为农户将劳动力资源在农业生产和非农业就业中优化配置以实现家庭收入的最大化,由于农业生产具有劳动时间投入不均匀的性质,造成特定时期的劳动力剩余。兼业经营可利用空闲时间增加收入。因此,兼业化应是农户在一定的自然条件和经济环境下的理性选择。这与新疆尤其是新疆兵团存在较大的差异,依据实际调研的情况看,在新疆外出务工和经商的农户比重比较低,绝大多数都是专业型大规模生产的传统类型农民,因此我们假定的农户为外出务工较少的农户。

第四,农产品价格"外生性"假设。棉花种植者进入这个市场的门槛低,技能要求低,因此单个棉花种植者的棉花供给量在市场总供给的比例极小,对棉花市场的供求和价格几乎没有任何影响,处于一种完全竞争的状态,所有的棉农都是价格的接受者,价格是因素是外生的。

第五,家庭资源"稀缺性"假设。任何一个家庭,在一定时期内的可利用资源均是有限的,这一假设符合实际条件。在新疆棉农主要通过棉花生产和参与棉花行业相关的劳动市场两种途径获得收入,从事其他农业种植占比非常低。本部分假定土地是农户的稀缺资源,据此建立相应的土地数量约束。

8.1.2.2 基于棉花价格保险的 PMP 模型构建

本部分在利用 PMP 模型分析棉花价格保险补贴效果时,第一阶段的数学模型归纳如下:

目标函数为:

$$\text{MaxTGM} = \sum_i (r_i X_i - c_i X_i) \tag{8-2}$$

约束条件为:
$$
\begin{cases}
\sum_i X_i \leqslant b \\
X_i \leqslant b_i \\
X_i \geqslant 0
\end{cases}
$$

其中，TGM 表示被调查农户家庭的种植业总纯收益；i 表示作物品种，除了棉花，还包括粮食、蔬菜、油料；X_i 表示第 i 种作物的播种面积；r_i 表示第 i 种作物的单位收益；c_i 表示第 i 种作物的单位可变成本；b 表示被调查家庭可利用的总播种面积；b_i 表示实际观察到的第 i 种作物播种面积。

根据上述模型，可计算得到标定约束条件的对偶值 λcal（i）。根据标定约束条件的对偶值，计算 PMP 模型目标函数中平均成本函数的斜率。PMP 模型假定各种作物的边际收益是递减的，因此目标函数中平均成本就不再是一个固定值 c_i。因为一般二次函数平均成本的斜率是边际成本函数斜率的 1/2，PMP 模型假定边际成本曲线经过原点，即边际成本的函数形式为 $\gamma_i X_i$，则平均成本函数变成 $0.5\gamma_i X_i$。

因此 PMP 模型表示如下：

目标函数为：

$$\text{MaxTGM} = \sum_i (r_i X_i - 0.5\gamma c_i X_i^2) \tag{8-3}$$

约束条件为：$\sum_i X_i \le b$；$X_i \ge 0$

利用上述 PMP 模型，根据具体政策评价的需要，变化模型中的相应参数，进行计算并与基准期结果进行比较，对政策变化后的效果进行评价。

考虑到制约农户生产活动的其他经济和技术指标，本部分主要从耕地面积、生产成本和收入等方面建立约束方程，模型的一般形式变成：

$$\text{MaxTGM} = \sum_i (r_i + sub_i - 0.5\gamma_i X_i)X_i \tag{8-4}$$

约束条件为：$\begin{cases} \sum_i X_i \le land \\ \sum_i c_i X_i \le income + \sum_i sub_i X_i \\ X_i \ge 0 \end{cases}$

其中，TGM 表示被调查农户种植业纯收入；sub 表示与播种面积挂钩的补贴数量，若在括号外面则为与播种面积不相关的补贴，表示线性规划计算的标定系数；X 表示各作物的播种面积；$0.5\gamma X_2$ 表示可变成本的函数形式；land 表示被调查农户可利用的总耕地面积，包括当前撂荒的盐碱地；c 表示单位面积的农作物生产成本；income 表示农业可支配收入。

8.1.3　数据来源与说明

8.1.3.1　调查区域介绍

学者研究了新疆的不同农作物的播种、生长以及成熟的全部周期。肖登攀等（2015）研究得出新疆一般在每年 3~4 月播种春小麦，5~6 月抽穗，7~8 月成熟；一般在 9~10 月进行冬小麦的播种，次年 5 月抽穗，6~7 月初成熟。春玉米的播种时间比春小麦稍晚，一般在 4 月末，7 月中下旬抽穗，9 月初成熟；夏玉米的播种时间一般为 6~7 月初，抽穗发生在 8 月中下旬，9 月末到 10 月初成熟。通常情况下，一个家庭的耕地面积是有限的，农民必须协调好、配置好家庭的土地资源来实现经济效益的最大化。因此，在调研中必须了解到农户家庭的不同作物的种植面积和基本的成本收益情况。

本部分的数据来源于课题组于 2018 年 6 月在新疆兵团第六师芳草湖农场农户访谈和农业局进行的调查。新疆兵团六师芳草湖农场始建于 1961 年，位于新疆维吾尔自治区昌吉回族自治州呼图壁县境内，地处天山北麓、准噶尔盆地南缘，土地总面积 960 平方千米。现有常住人口 6.4 万人，其中职工总数 10400人，下辖 6 个农业社区，36 个农业连队。农场年农作物种植总面积为 55 万亩，主要种植棉花、加工番茄、玉米、小麦、酿酒葡萄、鲜食葡萄、打瓜、食葵、葫芦等作物[①]。该地区是北疆地区传统的棉花种植区，单产水平、质量水平均位居新疆兵团各团场的前列。

新疆兵团第六师芳草湖农场是新疆最初试点商业化棉花价格保险的地区，经过了几年的试点，现在已经扩大到第一师、第七师等地。农户基本种植情况数据来源于课题组于 2019 年 6~9 月在新疆兵团第一师、第六师和第七师的植棉农户问卷调查和访谈，选出了参与商业性价格保险的 153 户农户。然后依据王文信等（2017）、田聪颖和肖海峰（2018）的研究思路，采用平均法得到典型农户的家庭生产基本经营情况，以此作为典型农户的生产经营特征，将这些特征抽象为区域内的典型农户，如表 8-1 所示。然后基于农户利润最大的目标，基于调查的成本收益数据，运用 Lingo17 软件进行不同政策方案的模拟研究。

---

① 资料来源：http://fangcaohunongchang.danongken.com/company/introduce/。

表 8-1　新疆兵团典型农户基本种植情况调查

类别	新疆兵团
家庭劳动力数量（人）	1.80
家庭总土地面积（亩）	108.29
棉花种植面积（亩）	103.29
小麦种植面积（亩）	3.00
玉米种植面积（亩）	2.00
棉花种植成本（元）	1826.27
小麦种植成本（元）	1394.90
玉米种植成本（元）	1450.05
棉花种植收益（元）	381.53
小麦种植收益（元）	148.76
玉米种植收益（元）	207.25
总收益	737.54

资料来源：课题组实地调研。

8.1.3.2　模拟情景说明

我们依据新疆兵团第六师试点的商业化的价格保险，农民缴纳 66 元/亩的保费，以及前文中提及的赔偿数据为参考情景，在这一参考情景的基础上，进行两种不同的方案模拟（见表 8-2）。

表 8-2　模拟方案介绍

情景	具体方案
参考情景	农民按照 66 元/亩购买棉花价格保险
补贴情景一	政府对 66 元/亩的保费分别进行 25%、50%、75%、100% 的补贴，模拟对农户种植结构的影响
补贴情景二	在 ±10% 到 ±100%，每亩收益变动下棉花播种面积与参考情景植棉面积变化

补贴情景一：当前试点地区为纯商业保险，农户缴纳的保费为 66 元/亩，对农户而言费用较高，农户则用荒地以次充好来获取保险赔偿，若是政府给予一定的保费补贴，将会对农户参与棉田产生重要影响。因此，本部分将模拟政府对 66 元/亩的保费分别进行 25%、50%、75%、100% 的补贴，模拟对农户种植结构

的影响。

补贴情景二：为了确保农户不退出棉花种植，保证种棉的积极性，以区域内竞争性作为基本收益为参考（王力和程文明，2019），选择调研中收益较高的为参考，本部分选择新疆兵团的玉米种植收益 207 元为参考，将每亩的收益金额固定为 300 元、400 元、500 元、600 元，估算政府每亩需要支付的补贴金额。

8.1.4 PMP 模型模拟结果与分析

8.1.4.1 情景一的模拟结果

根据前文所构建的模型，结合调查的数据，分别对两种不同的情景进行模拟计算。情景一的模拟结果如表 8-3 所示。

表 8-3 不同保费补贴水平下新疆兵团农户棉花种植面积变化 单位：元，%

保费补贴额度	棉花种植面积变化
6.60	2.09
13.20	4.18
19.80	6.28
26.40	8.37
33.00	10.46
39.60	12.55
46.20	14.64
52.80	16.73
59.40	18.83
66.00	20.92

从情景一的模拟结果来看，在小麦和玉米当前收益不变的情况下，政府对农户参与棉花价格保险保费分别进行 10%、20%、30%、40%、50%、60%、70%、80%、90%、100% 补贴，理论上棉花播种面积分别增长 2.09%、4.18%、6.28%、8.37%、10.46%、12.55%、14.64%、16.73%、18.83%、20.92%。按照此比例，推测政府对这 66 元/亩保费按照最低 10% 进行补贴，全新疆棉花播种面积将增加约 69.52 万亩；政府对这 66 元/亩保费进行全额补贴，全新疆的棉花播种面积将增加约 695.84 万亩。

8.1.4.2　情景二的模拟结果

对前文的模拟方案进行数据模拟，情景二的模拟结果如表 8-4 所示。这部分内容主要考察，在 66 元/亩方案下（每亩 381.53 元），每亩植棉收益上升或者下降，植棉面积的变化。模拟结果是每亩植棉收益分别增加或者减少 10%、20%、30%、40%、50%、60%、70%、80%、90%、100%，棉农的理论种植面积将增加或者减少 12.09%、24.18%、36.28%、48.37%、60.46%、72.55%、84.64%、96.73%、108.83%、120.92%。由于市场价格的波动，若政府以棉农每亩的植棉收益为政策目标，通过一系列符合 WTO 规则的措施来实现这个做法，会导致棉花的种植面积产生较大的波动。

表 8-4　每亩收益变动下棉花种植面积与参考情景植棉面积变化　　单位：%

每亩棉花种植收益	棉花种植面积变化
±10	±12.09
±20	±24.18
±30	±36.28
±40	±48.37
±50	±60.46
±60	±72.55
±70	±84.64
±80	±96.73
±90	±108.83
±100	±120.92

8.2　不同保障水平的棉花"价格保险+期货"费率模拟

针对当前棉花"价格保险+期货"政策保障水平过于单一，保费计算不精确问题，本节首先采用非参数核密度估计法拟合新疆棉花价格分布函数；其次运用蒙特卡洛模拟生成大量服从棉花价格分布函数的随机序列，并求出相应的损失期望值；最后根据费率厘定公式计算不同保障水平的棉花"价格保险+期货"费率，这个费率主要是指棉花价格保险的保费及纯费率。

8.2.1 研究方法与数据来源

8.2.1.1 研究方法

（1）蒙特卡洛模拟。

蒙特卡洛模拟是指随机生成满足条件的随机数，进行估计得到需要的估计量，并反复若干次以得到统计量的分布。因棉花价格数据样本数据量较少，所以采用蒙特卡洛方法根据棉花价格概率分布随机抽样产生大量数据，模拟不确定事件发生的概率。即当所求解问题是某种随机事件出现的概率，或者是某个随机变量的期望值时，通过计算机模拟的方法，以这种事件出现的频率估计随机事件发生的概率。本节主要运用蒙特卡洛模拟生成服从棉花价格分布函数的随机序列，并求出相应的损失期望值。

（2）非参数核密度估计法。

参数估计法和非参数估计法是目前估计农产品价格波动序列概率分布的主要方法。运用参数估计法的前提条件是具有大量的历史样本数据，在此基础上假设样本数据服从某种已知分布，估计未知参数，从而进行验证，该方法的缺点是主观性过强。而非参数核密度估计法能够处理分布未知的数据，估计结果更加准确客观，因此本节选择非参数核密度估计法来确定新疆棉花价格分布函数。

设 X_1，X_2，$\cdots$，X_n 为取自棉花价格的样本，在任意点 x 处的密度函数为 f（x），则：

$$f_h(x) = \frac{1}{nh} \sum_{i=1}^{n} K\left(\frac{x - X_i}{h}\right) \qquad (8-5)$$

其中，n 表示样本的个数；h 表示窗宽；K（·）表示核函数。由式（8-5）可以看出核密度估计的结果不仅与样本有关，还与核函数及窗宽有关，但是当 n 较大时，估计效果的关键在于窗宽的选择，窗宽 h 的取值会直接影响到 f_h（x）的光滑程度。

在实际应用中核函数须满足 $K(x) \geqslant 0$，$\int K(x)dx = 1$。核函数的选择对估计结果影响远不及窗宽选择的影响。因此本节的核函数选择最常用的高斯函数，其表达式为：

$$K(x) = \frac{1}{\sqrt{2\pi}} \exp\left(-\frac{x^2}{2}\right) \tag{8-6}$$

高斯核密度估计函数形式为：

$$f_h(x) = \frac{1}{\sqrt{2\pi} n h_n} \sum_{i=1}^{n} \exp\left[-\frac{1}{2}\left(\frac{x - X_i}{h_n}\right)^2\right] \tag{8-7}$$

估计效果的关键在于窗宽的选择，窗宽 h 的取值会直接影响到 $f_h(x)$ 的光滑程度。如果 h 取较大的值，棉花价格样本点的影响范围大，会导致样本点在大范围内的贡献率会变小，此时 $f_h(x)$ 所呈现的图像为较光滑的曲线，距 x 较远和较近的点对应的核函数值差距不大，会丢失一些数据中所包含的信息；反之，如果 h 取较小的值，此时 $f_h(x)$ 呈现的图像是不光滑的折线。因此，能否选择合适的窗宽直接决定着该模型后面的操作步骤。最优窗宽是根据估计密度与真实密度之间的误差最小计算出来的：

$$MISE(f_h) = E\left\{\int [f_h(x) - f(x)]^2 dx\right\} \tag{8-8}$$

MISE 是关于窗宽 h 的函数，求出其最小值点，即可以得出最佳窗宽的估计值为：

$$h = \left\{\frac{\int [K(x)]^2 dx}{\sigma_k^4 \int [f''(x)]^2 dx}\right\}^{\frac{1}{5}} n^{-\frac{1}{5}} \tag{8-9}$$

特别地，当核函数 K（x）为高斯（Gaussian）核函数时，最佳窗宽为：

$$h = 0.9\sigma n^{-\frac{1}{5}} \tag{8-10}$$

在实际应用中，式中的 $\sigma = \min\{$样本四分位距$/1.34$，样本标准差$\}$。

8.2.1.2　数据来源与处理

中国棉花价格指数是国内最早代表棉花现货价格水平的综合指标，我国主要发布 2129B、3128B、2227B 三种等级的棉花市场价格，这三种棉花分别表示国内棉花现货的"高、中、低"等级。3128B 级棉花是白棉 3 级、长度 28 毫米、马克隆值 B 级代表标准级棉花，国家的棉花目标价格补贴与郑州商品交易所棉花期货的标的物均为 3128B 级棉花。"国家棉花市场监测系统"上统计的 3128B 级棉花价格数据有日度价格指数、月度价格指数和年度价格指数，日指数虽然能够准确反应每一天棉花的价格棉花，但变动持续时间短，变化过于频繁，不适合作为基础数据进行分析，而年度价格精确度较低，不能体现棉花生产的周期性特点。参照 2018 年新疆"棉花价格保险+期货"试点方案中平均价格的确定时间，本部分选取 2003 年 9 月至 2019 年 12 月 3128B 级新疆棉花价格月度数据①，数据来源为《中国棉花年鉴》、中国棉花网及中国棉花协会，其中部分缺失的月度价格数据用中国棉花协会公布的新疆 3128B 级棉花到厂价的每日成交均价进行算术平均计算结果进行代替。另外，新疆种植棉花的亩均产量、土地成本、生产成本及总成本等数据均来源于 2003~2019 年的《全国农产品成本收益资料汇编》。

由于棉花市场价格受通货膨胀因素的影响，因此首先利用新疆居民消费价格指数（CPI）对棉花市场价格原始数据进行平减，消除通货膨胀对价格波动的影响，即：

$$x_t = \frac{X_t}{CPI_t} \qquad\qquad (8-11)$$

其中，X_t 表示第 t 月的 3128B 级新疆棉花价格月度数据；CPI_t 表示第 t 月的新疆居民消费价格指数；x_t 表示消除通货膨胀因素后的 t 月棉花市场价格。

8.2.2 棉花"价格保险+期货"的指标设计

8.2.2.1 保险标的

保险标的也称"保险对象"。棉花生产者进行棉花生产后收获的是没有经过任何加工的籽棉，棉纤维与棉籽还未分离，无法直接销售给纺织企业。棉农将籽棉交售给轧花厂，轧花厂把籽棉进行加工，脱离了棉籽的棉纤维叫作皮棉，我国棉花交易市场交易的棉花均为皮棉，按棉花等级的不同棉花分为高等级棉和低等级棉，轧花厂会根据不同等级的皮棉在市场上进行销售。棉花目标价格补贴政策的目标价格为皮棉 18600 元/吨，参照目标价格补贴政策，棉花价格保险的保险标的也设定为皮棉。籽棉与皮棉之间的换算标准为衣分率，衣分率即单位重量的籽棉与轧出的皮棉的比例。粗略计算，衣分率为 38%~40%，棉农交售给轧花厂的为籽棉，轧花厂会根据棉花的质量折算成相应的皮棉，因此棉花价格保险的保险标的设为皮棉更为合理。另外，因特种棉在全国棉花产量中所占比例较少，所以本部分的保险标的不考虑特种棉。

8.2.2.2 棉花价格指数的确定

一方面，因棉花价格保险存在道德风险，棉花价格指数不能以单个棉农的实

---

① 2013 年 9 月 1 日后，3128B 级棉花对应原有的 328 级棉花。因此本部分数据 2013 年 9 月 1 日之前收集的是新疆 328 级棉花价格指数，9 月 1 日之后收集的是新疆 3128B 级棉花价格指数。

际价格为依据。假设以棉农每年出售的实际价格为棉花价格保险赔付依据，棉农在投保后可能会只追求产量而不在乎棉花质量或者是减少成本投入，导致棉花质量下降，实际交售价格降低，进而无法达到棉花价格保险中约定的目标价格，触及保险公司的赔付点，不仅不利于保险行业的可持续发展，还会阻碍棉花的高质量发展。另一方面，棉花价格指数的选取必须能反映棉花市场的真实情况和价格。我国当前的棉花期货市场成交量不大，另外，棉花期货交易存在交割费用，投机者较多，期货价格波动较为剧烈，而且大多数棉农的文化程度不高，对于期货市场并不了解，现货市场价格是农户能够直接接触到的棉花价格，因此本部分采用已经被新疆棉农所接受的棉花目标价格补贴政策标准即现货市场平均价格作为棉花价格指数。由于目前无法搜集到新疆市级单位、县级单位的棉花价格数据，因此本部分的现货市场平均价格是以整个新疆的棉花平均市场价格为依据。

8.2.2.3 单位面积产量的确定

理论上棉花价格保险应该根据农户的实际产量进行赔付更加精确，但测算每户农户的亩均产量是一件很复杂的事情，再加上棉花价格保险承保的主要是棉花的市场风险，而不是自然风险，而且保费需要提前支付，为了方便计算保费，本部分把棉花单位面积产量设为一个常量。在棉花种植技术水平没有重大突破时，单位面积产量不会有很大的波动，因此，本部分采用 2009~2018 年新疆棉花单位面积皮棉产量的平均值作为棉花保险承保的亩均标准产量。

8.2.2.4 保险期限

保险期限是指从保险责任开始到终止的时间。新疆棉花"价格保险+期货"试点方案中的保险期限为 5 个月，即当年 9 月 1 日 0 时至次年 1 月 31 日 24 时，本部分参考棉花"价格保险+期货"试点把保障期限设为 9 月 1 日 0 时至次年 1 月 31 日 24 时。

8.3 新疆棉花"价格保险+期货"费率模拟

8.3.1 农业保险费率厘定原理

棉花"价格保险+期货"费率模拟的本质是对棉花价格保险的费率进行计

算。精算保险费率是指利用保险精算技术、合理厘定保险费用，使收取的保费等于预期赔偿额。因此棉花价格保险纯费率的计算公式为：

$$r = \frac{E[\text{Loss}]}{\lambda p_g} \tag{8-12}$$

其中，r 表示保险费率；E［loss］表示棉花价格预期损失的期望值；λ 表示棉花价格保险合同的保障水平；p_g 表示保险合同中的目标价格。本部分 λ 设为 100%，只根据不同的目标价格 p_g 来设定不同的保障层次，其中：

$$E[\text{Loss}] = E[(p_g - x)I(x \leqslant p_g)] \tag{8-13}$$

其中，x 表示采价期新疆 3128 级棉花市场平均价格；I 为示性函数，当 x 小于保险金额（价格保险的目标价格）p_g 的时候，示性函数值等于 1，保险公司需要对投保农户进行理赔，反之等于 0，保险公司不需要理赔。损失的期望 E（Loss）表示损失发生的概率与损失之积，即：

$$E(\text{Loss}) = \text{prob}(x < p_g) \times [p_g - E(x/x < p_g)] \tag{8-14}$$

8.3.2 新疆棉花价格分布函数模拟

根据 Silverman 的"经验法则"计算棉花价格数据的窗宽 h＝1133，得到棉花价格序列概率密度分布函数，如图 8-1 所示。

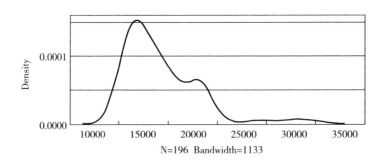

图 8-1 新疆棉花价格密度分布函数

根据窗宽和核函数得出棉花价格波动的概率密度函数为：

$$f(x) = \frac{1}{\sqrt{2\pi} \times 196 \times 1133} \sum_{i=1}^{196} \exp\left[-\frac{1}{2}\left(\frac{x - X_i}{1133}\right)^2\right] \tag{8-15}$$

通过非参数核密度估计拟合新疆棉花价格风险分布，得到了棉花价格非参数密度函数 f(x)，根据密度分布函数通过蒙特卡洛模拟运行 10000 次，取不同保障水平的目标价格，计算单价损失期望 E（Loss），再根据保险费率公式得出相应的费率。

8.3.3　棉花"价格保险+期货"不同保障水平的目标价格设定

目标价格的设定公式为：

$$p_{gi} = \frac{L_i}{y} \tag{8-16}$$

其中，L_i 表示第 i 保障层次；p_{gi} 表示第 i 保障层次对应的目标价格；y 表示棉花价格保险承保的亩均标准产量。

《新疆维吾尔自治区农业保险保险费补贴》中提到，农业保险以保障农户及农业生产组织灾后恢复生产为主要目标，种植业保险原则上为保险标的生长期内所发生的直接物化成本。对有一定支付能力的投保人，经办机构可适当提高投保金额。根据《新疆统计年鉴》可知，新疆种植的主要农作物依次为棉花、小麦和玉米，因此，小麦和玉米是棉花的主要竞争作物，竞争作物的收益会影响农户的种植决策。本部分假设农户为理性经济人，只有保障种植棉花得到的收益高于种植其他竞争作物的收益时，农户才会选择种植棉花。基于此本书对于棉花价格保险的保障水平划分为以下六个档次：

第一档（L_1）是棉花价格保险最低保障层次设定为新疆种植棉花的亩均生产成本。生产成本包括棉花生产过程中投入的化肥、地膜、种子等费用。第二档（L_2）为棉花的亩均总成本，总成本为"生产成本+土地成本"。人工成本包括棉花生产过程中家庭用工折价和雇工费用两部分。第三档（L_3）为"当前的棉化目标价格补贴政策的目标价格×产量"。第四档（L_4）为"棉花亩均总成本+玉米亩均收益+玉米亩均补贴"，新疆对于玉米的补贴为 18 元/亩。第五档（L_5）为"棉花亩均总成本+亩均小麦收益+春小麦亩均补贴"，目前新疆对于春小麦的补贴为 115 元/亩。第六档（L_6）为"棉花亩均总成本+亩均小麦收益+冬小麦亩均补贴"，目前新疆对于冬小麦补贴为 220 元/亩。

由于棉花"价格保险+期货"主要是依据其中的棉花价格进行承保，所以需要将当前的赔付标准转化为实际价格与保障价格的差距方式来进行模拟计算。根据式（8-12）把这六个保障档次换算成对应的六档目标价格，从而分别计算出对应的费率。因此首先要收集棉花亩均土地成本、生产成本、总成本等数据，

2003~2018 年新疆主要农产品成本收益变化如表 8-5 所示。

表 8-5 2003~2018 年新疆主要农产品成本收益变化 单位：千克，元

年份	棉花亩均单产	棉花亩均土地成本	棉花亩均生产成本	棉花亩均总成本	小麦亩均收益	玉米亩均收益
2003	95.60	—	553.39	—	99.51	255.45
2004	100.40	209.03	734.68	943.71	167.22	171.83
2005	103.90	221.53	771.49	993.02	128.79	158.58
2006	107.80	214.43	805.76	1020.19	123.26	232.40
2007	106.10	228.33	902.36	1130.69	127.87	379.51
2008	101.50	242.25	954.28	1196.53	222.47	278.93
2009	102.21	257.88	960.75	1218.63	334.04	364.50
2010	93.36	260.29	1142.28	1402.57	180.74	367.54
2011	108.88	286.93	1355.41	1642.34	181.82	405.30
2012	119.30	336.57	1517.44	1854.01	157.11	361.22
2013	114.65	366.45	1668.58	2035.03	276.58	106.91
2014	122.23	390.25	1802.81	2193.06	176.79	298.05
2015	108.38	360.15	1779.94	2140.09	183.53	−16.45
2016	120.31	380.42	1771.55	2151.97	133.97	−35.59
2017	130.99	370.71	1848.78	2219.49	163.77	134.72
2018	122.43	385.40	1774.21	2159.61	47.35	181.60
2009~2018 年平均值	114.27	339.51	1562.18	1901.68	183.57	216.78

资料来源：《全国农产品成本收益资料汇编》。

由表 8-5 可知，随着技术的进步与管理水平的提高，2003~2018 年新疆棉花亩均单产增加了 28.06%，10 年前的棉花单产与现在的棉花单产存在一定的差距，因此本部分采用 2009~2018 年新疆棉花单位皮棉产量的平均值作为棉花保险承保的亩均标准产量，即 0.114 吨/亩。2004~2018 年棉花亩均总成本也上涨了 128.8%，参考太多年的成本并没有什么太大意义，反而会产生误差，基于此本部分的棉花亩均土地成本、生产成本以及总成本，根据 2010~2019 年的《全国农产品成本收益资料汇编》加权平均计算可得，棉花土地成本为 339.51 元/亩，棉花总成本为 1901.68 元/亩，小麦每亩地净利润为 183.57 元/亩，玉米每

亩地净利润为 216.78 元/亩。由式（8-17）可以计算出棉花"价格保险+期货"六个不同保障档次的目标价格如表 8-6 所示。

表 8-6 不同保障层次的目标价格 单位：元/吨

保障档次	L_1	L_2	L_3	L_4	L_5	L_6
目标价格	13703	16681	18600	18740	19300	20221

8.3.4 棉花"价格保险+期货"纯费率厘定模拟结果

根据式（8-14）计算 E（Loss），代入棉花价格保险纯费率式（8-12），计算出不同保障水平下相应的费率，如表 8-7 所示。

表 8-7 棉花"价格保险+期货"纯费率厘定结果（不含 10%的免赔率）

单位：元/吨，元/亩,%

保障层次	目标价格	预期损失	纯费率	保费
L_1	13703	178.54	1.30	20.35
L_2	16681	575.64	3.45	65.60
L_3	18600	2258.02	12.13	257.20
L_4	18740	2400.59	12.81	273.66
L_5	19300	2993.43	15.51	341.25
L_6	20221	3983.54	19.70	454.12

由表 8-7 可知，保障的目标价格越高，保费也越高。在保障水平为：棉花亩均总成本+亩均小麦收益+冬小麦亩均补贴，即保障的目标价格为 20221 元/吨时，纯费率高达 19.70%，相应的保费高达 454.12 元/亩，说明棉花价格低于 20221元/吨的概率较大；也就是说，如果农户想要保证种植棉花得到的收益高于种植冬小麦的收益，每亩地就需要缴纳 454.12 元的保费，农户若参保该档次棉花价格保险，则保险公司赔付的可能性是非常大的。相反，保障的目标价格越低，保费也越低。例如在保障水平为棉花亩均总成本，即目标价格为 16681 元/吨时，纯费率只有 3.45%，相应的保费只有 65.60 元，说明棉花价格低于 16681 元/吨的可能性比较低，因此保费比较便宜。相较于 2018 年新疆兵团开展的商业保险

"小棉袄棉花价格保险"皮棉目标价格在 16500 元/吨时，保费为 132 元/亩，本部分的价格保险保费相对较低，将会更容易在新疆推广。当目标价格为 18600 元/吨时，费率为 12.13%，这与 2018 年新疆在博乐市、柯坪县和叶城县开展了棉花"价格保险+期货"试点工作中的保险费率 12.6% 相近。因棉花价格保险还处于试点阶段，保费暂时由政府全部承担，农户对于保费的多少并不敏感，若后期取消棉花价格补贴政策，农户想要达到与当前目标价格补贴政策相同的保障水平的话，每亩地是需要缴纳 257.20 元的保费，对农户来说还是一笔很大的支出，若没有政府的补贴，农户很难主动参保，因此需要政府给予一定的补贴才能更好地推广棉花价格保险。当保障目标价格为 13703 元/吨时，需要缴纳 20.35 元/亩的保费。若农户只想保障种植棉花的生产成本，只需要缴纳 20.35 元/亩的保费，与自然灾害保险的保费相近，相对来说还是很容易被农户所接受的。这对于不以种植棉花为主要收入的农户也就是兼业农户来说是一个很好的选择。另外，在棉花目标价格补贴政策向棉花价格保险过渡时期，政府也可以替农户购买该档次保险，既能避免农户遭受损失无法进行下一年度的生产，相对于目标价格补贴政策又能减少大量财政支出。

随着土地制度的改革，新型农业经营主体逐渐增多，棉花收入占其总收入的比重较大，因此他们的风险意识较高，更愿意购买保险来规避风险。此外承包土地需要大量资金，其资金就丧失了机会成本，因而新型农业经营主体更加追求利益更大化，一旦棉花价格下跌可能会直接影响他们的资金链，农业风险对他们的收入影响较大，适合选择 L_4、L_5、L_6 层次"高保障"水平的价格保险。而针对小规模种植的棉农，由于其面临的风险较小，即使发生损失，政府救济就能帮助他们渡过难关，L_1、L_2、L_3 保障层次的"普惠型"价格保险产品更能满足他们的需求。

棉花价格保险在实施过程中容易产生逆向选择和道德风险。尽管棉花价格保险的保险标的选择的是整个新疆的棉花价格，棉农通过自己的棉花售卖价格改变目标价格的可能性比较小，但是由于保险公司在农业保险方面的业务刚刚起步，对棉花市场的了解程度及敏感度远远不如棉农，农户可能会产生逆向选择行为，当农户根据市场信息预测棉花价格下跌时往往会选择投保，预测棉花价格上涨时则不投保。价格风险属于系统性风险，高保障水平下的棉花价格保险风险较大，当整个市场下跌时，保险公司将面临巨额的赔偿，因此在设计高保障水平下的棉花价格保险时需要设定适当的绝对免赔率。

绝对免赔率是指投保棉花的价格实际下跌比率超过保险合同规定的免赔率时，保险公司只负责赔偿超过免赔率的部分损失。因此，免赔率的设置要适度，免赔率过高会使棉农利益受损，棉农得不到应有的赔偿，特别是在保障程度较低的情况下棉农得到的赔偿少之又少；免赔率过低则达不到免赔的目的。我国目前关于棉花价格保险的产品还比较少，免赔率的数据比较缺乏，本部分粗略参考农作物保险的免赔率，取 10%的绝对免赔率比较适宜，重新测算棉花价格保险的纯费率如表 8-8 所示。

表 8-8　棉花"价格保险+期货"纯费率厘定结果（含 10%的绝对免赔率）

单位：元/吨，元/亩,%

保障层次	目标价格	预期损失	纯费率	保费
L_1	13703	160.68	1.17	18.32
L_2	16681	518.08	3.11	59.14
L_3	18600	2032.22	10.93	231.76
L_4	18740	2160.53	11.53	246.32
L_5	19300	2694.09	13.96	307.15
L_6	20221	3585.19	17.73	408.71

　　由表 8-8 可知，在设定 10%的免赔率后，不同保障层次的棉花"价格保险+期货"的费率均有所下降。其中高保障水平下的棉花价格保险费率在设定 10%的绝对免赔率后下降相对明显，而低保障水平的费率并没有发生很大的变化。在保障目标价格为 20221 元/吨时，纯费率下降了 1.97%，相应的保费下降了 45.41元/亩；L_4 和 L_5 保障档次的棉花"价格保险+期货"费率分别下降了 1.28%和1.55%。相反，在保障水平为棉花亩均生产成本，即保障目标价格为 13703 元/吨时，加入绝对免赔率后，纯费率只下降了 0.13%，相应的保费也只降低了2.03 元；L_2 和 L_3 保障档次的棉花"价格保险+期货"费率分别下降了 0.34%和1.20%，由此可见绝对免赔率应用于低保障水平的意义不大。由于目前棉花"价格保险+期货"还处于试点时期，农户对其了解有限，尤其是对于绝对免赔率的了解更是知之甚少，所以前期尽量避免推广含绝对免赔率的保险产品。

8.4 新疆推行不同保障水平的棉花 "价格保险+期货" 政策效果模拟分析

8.4.1 代表性农户的建立

本章研究的目标在于模拟不同保障水平的棉花"价格保险+期货"政策对农户经济福利和政府财政支出的影响。现实中市场价格每天都在变化,每个农户交售棉花的价格不会完全相同,所面临的价格风险也是不同的,而对于不同价格风险的农户来说,棉花"价格保险+期货"政策的实施使其福利效用的增加程度应该是不同的,因此为了统一说明政策的效果需要对某个区域内所有农户的影响构建"代表性农户"。

参照王克等(2014)的分析,"代表性农户"有三种处理方法:第一种是以区域内所有农户交售的棉花价格平均值来构建;第二种是对逐个分析区域内样本农户,汇总分析的结果;第三种方法是以聚类分析构建不同类型的代表性农户,将相同风险农户的价格平均值作为构建该类型代表性农户的依据。显然,第二种方法需要具体到新疆单个农户的价格数据,第三种方法需要大量样本数据,目前来看,这两种数据都无法获得,因此本章采用第一种方法,选取的价格数据与第4章相同。

代表性农户做出如下前提假设:第一,该农户的收入来源只有棉花交售。第二,本部分假设代表性农户将棉花的全部产量都交售给政府指定的轧花企业,以获取保险公司赔付。该农户不管种植多少面积的棉花,全部选择棉花价格补贴政策或选择棉花价格保险,且两者只能选择其一。第三,农户或保险公司不存在逆向选择与道德风险。

本部分的参保对象为:棉花实际种植者,即基本农户和农业生产经营单位(以下简称棉农)。关于在自治区交易数据平台中有名单及种棉亩数,但把土地承包出去或实际未种棉也未有交售量的,不能成为参保对象。

同时,假定该代表性农户为理性经济人,追求的经济目标是使未来财富的期望效用最大化。出于模拟研究的简化需要,本部分假定农民是风险厌恶者、具有常数相对风险厌恶（CRRA），王克等（2014）的研究认为，幂效用函数是反映农民效用情况的一种较好的效用函数形式，效用函数选择幂效用函数，则农民的福利效用为：

$$U(w_0+w)=\frac{1}{1-\beta}(w_0+w)^{(1-\beta)} \tag{8-17}$$

其中，w_0 表示农民初始财富，本部分假定为 1 万元；w 表示农民净收入增加值，具体是指代表性农户从棉花获得的经营性收入和因政策或参加保险带来的收入补贴或赔偿；β 表示常数相对风险厌恶系数，已有研究表明相对风险厌恶系数等于 2 时能够较准确反映大部分农民的风险厌恶水平（王克等，2014），因此，本部分把 β 设为 2。

CE（Certainty Equivalent）被称作确定性等值，即消费者为达到期望的效用水平所要求保证的财产水平。本部分用确定性等值 CE 代表不同收入农民的福利效用，CE 的计算方法为：

$$U(w_0+CE)=E[U(w_0+w)]$$

$$\Leftrightarrow \frac{1}{1-\beta}(w_0+CE)^{1-\beta}=E[U(w_0+w)]$$

$$\Leftrightarrow (w_0+CE)^{1-\beta}=(1-\beta)E(w_0+w)$$

$$\Leftrightarrow CE=\{(1-\beta)E[U(w0+w)]\}^{\frac{1}{1-\beta}}-w_0 \tag{8-18}$$

8.4.2 政策模型化

8.4.2.1 棉花目标价格补贴政策模型化

棉花目标价格补贴政策是指生产者按市场价格出售棉花，当市场价格低于目标价格时，国家根据目标价格与市场价格的差价以及对生产者给予补贴，反之国家不发放补贴。2014~2020 年新疆棉花目标价格补贴政策如表 8-9 所示。

表 8-9   2014~2020 年新疆棉花目标价格补贴政策

年份	目标价格（元/吨）	补贴形式
2014	19800	新疆地方对棉花种植者采取中央补贴资金的 60% 按照植棉面积补贴，40% 的补贴资金来按照籽棉交售量补贴的方式进行发放补贴； 新疆兵团仅按照实际籽棉交售量进行补贴

年份	目标价格（元/吨）	补贴形式
2015	19100	10%的中央补贴资金用于南疆四地（州）植棉面积补贴，90%的中央补贴资金按照籽棉交售量补贴新疆其他地区； 其他同上
2016	18600	同上
2017~2019	18600	棉花目标价格由每年确定一次变为三年调整一次； 对新疆棉花目标价格补贴的棉花产量限制上限为2012年到2014年全国棉花平均产量的85%； 其他同上
2020	18600	取消南疆四地（州）基本农户的面积补贴，补贴全部按籽棉交售量发放； 其他同上

资料来源：新疆农业农村厅和国家财政局、农业农村部和发展改革委历年发布的棉花目标价格补贴文件。

2020年取消南疆四地（州）基本农户的面积补贴，补贴全部按籽棉交售量发放，因此本部分不考虑棉花目标价格补贴政策的面积补贴方式。2020年3月26日，国家发展改革委公布了2020年新疆棉花目标价格政策的目标价格水平为18600元/吨。参考棉花目标价格补贴政策本部分也把目标价格设定为18600元/吨，x 为采价期新疆3128级棉花市场平均价格，农户当年种植面积为 s，单位面积平均产量为 y，根据新疆棉花价格补贴是实际情况，棉农得到的实际补贴应该是按当年棉花交售量发放补贴，但本部分为了与价格保险形成统一，把农户当年的棉花交售量设定为 sy，因此代表性农户可以从目标价格补贴政策获得的补贴额为：

$$w_1' = sy\max(18600-x, 0) \tag{8-19}$$

所以农户的净收入增加值为：

$$w_1 = sxy + w_1' = sxy + sy\max(18600-x, 0) \tag{8-20}$$

8.4.2.2 新疆棉花"价格保险+期货"及模型化

农业保险保险费补贴是指中央财政及自治区财政对有关农业保险机构开展的符合条件的农业保险业务，为投保农户、农业生产经营组织等提供的补贴。《新疆维吾尔自治区农业保险保险费补贴》中明确规定了对种植业保险的补贴比例，中央财政补贴40%、自治区财政补贴25%、地县财政补贴15%、投保农户或农业生产经营组织自行承担20%。目前棉花"价格保险+期货"政府的补贴比例为100%，本部分在结合文件的基础上把政府棉花价格保险保费补贴分别设为

100%、90%和80%进行效果模拟，农户自行承担的保费比例均未超过20%。

根据第4章费率厘定公式，农户参与棉花价格保险的保障目标价格为P_g，x为采价期新疆3128级棉花市场平均价格，单位面积平均产量为y，农户的当年种植面积为s，本文假设代表性农户种植面积为15亩（1公顷），即$s=15$，每亩保费为R，政府的保费补贴比例为G_i。

棉花"价格保险+期货"目前还在试点时期，农户对于如何合理地购买价格保险来规避风险认知度不高，本部分在研究不同保障水平下的棉花"价格保险+期货"的效果时，选择的是不含免赔率的价格保险。

那么，代表性农户参与政策性棉花价格保险（不含10%的免赔率）获得的收益为：

$$w'_2 = symax(p_g - x, 0) - sR(1 - G_i) \tag{8-21}$$

$$w_2 = sxy + w'_2 = sxy + symax(p_g - x, 0) - sR(1 - G_i) \tag{8-22}$$

8.4.2.3 不同政策对棉农收益影响的模型化

根据对当前政策的模型化处理方法，可以得出在不同的政策背景下，农民种植棉花后最终拥有的收入和政府的财政支出可以用以下公式表示。

（1）农户只参与棉花目标价格补贴政策。

农户收入：

$$TW_1 = w_0 + w_1 = w_0 + sxy + symax(18600 - x, 0) \tag{8-23}$$

相应的政府财政支出（记为F_1）为：

$$F_1 = symax(18600 - x, 0) \tag{8-24}$$

（2）农户只参与棉花"价格保险+期货"政策。

农户收入：

$$TW_2 = w_0 + w_2 = w_0 + sxy + symax(p_g - x, 0) - sR(1 - G_i) \tag{8-25}$$

相应的政府财政支出（记为F_2）为：

$$F_2 = sRG_i \tag{8-26}$$

8.4.3 模拟不同政策对棉农福利及政府财政支出的影响

8.4.3.1 模拟结果

参考王克等（2014）将每一种政策需要的政府平均支出金额与该政策相对于没有政府补贴的情形，对生产者CE的增加值的大小进行对比，来评价该政策的补贴效率。本部分主要从新疆推行不同保障水平的棉花"价格保险+期货"政策对农户福利效用和政府财政支出两个方面的影响进行效果评价。农户福利大小改变的程度，可以用 CE 的变化程度来表示，政府财政支出的标准差可以表示该政策财政支出的稳定性。

　　第 4 章已经模拟出了 10000 次新疆棉花价格可能的取值。对于农户来说，棉花"价格保险+期货"中的"期货"与其没有直接关系，农户只是购买不同保障水平的价格保险，因此表 8-10 政策选项价格保险即是指"价格保险+期货"政策。表 8-10 显示了不同政策（无政策、目标价格补贴政策、"价格保险+期货"政策）及保费补贴比例（80%、90%、100%）下对农户预期收入、确定性等值及政府预期财政支出的影响。本部分首先对当前新疆采取的棉花目标价格补贴与无政策的效果进行模拟分析，然后与棉花"价格保险+期货"模拟效果进行对比分析。

表 8-10　模拟不同政策下新疆代表性农户的预期收入、

确定性等值与政府预期支出　　　　　　单位：元

补贴比例	政策选项	农户预期收入	确定性等值（R=2 时）	政府预期财政支出
0	无政策	35922.57（5658.57）	24991.63	0.00
100%	目标价格补贴政策（18600 元/吨）	42235.08（1473.66）	32213.44[7221.81]	3858.00（4909.69）
80%	L$_1$：价格保险（13703 元/吨）	37055.63（4124.48）	26670.53[1679.10]	244.20（0.00）
	L$_2$：价格保险（16681 元/吨）	39490.68（2458.82）	29382.28[4390.65]	787.20（0.00）
	L$_3$：价格保险（18600 元/吨）	41463.48（1473.66）	31441.84[6450.21]	3086.40（0.00）
	L$_4$：价格保险（18740 元/吨）	41619.88（1411.27）	31602.59[6610.96]	3283.92（0.00）
	L$_5$：价格保险（19300 元/吨）	42244.88（1174.93）	32258.80[7267.17]	4095.00（0.00）
	L$_6$：价格保险（20221 元/吨）	43365.63（834.48）	33376.27[8384.64]	5449.44（0.00）

续表

补贴比例	政策选项	农户预期收入	确定性等值（R＝2时）	政府预期财政支出
90%	L₁：价格保险（13703 元/吨）	37086.15（4124.48）	26701.06［2209.43］	274.73（0.00）
	L₂：价格保险（16681 元/吨）	39589.08（2458.82）	29480.68［4989.05］	885.60（0.00）
	L₃：价格保险（18600 元/吨）	41849.28（1473.66）	31827.64［7336.01］	3472.20（0.00）
	L₄：价格保险（18740 元/吨）	42030.37（1411.27）	32013.08［7521.45］	3694.41（0.00）
	L₅：价格保险（19300 元/吨）	42756.755（1174.93）	32770.68［8278.82］	4606.88（0.00）
	L₆：价格保险（20221 元/吨）	44046.81（834.48）	34057.45［9565.82］	6130.62（0.00）
100%	L₁：价格保险（13703 元/吨）	37116.68（4124.48）	26731.58［1739.95］	305.25（0.00）
	L₂：价格保险（16681 元/吨）	39687.48（2458.82）	29579.08［4587.45］	984（0.00）
	L₃：价格保险（18600 元/吨）	42235.08（1473.66）	32213.44［7221.81］	3858（0.00）
	L₄：价格保险（18740 元/吨）	42440.86（1411.27）	32423.57［7431.94］	4104.90（0.00）
	L₅：价格保险（19300 元/吨）	43286.63（1174.93）	33282.55［8290.92］	5118.75（0.00）
	L₆：价格保险（20221 元/吨）	44727.99（834.48）	34738.63［9747.00］	6811.80（0.00）

注：圆括号内为对应变量的样本标准差，方括号内为相对无政策补贴情形下，代表性农户确定性等值的增加值。

8.4.3.2　农户的福利变化

理论上棉花价格保险应该根据农户的实际产量进行赔付更加精确，但测算每个农户的亩均产量是一件很复杂的事情，再加上棉花价格保险承保的主要是棉花的市场风险，而不是自然风险，而且保费需要提前支付，为了方便计算保费，本部分把棉花单位面积产量设为一个常量。本书第 4 章中采用 2009~2018 年新疆棉花单位面积皮棉产量的平均值作为棉花保险保障的单产水平。但这样做的缺点是容易产生败德行为，产量较低的农户或者土地贫瘠的棉农会积极投保。现实中，每个农户的亩均产量都不一样，要是按实际产量补贴农户，无论是目标价格补贴政策还是价格保险政策对农户预期收入带来的波动幅度理论上应该会高于表 8-10 计算的数值。

由表 8-10 可知，无论是棉花价格保险还是目标价格补贴政策都能够很好地保障农户的收益，相对于无政策情况下，农户的预期收入都有所增加，对于厌恶风险的棉农来说，CE 增加的幅度大于政府的财政平均支出。综上所述，棉花价格保险和当前的目标价格补贴所产生的经济福利效果都高于政府的财政支出额，效果较好。

对于棉花目标价格水平的计算方式，至今没有一个明确的标准，主流的观点认为棉花目标价格是根据"生产成本+合理收益"的方式进行确定的。本部分的 L_3、L_4、L_5、L_6 层次的价格保险保障水平均高于棉花亩均总成本，也能够很好地保障农户的收益，并且可以满足不同风险偏好棉农的需求，引导次宜棉区退出棉花生产。对于想要选择"普惠型"保险的农户来说，L_1、L_2 层次的价格保险是其最佳选择，能够直接保障农户的生产成本或者总成本。

棉花价格保险保障的目标价格越高，棉农的预期收入也越高，而预期收入的波动却越来越小，具有明显的风险降低效果。同等保费补贴比例下，当棉花价格保险的保障目标价格为 13703 元/吨时，农户的确定性等值要明显低于保障目标价格为 18600 元/吨时的确定性等值。这是因为保障水平越高的价格保险对棉农预期收入水平的提升幅度要高于保障水平较低的棉花价格保险。当政府对农户保费补贴标准为 80%时，相对于无政策情况下，农户参与 L_1、L_2、L_3 价格保险后确定性等值增加额依次为 1679.10 元、4390.65 元、6450.21 元。当政府对农户保费补贴标准为 90%时，相对于无政策情况下，农户参与 L_1、L_2、L_3 价格保险后确定性等值增加额依次为 2209.43 元、4989.05 元、7336.01 元。均大于保费补贴标准为 80%时农户的福利效用，由此可见政府对农户保费补贴比例越高，农户的福利效用增加越多。

棉花价格保险保障水平越高，农户的收入也越高，并且收入的标准差也越低。农户在参与 20221 元/吨的棉花价格保险后，其收入的标准差从 4124.48 元降低到了 834.48 元，说明相对于无政策，价格保险不仅能够提高农户的收入水平，还能降低其收入的波动幅度。如果按照 100% 的保费补贴比例，政府对 L_1、L_2、L_3、L_4、L_5、L_6 每个保障档次的保费补贴额分别为 305.25 元、984 元、3858元、4104.9 元、5118.75 元、6811.8 元，农户的确定性等值增加额都高于相应的政府补贴额，说明对风险厌恶的农户来说，价格保险能够带来福利的增加。当政府对农户保费补贴标准从 80% 提高到 100% 时，农户参与 L_1 保障档次下的价格保险后确定性等值仅增加了 61.05 元，而若农户参与 L_6 保障档次下的价格保险，确定性等值能增加 1362.36 元。参与低保障水平的价格保险即便有政府的保费补贴，因为赔付概率较低，赔付金额较少，其经济福利的增加也很有限。因此可以说明棉花价格保险在高保障水平下提高政府的保费补贴比例比低保障水平下提高政府的保费补贴比例带给农户的福利效用增加值更大。

仅从提高农户的经济福利效果的角度来说，对于参与价格保险的农户最好进行 100% 的保费补贴，尤其是对于高保障水平下的棉花价格保险，能够更好地提高农户的福利。

8.4.3.3　政府的财政支出

因 2016 ~ 2020 年棉花目标价格补贴政策的目标价格一直为 18600 元/吨，所以本部分只模拟了棉花目标价格补贴政策的一种情况，农户按市场价格出售棉花，当皮棉市场价格低于 18600 元/吨时，国家根据目标价格与市场价格的差价对农户给予补贴，当市场价格高于该目标价格时，国家不需要对农户发放补贴。

在棉花价格保险保障目标价格为 18600 元/吨，保费补贴为 100% 的情况下，农户的预期收入增加了 6312.51 元，标准差也降低到 1473.66 元，确定性等值增加了 7221.81 元，与目标价格补贴政策下的农户预期收入相同，标准差相同，确定性等值相同，政府保费支出也相同，这是因为本部分的精算费率原则为 "预期保费支出等于预期赔付"，所以在保费补贴为 100% 并且不考虑目标价格补贴政策和棉花价格保险实际操作中的运行成本的情况下，同等保障水平下的棉花价格保险相当于保险公司代替政府对农户进行补贴，农户的福利效用增加值不变，两种政策的政府支出应该也是一样的。

但如果我国使用棉花价格保险替代现有的目标价格补贴政策，政府支出不会高于棉花目标价格补贴政策，甚至可以节约不少费用。如果实施棉花价格保险政策，政府工作人员只需要负责保险公司招标工作、统计棉花价格数据工作以及与保险公司统筹协同开展相关工作，政府在棉花 "价格保险+期货" 中主要发挥统筹规划、监督的作用，至于无人机测量棉花种植面积、棉花价格保险承保资料签字、后续保险公司赔付资金发放等相关工作，都由保险公司进行操作，不仅节约了行政成本还能提高效率。

棉花目标价格是根据"生产成本+合理收益"的方式进行确定的，那么本部分设计的价格保险除了 L_1 档次的价格保险，其他均能够保障农户在生产成本的基础上获得一定的收益。在棉花价格保险保障目标价格为 16681 元/吨时，即使政府的保费补贴比例达 100%，政府的预期支出还是可以减少 74.49%。在棉花价格保险保障档次为 L_6 即最高保障水平时，即使政府的保费补贴比例为 80%，政府的预期支出还是大于目标价格补贴政策下的支出。主要原因是目前政策更倾向于耕地地力保护补贴，冬小麦的面积补贴金额较高。但通过调研发现新疆农户还是更愿意种植棉花，无论产量多少，都有轧花厂收购，再加上有棉花目标价格补贴政策托底，农户每年都能获得稳定的收入，而其他作物价格并不稳定，存在一定的风险。若农户选择最高保障档次的价格保险，在不增加政府支出的基础上，农户需要自己承担 43% 的保费，这是一笔很大的支出，但对于新型农业主体或者是风险偏好的农户来说，是一个可以选择的保险产品。在棉花价格保险保障目标价格为 18600 元/吨，保费补贴为 90% 的情况下，政府的预期支出可以减少 10%。既然我国农业保险的目的是为了保障农户的收入，避免发生损失时农户没有足够的资金进行下一年度的生产，作为"普惠型"的价格保险 L_1、L_2、L_3 政府应给予更高的补贴，即使全部保费有政府承担，政府支出金额依然不大于目标价格补贴下的补贴金额。对于选择 L_4、L_5、L_6 档次的棉花价格保险的农户来说，他们的目的是保障更高的收益，高风险与高收益是相辅相成的，若政府此时再补贴100% 的保费，农户肯定稳赚不赔，这样会助长"懒人种地"的现象层出不穷，不利于棉花种植业的发展。政府对棉花价格保险的补贴比例具体取值可以综合考虑棉花产业发展需要、财政承受能力和市场形势变化等因素确定。若后期农户的风险意识提高，可以减少相应的补贴比例，减少政府财政支出。

政府财政支出更加稳定。目标价格补贴政策下政府财政支出的标准差为 1473.66 元，可见目标价格补贴政策下政府财政支出的风险巨大，而同等保障水平下实施棉花价格保险政策，政府财政支出的标准差为 0 元。本部分假定政府对价格保险的补贴仅包括对农户保费的补贴，保险公司推出相应的棉花价格保险后，政府只需要在每个年度对不同保障水平下的价格保险提供相对固定保费补贴即可，保费补贴额的大小不会随棉花价格的变动而当年赔付额的变化而变动。这样的话，无论价格保险补贴比例是多少，相对于目标价格补贴的一项显著优势就是政府财政支出十分稳定，并且在年初就能对财政支出做出预估。而目标价格补贴政策还要等到采价期结束后，才能计算今年的财政支出，政府很难对本年度的财政收支进行预算。

8.5　本章小结

本章运用 PMP 实证数学规划模型，对商业性的棉花价格保险政策进行推广性的模拟研究。模拟情景一为政府对 66 元/亩的保费分别进行 25%、50%、75%、100% 的补贴，模拟对农户种植结构的影响；情景二为在 ±10% 到 ±100% 每亩收益变动下棉花播种面积与参考情景植棉面积变化。这些模拟的数值结果可以为政策制定提供一定的参考。在这一研究过程中可以发现，政府对保险进行补贴比政府以稳定每亩收益为补贴导致的种植面积波动小，这对于选择何种方式来补贴具有非常重要的现实意义。

棉花是新疆最具代表性的经济作物，针对当前棉花"价格保险+期货"政策保障水平过于单一，保费计算不精确问题，本章基于精算费率原则模拟新疆棉花"价格保险+期货"在不同保障水平下相应的费率，得出以下结论：第一，保障的目标价格越高，保费也越高。保障的目标价格越高，风险越大，相应的保费也就越高。在保障的目标价格为 20221 元/吨时，纯费率高达 19.70%，相应的保费高达 454.12 元/亩，说明棉花价格低于 20221 元/吨的概率较大；也就是说，如果农户想要保证种植棉花得到的收益高于种植冬小麦的收益，每亩地就需要缴纳 454.12 元的保费。在保障的目标价格为 18600 元/吨时，费率为 12.13%，农户每亩地需要缴纳 257.20 元的保费。而若农户只想保障种植棉花的生产成本，每亩地只需要缴纳 20.35 元的保费，与自然灾害保险的保费相近，相对来说还是很容易被农户所接受的。第二，高保障水平下的棉花价格保险更需要设定绝对免赔率。高保障水平下的棉花价格保险费率在设定 10% 的绝对免赔率后下降相对明显，而低保障水平的费率并没有发生很大的变化。在保障目标价格为 20221 元/吨时，纯费率下降了 1.97%，相应的保费下降了 45.41 元/亩；相反，在保障水平为棉花亩均生产成本，即保障目标价格为 13703 元/吨时，加入绝对免赔率后，纯费率只下降了 0.13%，相应的保费也只降低了 2.03 元，因此绝对免赔率应用于低保障水平的意义不大。

基于前文研究结论，分别模拟无政策下、棉花目标价格补贴政策下、棉花"价格保险+期货"政策下对农户经济福利和政府财政支出的影响，得出以下结论：第一，棉花"价格保险+期货"政策保障的目标价格越高，棉农的预期收入也越高，而预期收入的波动却越来越小，具有明显的风险降低效果。第二，高保障水平下的棉花"价格保险+期货"能够更好地提高农户的福利。第三，相较于棉花目标价格补贴政策，实施棉花"价格保险+期货"政府财政支出更加稳定。第四，若我国使用棉花"价格保险+期货"替代现有的目标价格补贴政策，政府财政支出不会高于棉花目标价格补贴政策。

第9章 完善和推广棉花价格保险的政策建议

9.1 完善实施棉花价格保险的政策建议

基于实证分析的结果以及实地调查研究，结合新疆兵团和新疆地方的棉花价格保险试点案例分析，总结在不同模式下取得的成绩与存在的问题，提出如下完善棉花价格保险的政策建议：

第一，建立科学的保费确定形式，设立科学合理的目标价格。

保费确定是当前在试点过程中发现的难点之一。从保费确定的形式上可以有两种思路：一是保费的确定首先应该选择农户代表与保险公司和期货公司进行保费的商议和博弈，经过博弈以后确定一个三方一致认同的保费价格；二是依然采用目前棉花目标价格补贴政策的采价系统，由国家发布统一的价格，这样做具有一定的公信力。保费的设计要从"成本+地区竞争性作物"的基本收益的角度出发，保费和保障水平上应该设计灵活多样，多种组合的产品类型，加快改变单一的保险产品。这样才能满足不同类型农户的需求，真正发挥出棉花价格保险保障价格风险的作用。

目标价格的设定不仅要保障棉农的收益，还要考虑国家财政的承受能力。为了保障棉花价格保险的目标价格处于合理水平，必须要深入研究棉花市场的发展规律，并且根据不同地区种植成本设立相应的目标价格。同时，需要考虑保险利润，保证保险公司长期经营。除降低棉花保险的目标价格以外，还可以对保险公司所经营的政策性农业保险进行适当的补贴，弥补保险公司在管理、运营过程中的成本支出。

第二，加快基础数据库建设，为科学决策提供条件。

"大数法则"是保险的立业之本（王和，2019），保险业的发展离不开数据。事实上，以农业领域为例，从横向看目前对各个地区不同类型的农户的生产、收入、风险等数据库的建设还不够完善；从纵向看关于农产品从种植到销售的全过程的数据统计、风险数据统计、数据统计标准、数据统计的质量以及农业领域数据结构等方面的问题都亟待解决。基础数据库不完善是保险公司在产品设计和保费制定时的重要制约因素，对于保险公司而言还不足于实现利用大数据进行经验分析，利用大数据精算测算风险损失率以及风险的识别，影响了保费的科学确定。因此，应该加快我国农业生产的各领域的基础数据库建设。一旦有了完善的基础数据库，对保险公司而言进行科学的保费定价和风险规避将会变得非常容易。

第三，加强对棉农的价格保险培训教育基地建设。

美国的四个地区（东北地区、中北地区、南部地区和西部地区），每个地理区域有一个区域风险管理教育中心，农业风险管理教育目的是通过有效的、以市场为基础的风险管理工具和解决方案，为美国的农业生产者提供服务，以加强农业生产者和农村社区的经济稳定，特别是在服务不足和新兴社区，确保建立一个强大的农业金融安全网，从而确保建立一个财政上可持续的、有竞争力的农业系统[1]。2012 年美国农业部风险管理局宣布投入 300 万美元，用以资助在全国范围内推广农业风险管理教育，通过农业风险管理教育的推广，教会农业生产者合理地使用风险管理工具，有效控制生产中所面临的各种风险，稳定美国的食品充足供应（周倩妮，2012）。借鉴美国的经验会对我国的棉花价格保险推广起到重要的作用。

棉花价格保险作为农户规避市场风险的重要手段，与很多的金融产品一样，农民去了解和熟知需要一定的门槛，目前我国农民普遍受教育程度和综合素质较低，对于金融产品的了解并不多，对于怎么使用金融产品进行风险规避，绝大部分人是完全不懂的。而且现阶段在中国对于农民关于风险管理培训教育和推广的

---

① Agriculture Risk Management Education Partnerships（ARME）Competitive Grants Program［EB/OL］. https：//ipmsouth. com/2018/03/05/agriculture-risk-management-education-partnerships-arme-competi-tive-grants-program/.

项目还非常欠缺，相对来说农业技术推广培训更为常见。因此，我们认为在现有的农业技术推广体系下，补充对棉农的价格保险以及其他的保险培训教育，是更为切实有效的途径，也是加快我国棉花补贴政策"转箱"，遵循发达国家支持政策转变趋势的重要条件之一。

第四，加快完善棉花价格保险市场、制度环境和自我优化机制。

应该加快完善、健全期货市场的发现价格功能，这是棉花"价格保险+期货"能够成功的重要基础之一。在棉花价格保险成为趋势的情况下，我国应该加快建立起农户与保险公司之间博弈的制度环境，农户与保险公司之间的协调机制，部分保险人员为了争取业务，存在条款解释模糊造成农民真实受损无法获赔的情况，因此应该有相关的机制和措施来保障农民的收益；同样部分农民骗保的行为也应该得到监督。

目前棉花价格保险在试点中更多的是发挥了帮扶的作用，保险公司的社会效应更为明显，而这一运行机制自身该有的作用还未全面发挥，在未来实现全面实现小康以后，我们的棉花价格保险政策的运行机制和优化还有很长的路要走。应该在当前棉花价格保险试点中加快建立起棉花价格保险的自我优化机制。

第五，加快期货市场建设，充分发挥棉花期权的优势，发挥农产品价格发现功能。

农产品期货市场要实现价格发现功能，前提是农产品期货合约交易量大、流动性强，而农业保险公司的进入，可为农产品期货市场带来高额的保险资金，通过提升农产品期货市场的交易规模，从而实现对农产品期货合约流动性的提升（叶明华和庹国柱，2016）。2014 年 5 月，国务院出台了《关于进一步促进资本市场健康发展的若干意见》，这一文件标志着中国的期货市场的发展步入了全新的阶段。但是，目前我国期货市场的发展与国外发达国家相比仍存在很大差距，在农产品期货市场更是如此，要发挥出我国期货市场对农产品的价格发现功能需要从以下两个方面来完善：一是要简化期货品种在审批上的程序，节约时间成本；二是要加强对各期货交易所的激励，让交易所推出更多新的品种上市。

充分发挥棉花期权的优势。2019 年 1 月 28 日，棉花期权在郑州商品交易所上市交易。棉花期权的上市丰富了保险公司的风险管理手段。场内期权是标准化合约，合约中对于交易品种、数量、到期日、执行价格等要素事先都由交易所做出了明确的规定，所以交易成本较低。此外，棉花期权的权利金是通过充分竞价产生的，定价更公平合理。并且由于场内期权的操作公开透明，又有政府监管，因此能够很好地避免交易过程中的信用风险、流动风险和结算风险。

第六，完善保险公司的风险分散措施。

近年来，中国保险业持续快速发展，随着直保市场规模的不断扩大，再保险对于保障保险行业安全、丰富保险产品供给、提升保险服务能力等方面的作用日渐凸显，再保险市场空间日益扩展。与此同时，我国高度重视培育发展再保险市场，2014 年 8 月发布的《国务院关于加快发展现代保险服务业的若干意见》明确指出，要加快发展再保险市场，增加再保险市场主体，使再保险市场发展获得政策利好。

在此背景下，中国人保积极响应国家政策，准确把握市场发展趋势，于 2017 年 2 月注册设立了人保再保险公司，实现了再保险产业链、业务链、价值链的全领域布局。作为国内保险市场的奠基者与领军企业，中国人保的再保险资源丰富，年均再保险分出保费约 300 亿元。人保再保险公司充分依托集团整体优势，自成立以来实现了业务快速发展，截至 2017 年 12 月 31 日，人保再保险公司的总资产已达 58.63 亿元，提升了国内再保险承保能力供给、满足了市场分散风险的需求，为保险业的全面改革注入了新的活力与动力。

现阶段参与棉花价格保险试点的保险公司在风险分散中主要通过期货公司进行场外期权来实现风险对冲，对保险公司而言，分散风险的手段比较有限，效果欠佳。为了分散保险公司的风险，2019 年 2 月人民银行、银保监会、证监会、财政部、农业农村部联合发布《关于金融服务乡村振兴的指导意见》中提出了组建中国农业再保险公司，完善我国的农业再保险体系。这进一步为保险公司分散风险提供了支持①。因此，应该加快落实保险公司的再保险，拓宽保险公司分散风险的途径，降低保险公司在实际操作中面临的经营风险，提升保险公司的积极性。

第七，加快制定棉花价格保险的实施细则和制度规范，减少政策漏洞。

一方面，目前在试点中虽然有棉花价格保险的相关宣传资料，但是关于农户如何购买棉花价格保险以及棉花价格保险如何实现保障农民收入目的的资料宣传较少。同时现阶段也没有出台相应的操作细则、农户操作指导细则等说明性文本，这对于文化水平总体相对较低的农户而言，加强相关细则的制定是增强农户

---

① 中国人民银行，银保监会，证监会，财政部，农业农村部. 五部门联合发布《关于金融服务乡村振兴的指导意见》［EB/OL］.（2019-01-29）［2019-02-11］. http：//www.gov.cn/xinwen/2019-02/11/content_5364842.htm.

客观、准确认识棉花价格保险的重要方面，促进棉花价格保险的实施。另一方面，也急需加快制定相关的制度规范文件，对保险公司和农户进行监督，规范各主体的市场行为，减少各环节的政策漏洞。

第八，培养棉花保险复合型人才。

在培养棉花保险复合型人才方面，保险公司可以加大与高校的合作，共同培养农业保险专业人才，积极引导他们进入棉花保险领域。同时，加强对保险人员培训，提升他们的专业能力和实践能力，加快棉花保险复合型人员队伍建设，为棉花保险的快速发展奠定基础。保险公司现阶段这一类型的保险从业人员非常缺乏，急需相关的专业人才队伍。一方面，要加强保险公司人才队伍建设，这是政策实施中的重要影响因素之一。棉花价格保险对绝大多数人来说是一个陌生的产品。通过一个年度的试点，需要加快总结试点经验，加快相应工作人员的技术和能力培训，提升保险公司的工作人员综合素质，加快建立起一支专业的懂价格保险的人才队伍。另一方面，要加强棉花价格保险监管人才队伍建设。在政策实施以后，必须有懂棉花价格保险的工作人员对保险公司和农户进行监督，避免出现保险公司坑农户，农户大面积逆向选择或败德的出现。

第九，提高组织化程度来解决保险公司与小农户之间信息不对称问题。

保险公司与小农户之间的信息不对称问题在国内外普遍存在，由信息不对称带来的败德行为和逆向选择给保险市场的健康发展带来了诸多不利影响。虽然小农户为主是我国农业生产经营的基本国情，但也不是没有办法来解决信息不对称问题。当前，全国都在积极推动土地流转来培育新型农业经营主体，可以借此机会推动小农户扩大规模或者小农户加入合作社，提高整体农民的组织化程度，进而来实现保险公司与合作社或者大户之间的合作，当保险公司面临一个合作社或者一个大规模的农户时，这样相比保险公司与小农户合作而言，无疑可以更加有效地克服信息不对称带来的败德行为和逆向选择问题。这对保险公司推广棉花价格保险具有非常大的帮助，对棉花种植者来说，在质量控制、节约生产成本、提升经济效益提升方面也有较大的促进作用。

第十，完善补贴机制，保障每一户棉农的利益。

首先，对于农户的合交棉花情况，代交售的农民必须由所在村集体出具合交证明，注明合交户数、每一户主名字、交售量，并必须签字确认，保证二次分配赔付金额。其次，对于棉花经纪人收购的棉花，必须提供棉农自愿放弃保险赔付的签字证明，或者要提供与被收购者的收购协议或证明，保证能二次发放到农户，保证政策红利不漏一人。最后，保险公司应合理开发利用大数据平台，深度解读和挖掘每一块土地近十年的棉花平均产量，并且对每一户棉农当年交售棉花的数据及应得赔付进行公示，通过农民相互监督发现弄虚作假的行为，从而保障每一户棉农的利益，使理赔更加精准。

9.2　推广实施棉花价格保险的政策建议

第一，政府要建立起对农户和保险公司的保费补贴制度。

在当前试点的初期，作为棉花价格保险产品的供给双方均面临着未知的风险，如果要加快推广棉花价格保险，政府需要对农户和保险公司进行保费补贴。国内外的众多实践表明，政府的补贴也是降低双方风险的措施之一，政府进行保费补贴是有效调动双方参与积极性的重要措施，能够有效地提高农民的参与率和保险公司提供相应保险产品的动力。

第二，不断提高农民的收入水平。

收入是农民购买棉花价格保险的前提，由于棉花价格保险保费比自然灾害保险费高，这是其推广中的不利因素之一。即使农民能够认识到棉花价格保险的重要性和优势，但如果价格超过农户的承受范围，农户将不愿意购买棉花价格保险。因此，在未来要提升农民的收入水平，这样才能在实践中促进农户购买棉花价格保险。

第三，加快对农民进行风险管理教育的培训，加强宣传教育，提高棉农抵御风险的意识。

经济合作与发展组织（OECD）报告指出，国家的农业支持政策不应该为正常风险（正常的生产、价格和天气变化）的管理提供支持，因为这应该是农户自己决定的事情；如果当价格或回报较低时触发的最低干预价格可能适得其反；只有在高度传染性和破坏性疾病暴发或蔓延时，政府可能需要进行适当的干预①。从美国来看，目前共有 4 个风险管理培训中心，主要目的是教会农户使用

---

① Organisation for Economic Co-operation and Development. Agricultural Risk Management： A Holistic Approach［EB/OL］.（2016-04）［2019-09-25］. https：//www.oecd. org/tad/policynotes/agricultural-risk-management-holistic-approach. pdf.

相关的工具进行价格风险、生产风险、财务风险、制度风险和人员风险规避①，政府并不直接干预农户的生产决策。从欧盟和美国来看，减少政府对农户风险决策的直接干预是大势所趋。因此，加快构建我国农户风险管理培训教育平台，积极推进对农户的风险管理教育，是从国家层面防患于未然的良方。

从本书的调查情况来看，农民对棉花价格保险这一险种存在较大的认识偏差，而且国内的农民对于自我主动防范风险的意识也比较弱，较多地依赖政府部门的救济。无论是种植棉花的农民还是种植其他作物的农民，作为农产品生产经营者不能养成过度依赖政府的惯性思维，借鉴国际经验，可以将农业保险、期货等市场化风险管理工具的应用，增加到新型农民的技能教育中。要加强对农户的教育和相关棉花价格保险知识的培训。加强对农户的基础学历教育、业余教育，提高棉农的各项综合素质，通过对农户进行棉花价格保险知识的培训，教会农民如何选择以及采取什么方式购买棉花价格保险，增加农户在操作中的便利性。

加强宣传教育，提高棉农抵御风险的意识。现阶段在中国，农民普遍缺乏保险专业知识，缺乏基本的风险意识。保险公司宣传时需要准备详细的双语资料，包括保险责任、保险赔付标准、保障范围和收费标准等，积极利用县电视台、政府网站、现场答疑等宣传媒介进行政策宣传，充分发挥驻村工作组入户走访的优势，全方位、多角度宣传。同时，采取多种形式开展保险知识讲座，宣传理赔案例，要让农民真正了解棉花价格保险能够规避风险、稳定农民收入的功能，提高棉农的风险意识和保险意识，提高后期棉农自愿投保的意愿，为棉花"价格保险+期货"的全面推广奠定基础。

第四，加强对保险公司的宣传，改善农户对保险公司的印象。

长期以来保险公司给农民群众留下了服务态度较差、理赔不及时、真实受损不能获得赔偿、纯粹是为了赚钱、不值得信任等不好的形象，导致农民普遍存在抵触保险公司的心理，农户的这种心理状态不利于棉花价格保险推广实施。要推广棉花价格保险，保险公司必须要在实践中提升自我服务水平和服务效率，对于相关保障条款应该给棉农做出清晰的解答，减少棉农的理解偏差，改善保险公司在农民群众中的形象，增强保险产品供给与需求双方的信任，增进双方相互合作的意愿，促进农民与保险公司形成合作关系。尤其是参与棉花价格保险试点的保

---

① USDA National Institute of Food and Agriculture. Extension Risk Management Education ［EB/OL］. ［2019-09-20］. http：//extensionrme.org/.

险公司应该多与农户进行沟通和联系，在农户心中形成良好的形象，对于以后的推广具有重要的示范作用。

第五，加强对棉花价格保险的宣传力度。

在与农户的交流中发现，大部分农户对于棉花价格保险的认识程度还不够高，甚至存在一定的偏见，这不利于棉花价格保险的推广。因此，必须运用微信、电视、网络、现场会或者其他媒介积极宣传棉花价格保险，让棉农尽量多地了解棉花价格保险，减少信息损失或者误解，让棉农认识到棉花价格保险与传统棉花自然灾害保险的区别、优势和重要性，努力促进农户观念上的改变，促进农户购买棉花价格保险。

第六，丰富价格保险产品体系。

由于经营价格保险的保险公司比较少，开发的价格保险种类更少，导致现有的价格保险产品单一，产品体系不够完善，因此面对不同类型、不同需求的农户时，保险产品不能适应购买者的需求。丰富棉花价格保险产品体系要从两个角度出发，一是要深入实际去调研不同规模、不同类型的农户，根据他们的不同特征和需求设计出农户需求的产品；二是费率和保障水平必须有最低和最高值，并且是多样化的，这样可以有助于构建出模块化的、个性化的棉花价格保险产品体系。因此，要鼓励保险公司创新多层次、差异化的棉花保险产品。新型农业经营主体一般具有较强的风险意识和保险需求，投入更高，较多进行规模化生产。农业风险对他们的收入影响较大，适合推出"高保障"的保险产品。而针对小规模种植的棉农，由于其面临的风险较小，"普惠型"的保险产品更能满足他们的需求。

第10章 研究结论与研究展望

10.1 研究结论

本书基于试点地区的案例调查，对棉花价格保险的模式、试点的效果与存在的不足进行了归纳总结。从程序精简的视角比较了棉花价格保险与目标价格补贴政策的差异，并运用福利经济学的思想比较了两种政策的社会总福利，肯定了棉花价格保险在理论上比目标价格政策更优。进一步对棉花价格保险的供给与需求方进行了访谈和问卷调查，依据实地调查的数据，运用 CMP、CVM、PMP、蒙特卡洛模拟等数理模型进行了相应的实证分析。得出的主要结论如下：

第一，运用 AMS 方法估计了我国棉花目标价格补贴政策的综合水平，结果表明，我国棉花补贴不再具备"黄箱"空间，在 WTO 规则下棉花补贴政策"转箱"已成为必然，并提出了中国棉花补贴政策"转箱"的思路，其中棉花价格保险可以作为短期最具有可操作性的措施之一。

第二，棉花价格保险是我国植棉政策利用金融工具向市场化改革的新举措。实际操作中的棉花价格保险属于收入保险的范畴，具有明显的政策属性。结合试点地区的典型案例，对比分析新疆兵团和新疆地方模式下棉花价格保险对政府、农户和保险公司各主体的影响，总结得出两种模式下棉花价格保险降低了政府财政压力，稳定了棉农的收益，发挥了保险公司在帮扶上的积极作用，但是保险公司面临较大经营风险。棉花价格保险试点中存在基础数据不完善、缺少操作细则和规范性文件、存在败德空间以及农户认识不足等问题。

第三，从棉花生产者和消费者的角度运用福利经济学的思想进行分析得出，实施棉花价格保险可以有效地改善生产者福利，消费者福利变化不大，能够提高社会的总福利。并且在棉花价格保险的实施中政府的财政负担明显减轻，政府对棉花市场的干预比目标价格政策更少。

第四，通过对保险公司的调研可知，保险公司认为棉花价格保险是未来的趋势，愿意牺牲当前的经济利益来换取提前占领市场份额、积累实践经验。目前，保险公司主要的担忧是政策的可持续性、风险分散措施不足、小农户败德行为难以约束、如何科学确定保费费率、人才短缺等问题。

第五，运用 CMP 模型研究得出，对棉农购买棉花价格保险意愿具有正向影响的因素有：属于兵团职工、受教育水平、人均年纯收入、机采棉占比、农户购买农业保险的经历、对保险公司的认知、对棉花价格保险的熟悉程度和重要性认知。对棉农购买棉花价格保险具有负向作用的因素有：年龄和外出务工经历。

影响棉农支付保费金额高低的因素中，具有正向作用的因素有：性别、年龄、风险规避型农民、农民人均纯收入、外出务工经历、对保险公司的认知、对棉花价格保险的熟悉程度和重要性认知；具有负向作用的因素有：属于兵团职工、规模、植棉年限、机采棉占比、经商经历。

第六，运用 CVM 方法计算得出新疆地方棉农愿意支付的棉花价格保险保费最高金额为 100.315 元/亩，新疆兵团棉农愿意支付的棉花价格保险保费最高金额为 70.585 元/亩，全疆平均最高愿意支付的保费约为 83.78 元/亩。

第七，运用 PMP 模型模拟在小麦和玉米当前收益不变的情况下，政府对农户参与棉花价格保险保费分别进行 20%、50%、70%、100%补贴，理论上棉花播种面积分别增长 4.18%、10.46%、14.64%、20.92%。在补贴固定在 66 元/亩方案下，每亩植棉收益上升或者下降 20%、50%、70%、100%，植棉面积的变化将增加或者减少 24.18%、60.46%、84.64%、120.92%。政府对棉花价格保险按比例进行补贴比以稳定每亩收益为目标的补贴对种植面积波动产生的影响小。

第八，棉花"价格保险+期货"政策具有明显的风险降低效果。农户在参与 18600 元/吨的棉花价格保险后，其收入的标准差从 5658.57 元降低到了 1474.66 元。说明相对于无政策，棉花"价格保险+期货"不仅能够提高农户的收入水平，还能降低其收入的波动幅度。模拟发现棉花价格保险保障的目标价格越高，棉农的预期收入也越高，同时预期收入的波动也越来越小，由此表明棉花"价格保险+期货"的保障水平越高，农户的收入就越稳定，棉花"价格保险+期货"

具有明显的风险降低效果。

第九，政府对高保障水平的价格保险补贴比例越高，农户的福利效用增加越多。当政府对农户保费补贴标准从 80% 提高到 100% 时，农户参与 L_1 保障档次下的价格保险后确定性等值仅增加了 61.05 元，而若农户参与 L_6 保障档次下的价格保险，确定性等值能增加 1362.36 元。参与低保障水平的价格保险即便有政府的保费补贴，因为赔付概率较低，赔付金额较少，其经济福利的增加也很有限。因此可以说明，棉花价格保险在高保障水平下提高政府的保费补贴比例比低保障水平下提高政府的保费补贴比例带给农户的福利效用增加值更大。

第十，棉花"价格保险+期货"政策能够减少政府的财政成本。如果新疆实施棉花价格保险政策，政府工作人员只需要负责保险公司招标工作、统计棉花价格数据工作以及与保险公司统筹协同开展相关工作，政府在棉花"价格保险+期货"中主要发挥统筹规划、监督的作用，至于无人机测量棉花种植面积、棉花价格保险承保资料签字、后续保险公司赔付资金发放等相关工作，都由保险公司进行操作，不仅节约了行政成本还能提高效率。在棉花价格保险保障目标价格为16681 元/吨，即使政府的保费补贴比例达 100%，政府的预期支出还是可以减少74.49%。在棉花价格保险保障目标价格为 18600 元/吨，保费补贴为 90% 的情况下，政府的预期支出可以减少 10%。政府对棉花价格保险的补贴比例具体取值可以综合考虑棉花产业发展需要、财政承受能力和市场形势变化等因素确定。若后期农户的风险意识提高，可以减少相应的补贴比例，减少政府财政支出。

10.2　政策思考

中国棉花国内支持政策的"转箱"调整可能有多种途径，棉花价格保险作为替代目标价格补贴的措施之一，当前的试点中获得了一些肯定，但是仍然有较多的不足。结合当前试点的棉花价格保险来看，由于缺乏政府财政的支持，作为参与主体之一的保险公司风险分散措施缺乏，导致保险公司存在一定亏损，农民和政府均是这项试点政策的受益者。

当前我国棉花政策如何调整已经引起了学术界的广泛讨论，不同学者各执一词。部分学者提出参考美国的做法实施商业化收入保险来替代当前的目标价格。

美国的收入保险是以家庭的农业经营收入总额为保障对象的农业保险。针对这一类型的观点，笔者认为当前阶段在我国实施商业化收入保险的条件还比较欠缺，理由是：一方面，基本国情不一样。由于目前在我国棉花种植80%以上在新疆，虽然新疆兵团职工人均耕地面积可以达到几十亩，但是新疆地方的农民尤其是南疆的农民种植规模较小，南疆的地方农户家庭几乎人均耕地不到1亩，仍然是小规模、多种农作物均有种植的情况，没有形成和美国一样的高度专业化、机械化的大规模生产，这样多作物种植的情况下多种作物都存在产量风险和价格风险，保险公司不愿意承受巨大的风险；南疆也是我国著名的低收入连片区，农民的收入低不足以支付高额的保费；同时现阶段在不同区域的各种农作物生产风险数据库的建设也不够完善，从实际操作上可行性存疑。另一方面，直接实施收入保险的客观制度条件还不成熟，一是我国的期货市场还不完善，还不能真正起到价格发现的功能；二是农民普遍缺乏农业风险管理教育和培训，我国也没有建立起完善的风险管理培训教育制度；三是缺少约束农户逆向选择和败德行为的制度，农户与保险公司之间是一种农户信息掌握量大于保险公司的信息不对称关系，一旦发生大规模的农户逆向选择和败德行为，可能会危及整个产业链的发展；四是发达国家的农业保险经过了近百年的探索，我国的国情与外国不同，而且多项基础性的设施环境还处于建设的初期，很多的制度还不够完善，照搬发达国家的做法可能会给我们国家的整个产业的发展带来不可逆转的损失。

保险是未来棉花支持政策的发展方向这已经得到了实践者的普遍认可，其不仅可以实现补贴政策"转箱"的目的，而且也是完善我国棉花产业风险管理的重要措施。因此必须从我国的实际情况出发，循序渐进地推进，减少试错带来的制度性改革成本以及对整个棉花产业产生的不利影响。

现阶段棉花补贴政策转型比较可行的做法是将棉花目标价格补贴政策对农户的补贴金额转变为通过棉花价格保险的形式补贴给棉农，保留目前棉花目标价格补贴政策的采价系统，用这一采价系统来确定棉花价格保险的标的。这一做法的好处是短期内农户比较容易接受，能保障棉农的收入，不会对棉农的棉花种植意愿产生较大的影响，对于稳定新疆的棉花种植面积和产量，保障棉花资源供给安全具有重要作用；新疆作为中国最大的植棉区，转变这一补贴方式，可以规避WTO规则的约束；这一政策的转变可以显著地降低政府的执行成本，比如棉花的包包检测完全可以由轧花厂在棉花收购的过程中实现，而不必经过轧花厂到纤维检验局再次进行检测，将棉花的质量检测交给市场的购买者来决定。

从保障农民收入的角度考虑，棉花补贴政策调整还可以有另一种思路：未来也可以降低棉花目标价格补贴政策的补贴标准，使其符合 WTO 规则，扩大对其他作物的目标价格补贴范围，使目标价格成为一种普惠性的支持政策。但不能选择地区内与棉花存在竞争性的农产品，否则这会影响棉花种植面积的稳定性。对愿意继续种植棉花的农户用棉花目标价格+价格保险保障收入；对耕地质量差、资源环境恶劣、棉花种植收益低的地区退出棉花种植以后，从事其他农作物的种植仍然能够保障农户的稳定收入，同时考虑到新疆的水资源及其他自然条件的约束也可以优化新疆的棉花种植区域布局，调优整个区域农业的种植结构。

10.3　研究展望

　　虽然本书对我国棉花补贴政策为什么需要"转箱"调整，如何调整进行了相应的梳理和分析，以及对实践中的价格保险替代目标价格的方式进行了案例调查分析，并对棉花价格保险进行了实证模拟，但是由于笔者才疏学浅，在本书的写作中依然有较多的研究不足需要在以后的研究中进一步的完善。

　　第一，由于现阶段关于特定农作物棉花的补贴政策"转箱"的研究并不多，大多数遵循农业补贴政策"转箱"的研究思路，但是具体到棉花产业时，相关数据收集困难，数据口径的差异在一定程度上影响了本书的丰富性，在未来这一领域可以通过收集更丰富的相关数据来研究和完善。

　　第二，在 PMP 模型的使用中没有考虑作物的替代弹性问题，在新疆农业种植结构相对单一的地区来说可能影响不大，但是对于其他省份种植结构相对均衡多样化的地区，这一结果可能需要进一步的完善。

　　第三，本书主要涉及传统的农业经济政策研究和农业保险支农两个领域的研究，虽然都是关于支持农业发展的研究，但实际上两个领域有着完全不同的研究范式，将棉花价格保险作为一种支农政策来研究，存在着学科交叉，如何在两者间找到一个平衡点还需要进一步的完善。

　　第四，这一研究是以实际问题为导向，以解决当前国家棉花补贴政策"转箱"改革为目标的实践性选题，它不仅需要有深厚的理论知识储备，还需要丰富的实践调研经验和长期跟踪调查才能完成，笔者在本书的深入调研以及学术思想的呈现等方面难免存在一定的不足，需要沉淀和进一步研究。

第五，由于本书在问卷调查设计的初期以及实际调查方面存在经验不足，导致在问卷设计上存在一些瑕疵。比如，对保费选项设置的间隔较大，对于仅仅愿意承担50元以下保费的群体不能很好地进行区分，这在未来的农户调查研究中可以进一步完善。

第六，对于当前试点的"价格保险+期货"模式，在本书的研究中对期货内容涉及不多。保险公司作为一个风险投资机构，从经济利益的角度出发它是否愿意参与"期货+保险"模式，从纯商业化的角度看这一模式是否具有可行性没有给出比较多的分析和解释。由保险公司推出纯粹的价格保险逐步升级到收入保险，还是选择保险公司参与"价格保险+期货"模式，哪种方式更为合理有效需要在未来进行深入的理论研究和实际调查分析。

参考文献

中文期刊文献

［1］Mike Edwards. 全球棉花、纺织市场形势分析与展望［J］．中国棉麻产业经济研究，2018（02）：12.

［2］安毅，方蕊．我国农产品市场风险变化与新型防控体系建设［J］．经济纵横，2018（10）：59-66.

［3］柏必成．政策变迁动力的理论分析［J］．学习论坛，2010，26（09）：50-54.

［4］鲍勇，姚升，吴国松．棉花产业链对目标价格补贴政策的影响分析［J］．沈阳农业大学学报（社会科学版），2018，20（01）：31-35.

［5］蔡高强．美国棉花补贴法律机制及中国的借鉴［J］．金陵科技学院学报（社会科学版），2010，24（01）：36-40.

［6］常江，孔哲礼．基于农户行为视角的农业补贴政策效应研究——以棉花目标价格补贴为例［J］．金融发展评论，2016（04）：88-94.

［7］陈德萍．国外农业保险经验借鉴与中国政策性农业保险制度完善［J］．国际经贸探索，2012，28（06）：88-95.

［8］陈胜辉，刘维忠．"十二五"新疆优质棉基地建设成效、问题及对策建议［J］．新疆农业科技，2017（02）：12-14.

［9］陈锡文．中国农业政策面临的挑战［J］．经济研究参考，2017（12）：25.

［10］程沅孜．中国农业生产布局及其演变的研究进展［J/OL］．湖北农业科学，2016，55（03）：548-553. DOI：10.14088/j.cnki.issn0439-8114.2016.03.002.

[11] 程国强，朱满德．中国工业化中期阶段的农业补贴制度与政策选择 [J]．管理世界，2012（01）：9-20．

[12] 程文明，王斌，王平．C-TAM-TPB 框架下棉农采用有机液体肥的意愿研究——基于新疆兵团第八师 516 个农户的调研 [J]．新疆农垦经济，2019（01）：57-65．

[13] 程文明，王力．新疆棉花价格保险实践模式分析和政策建议 [J]．中国棉花，2019，46（11）：1-6+9．

[14] 程文明，王力，陈兵．乡村振兴下民族地区特色产业提质增效研究——以新疆棉花产业为例 [J]．贵州民族研究，2019，40（06）：166-171．

[15] 程文明，王力，赵新民，等．棉花价格保险的探索与思考——基于新疆生产建设兵团的实践 [J]．金融理论与实践，2019（05）：1-8．

[16] 代瑞熙，张亦弛，张益．美国棉花产业政策的转变与经验借鉴 [J]．世界农业，2017（09）：99-104．

[17] 戴梦希．农业大灾保险试点启动 [N]．金融时报，2017-06-07（009）．

[18] 翟雪玲，李冉．价格补贴试点与政策匹配：例证棉花产业 [J]．改革，2015（10）：89-100．

[19] 丁煌，定明捷．政策执行中交易成本的构成探析 [J]．南大商学评论，2006（02）：189-201．

[20] 杜珉，刘锐．关于新疆棉花目标价格补贴试点政策的探讨 [J]．中国棉花，2015，42（01）：1-5．

[21] 杜鹏．农户农业保险需求的影响因素研究——基于湖北省五县市 342 户农户的调查 [J]．农业经济问题，2011，32（11）：78-83+112．

[22] 范丽萍．欧盟农业单一支付补贴政策解析 [J]．世界农业，2016（07）：12-18+247．

[23] 凤兰，李晓林．农业保险的发展：两难困境与产品选择 [J]．上海金融，2013（03）：35-40+117．

[24] 高军东，刘宁．借鉴国际经验完善中国有机农业立法 [J]．世界农业，2015（10）：101-103．

[25] 葛永波，曹婷婷．农产品价格风险管理新模式探析：基于棉花"保险+期货"的案例分析 [J]．价格理论与实践，2017（10）：119-121．

［26］龚光亚，郑磊．主要产棉国棉花生产保护政策概览与启示［J］．中国棉麻产业经济研究，2015（01）：35-38.

［27］关建波，谭砚文．良种补贴对中国棉花生产效率的影响分析［J］．农业技术经济，2014（03）：49-56.

［28］关于支持与保护农业问题研究（上）［J］．管理世界，1997（04）：158-169.

［29］郭渐强，杨露．行政程序简化视角下降低政策执行成本研究［J］．广西社会科学，2018（06）：154-158.

［30］韩冰，严婷婷，李思经．棉花目标价格政策对新疆种植业生产和收益的影响——基于PMP模型的模拟研究［J］．中国棉花，2017，44（06）：1-6+11.

［31］贺超飞，于冷，姜兴赫．实施目标价格改革对棉花播种面积影响研究——基于县级面板数据及双重差分方法的分析［J］．价格理论与实践，2018（10）：61-64.

［32］侯玲玲，曾玉珍，穆月英．我国农业保险补贴政策研究［J］．农村金融研究，2010（07）：68-73.

［33］胡代光，高鸿业，丁冰．西方经济学大辞典［M］．北京：经济科学出版社，2000.

［34］胡亦琴．论农业保险制度的基本框架与路径选择［J］．农业经济问题，2003（10）：40-43.

［35］胡勇军，胡声军．福利经济学及其理论演进［J］．江西青年职业学院学报，2005（04）：53-55.

［36］黄汉权，蓝海涛，王为农，等．我国农业补贴政策改革思路研究［J］．宏观经济研究，2016（08）：3-11.

［37］黄季焜，王丹，胡继亮．对实施农产品目标价格政策的思考——基于新疆棉花目标价格改革试点的分析［J］．中国农村经济，2015（05）：10-18.

［38］黄家明，方卫东．交易费用理论：从科斯到威廉姆森［J］．合肥工业大学学报（社会科学版），2000（01）：33-36.

［39］黄琦，陶建平．中国农业保险发展的空间收敛研究［J］．农业现代化研究，2016，37（06）：1151-1157.

［40］黄少安．"交易费用"范畴研究［J］．学术月刊，1995（11）：

38-44.

[41] 黄少安. 交易费用理论的主要缺陷分析（上）［J］. 学习与探索，1996（04）：4-10.

[42] 黄萱蕊，李振英，岳意定. 我国农产品价格指数保险定价研究：基于棉花现货市场数据测算［J］. 价格理论与实践，2018（02）：79-82.

[43] 焦清平. 农业保险监管机制探析——以甘肃省为例［J］. 甘肃金融，2017（04）：4-8.

[44] 矫健，陈伟忠，康永兴，等. 新常态下完善新疆棉花目标价格补贴政策的思考［J］. 中国棉花，2015，42（09）：1-3+8.

[45] 解运亮. 美国棉花产业政策及对我国的启示［J］. 全球化，2013（06）：95-103+128.

[46] 金炜. 棉花新政落地新疆［N］. 中华工商时报，2014-10-14（010）.

[47] 孔维升，麻吉亮. 欧盟农产品市场调控政策研究［J］. 中国食物与营养，2017，23（10）：50-54.

[48] 李冬妍，赵欣彤. 论我国农业保险制度建设中政府行为的优化［J］. 经济问题，2011（06）：94-96.

[49] 李丽，胡继连. 棉花收储政策对棉花市场的影响分析［J］. 山东农业大学学报（社会科学版），2014，16（01）：21-25.

[50] 李鹏辉，邵战林，郭丹丹. 新疆棉花扶持政策解析［J］. 边疆经济与文化，2016（01）：9-11.

[51] 李琴英. 农户政策性农业保险需求意愿实证分析［J］. 河南社会科学，2014，22（12）：73-77+124.

[52] 李莎莎，朱一鸣. 我国农资综合补贴政策分析［J］. 农业经济，2016（03）：107-108.

[53] 李秀香. 开放式保护幼稚产业的理论探讨［J］. 江西社会科学，2003（05）：1-5.

[54] 李亚茹，孙蓉. 农产品期货价格保险及其在价格机制改革中的作用［J］. 保险研究，2017（03）：90-102.

[55] 李玉勤. 发展我国农业保险的构想［J］. 管理世界，1996（02）：179-183.

［56］刘保立．棉花秸、叶、籽的新用途［J］．农村实用工程技术（农业工程），1986（06）：43.

［57］刘闯．基于比较优势和幼稚产业保护理论的区域视角：浅析中部地区城镇工业化的新发展及启示［J］．现代管理科学，2019（05）：74-76.

［58］刘福江，孙立新，毛世平．农业支持政策结构变迁的国际比较分析［J］．中国农业资源与区划，2018，39（02）：34-41.

［59］刘娟．农业保险购买意愿影响因素实证研究——基于广东省云浮市的调查［J］．东岳论丛，2014，35（10）：159-163.

［60］刘强，李晓．基于福利经济学的生态农业发展困境分析［J］．江苏农业科学，2014，42（11）：459-461.

［61］刘盛林，刘君，董亮，等．山东省典型种植模式农业投入要素和结构研究［J］．山东农业科学，2016，48（10）：162-166.

［62］刘艳梅．下一步棉花目标价格补贴试点改革的政策设计［J］．宏观经济研究，2016（10）：35-39+62.

［63］刘毓湘．1994-1995 年度世界棉花产销形势和 1995-1996 年度展望［J］．新疆农垦经济，1995（05）：4-8.

［64］刘志雄．我国棉花国内支持政策对世界棉花市场影响研究［J］．农业经济问题，2014，35（08）：33-39+110-111.

［65］柳苏芸，韩一军，李雪．中国农产品目标价格补贴政策效应分析——以大豆和棉花为例［J］．湖南农业大学学报（社会科学版），2015，16（05）：34-39.

［66］卢凌宵，刘慧，秦富，等．我国农产品目标价格补贴试点研究［J］．农业经济问题，2015，36（07）：46-51+111.

［67］卢凌霄，刘慧．推进棉花目标价格改革研究——基于新疆棉花目标价格改革试点进展情况的分析［J］．价格理论与实践，2015（01）：21-23.

［68］卢秀茹，贾肖月，牛佳慧．中国棉花产业发展现状及展望［J］．中国农业科学，2018，51（01）：26-36.

［69］马红坤，孙立新，毛世平．欧盟农业支持政策的改革方向与中国的未来选择［J］．现代经济探讨，2019（04）：104-111.

［70］马晓河，蓝海涛．加入 WTO 后我国农业补贴政策研究［J］．管理世界，2002（05）：66-75.

［71］马玄，金山，王京梁，陈胜辉．新疆优质棉基地县、良种棉轧花厂现状、问题及发展建议［J］．中国棉花，2004（11）：4-6.

［72］毛德敏．国外棉花补贴政策对新疆棉花生产的启示［J］．南方农业学报，2016，47（08）：1434-1438.

［73］棉花补贴历史与发展［J］．中国棉麻流通经济，2008（03）：5-7.

［74］农业部办公厅　财政部办公厅关于印发《2018-2020年农业机械购置补贴实施指导意见》的通知［EB/OL］．http：//www. moa. gov.

［75］农业部办公厅　财政部办公厅　商务部办公厅关于印发《2012年农机报废更新补贴试点工作实施指导意见》的通知［EB/OL］．http：//www. moa. gov. cn/gk/cwgk_ 1/nybt/201209/t20120927_ 2951737. htm.

［76］欧阳日辉，徐光东．新制度经济学：发展历程、方法论和研究纲领［J］．南开经济研究，2004（06）：3-9.

［77］潘苏，谭砚文．主要棉花生产国棉花补贴政策的比较分析［J］．世界农业，2007（12）：30-32.

［78］裴志蕊．浅议我国期货市场存在的问题及发展建议［J］．中国商论，2018（20）：179-180.

［79］彭超．我国农业补贴基本框架、政策绩效与动能转换方向［J］．理论探索，2017（03）：18-25.

［80］齐皓天，彭超．我国农业政策如何取向：例证美农业法案调整［J］．重庆社会科学，2015（01）：21-29.

［81］祁春节．美国棉花补贴政策研究［J］．中国棉花，2003（09）：2-5.

［82］钱文荣，应一道．农户参与农村公共基础设施供给的意愿及其影响因素分析［J］．中国农村经济，2014（11）：39-51.

［83］全世文，于晓华．中国农业政策体系及其国际竞争力［J］．改革，2016（11）：130-138.

［84］人民银行，银保监会，证监会，财政部，农业农村部．五部门联合发布《关于金融服务乡村振兴的指导意见》［EB/OL］．（2019-01-29）［2019-02-11］．http：//www. gov. cn/xinwen/2019-02/11/content_5364842. htm.

［85］任巧巧．如何为农业撑好"保险伞"［J］．宏观经济管理，2002（02）：41-43.

［86］沈满洪，张兵兵．交易费用理论综述［J］．浙江大学学报（人文社会

科学版），2013，43（02）：44-58.

　　［87］孙靖帮，孔哲礼，张俊星．美国棉花补贴政策实施情况及对中国的启示［J］．金融发展评论，2010（03）：106-111.

　　［88］孙乐，陈盛伟．我国农产品"价格保险+期货"供给分析——基于美国实践的借鉴［J］．金融理论探索，2017（06）：67-73.

　　［89］孙良．新旧制度经济学的比较分析［J］．中国经济问题，2002（02）：14-18.

　　［90］孙蓉，李亚茹．农产品期货价格保险及其在国家粮食安全中的保障功效［J］．农村经济，2016（06）：89-94.

　　［91］孙香玉，吴冠宇，张耀启．传统农业保险与天气指数保险需求：替代还是互补？——以新疆棉花农业保险为例［J］．南京农业大学学报（社会科学版），2016，16（05）：116-126+157.

　　［92］孙香玉，钟甫宁．对农业保险补贴的福利经济学分析［J］．农业经济问题，2008（02）：1-4+110.

　　［93］孙镟．我国农业保险的难点与发展模式［J］．统计与决策，2005（14）：110-111.

　　［94］谭砚文．美国2008新农业法案中的棉花补贴政策及其启示［J］．农业经济问题，2009（04）：103-109+112.

　　［95］汤敏．中国农业补贴政策调整优化问题研究［J］．农业经济问题，2017，38（12）：17-21+110.

　　［96］田聪颖，肖海峰．目标价格补贴与生产者补贴的比较：对我国大豆直补方式选择的思考［J］．农业经济问题，2018（12）：107-117.

　　［97］田红灯，田大伦，闫文德，等．贵阳市公益林生态效益价值及补偿标准 CVM 评估［J］．中南林业科技大学学报，2013，33（08）：122-128.

　　［98］田辉．我国发展农产品价格保险的难点及原则［J］．经济纵横，2016（06）：62-69.

　　［99］田立文，白和斌，柏超华，等．新疆棉花补贴政策、存在问题及对策研究［J］．新疆农业科学，2015，52（07）：1359-1367.

　　［100］庹国柱．我国农业保险制度的改革与发展［J］．保险理论与实践，2017（04）：1-13.

　　［101］庹国柱．要严格规范农险中介的市场行为［N］．中国保险报，

2019-03-08（003）.

[102] 庹国柱，张峭．论我国农业保险的政策目标［J］．保险研究，2018（07）：7-15.

[103] 庹国柱，朱俊生．关于农产品价格保险几个问题的初步探讨［J］．保险职业学院学报，2016，30（04）：26-31.

[104] 庹国柱，朱俊生．完善我国农业保险制度需要解决的几个重要问题［J］．保险研究，2014（02）：44-53.

[105] 汪若海．中国棉区的划分与变迁［J］．中国棉花，2009，36（09）：12-16.

[106] 王翀，严强．对社会政策替代过程的新解释［J］．江苏社会科学，2012（02）：118-124.

[107] 王和．我国保险信息技术40年回望［J］．中国保险，2019（03）：12-17.

[108] 王健，董俊哲，陈浩，等．全球棉花进出口贸易分析及展望［J］．棉纺织技术，2018，46（03）：81-84.

[109] 王开勇，钱文东，茹思博，等．绿洲棉田土壤质量评价指标研究［J］．安徽农业科学，2008（30）：13268-13270.

[110] 王克，张峭，肖宇谷，等．农产品价格指数保险的可行性［J］．保险研究，2014（01）：40-45.

[111] 王磊焱，徐向勇，孙莉萍．改进创新新疆棉花保险产品研究［J］．金融发展评论，2016（04）：57-79.

[112] 王蕾．棉花价格保险在疆试点落地［N］．中华合作时报，2017-09-29.

[113] 王力．棉花进口和库存为何走高［N］．经济日报，2012-12-04（013）.

[114] 王力，程文明．美国棉花保险对我国棉花价格保险的启示［J］．价格月刊，2018（08）：23-27.

[115] 王力，程文明．棉花价格保险政策设计的关键问题与解决思路——基于美国STAX与国内价格保险试点的对比［J］．宏观经济管理，2019（10）：65-71.

[116] 王力，何韶华．新疆棉花目标价格政策实施效果研究［J］．价格理

论与实践，2018（08）：147-150.

[117] 王力，贾娟琪，汪海霞．我国棉花市场蛛网效应影响分析及对策研究[J]．中国棉花，2013，40（02）：3-9.

[118] 王力，刘小凤，程文明，等．棉花"价格保险+期货"试点改革的思考——基于新疆棉花主产区数据的分析[J]．价格理论与实践，2019（09）：100-103.

[119] 王力，温雅．新疆棉花目标价格补贴政策的实施效果与对策分析[J]．价格月刊，2015（09）：37-41.

[120] 王文信，王艺璇，张跃．基于PMP模型的农户苜蓿种植补贴效果实证分析——以河北省黄骅市为例[J]．中国农业大学学报，2017，22（07）：221-228.

[121] 王艺超．政策性农业保险寻租行为的博弈分析[J]．中国保险，2018（02）：29-32.

[122] 王裕雄，肖海峰．实证数学规划模型在农业政策分析中的应用——兼与计量经济学模型的比较[J]．农业技术经济，2012（07）：15-21.

[123] 魏后凯．中国农业发展的结构性矛盾及其政策转型[J]．中国农村经济，2017（05）：2-17.

[124] 吴迪，赵元凤．美国及我国农产品价格保险研究综述[J]．农村金融研究，2018（02）：71-76.

[125] 伍山林．中国粮食生产区域特征与成因研究——市场化改革以来的实证分析[J]．经济研究，2000（10）：38-45+79.

[126] 夏益国，谢凤杰，周丽．美国农业安全网政策保险化：表现、动因与启示[J]．保险研究，2019（11）：42-55.

[127] 肖登攀，齐永青，王仁德，等.1981—2009年新疆小麦和玉米物候期与气候条件变化研究[J]．干旱地区农业研究，2015，33（06）：189-194+202.

[128] 肖俊威，杨亦民．湖南省湘江流域生态补偿的居民支付意愿WTP实证研究——基于CVM条件价值法[J]．中南林业科技大学学报，2017，37（08）：139-144.

[129] 肖卫东，张宝辉，贺畅，等．公共财政补贴农业保险：国际经验与中国实践[J]．中国农村经济，2013（07）：13-23.

[130] 新疆启动棉花目标价格改革试点工作[EB/OL]．http://xj.peo-

ple. com. cn/n/2014/0917/c349472-22345888. html.

[131] 徐常萍. 从李斯特到 WTO 自由贸易的趋势与幼稚产业的保护 [J]. 现代商业, 2007 (10): 110-111.

[132] 徐全红. 我国农业财政补贴的经济学分析 [J]. 经济研究参考, 2006 (93): 21-26.

[133] 徐雪高, 齐皓天, 许卫健. 水稻目标价格保险实施的个案调查 [J]. 经济纵横, 2017 (12): 67-73.

[134] 许祥云, 何恋恋, 高灵利. 农产品政策如何影响国际市场对国内期货市场的价格传递效应——以棉花和豆类产品的收储及补贴政策为例 [J]. 世界经济研究, 2016 (06): 55-68+135.

[135] 闫平, 吴箫剑. "保险+期货" 服务 "三农" [J]. 金融世界, 2015 (09): 92-93.

[136] 闫庆华, 刘维忠, 秦子. 世界棉花格局变化及对中国棉花发展的启示 [J]. 农业经济, 2017 (11): 119-121.

[137] 杨莲娜, 田秀华. 国际棉花生产及贸易格局分析 [J]. 中国棉花加工, 2014 (01): 34-38.

[138] 杨婷怡, 罗剑朝. 农户参与农村产权抵押融资意愿及其影响因素实证分析——以陕西高陵县和宁夏同心县 919 个样本农户为例 [J]. 中国农村经济, 2014 (04): 42-57.

[139] 杨秀玉, 马建荣, 刘平方. 美国棉花补贴农业政策及其特点 [J]. 世界农业, 2013 (12): 78-80.

[140] 姚鹏. 论政策执行成本的困境与消解 [J]. 南京工业大学学报 (社会科学版), 2006, 5 (04): 46-50.

[141] 叶明华. 农产品目标价格保险的政策定位与发展策略 [J]. 中州学刊, 2015 (12): 45-49.

[142] 叶明华, 庹国柱. 农业保险与农产品期货 [J]. 中国金融, 2016 (08): 64-66.

[143] 叶兴庆. 我国农业支持政策转型: 从增产导向到竞争力导向 [J]. 改革, 2017 (03): 19-34.

[144] 佚名. 棉花补贴历史与发展 [J]. 中国棉麻流通经济, 2008 (03): 5-7.

［145］余方平，李敬伟．"保险+期货"让更多农户受益［N］．中国保险报，2015-08-18（002）．

［146］余艳．基于政策视角下的贵州省农业保险可持续发展研究［J］．山西农业大学学报（社会科学版），2014，13（01）：61-64.

［147］喻树迅．我国棉花生产现状与发展趋势［J］．中国工程科学，2013，15（04）：9-13.

［148］喻树迅，张雷，冯文娟．快乐植棉——中国棉花生产的发展方向［J］．棉花学报，2015，27（03）：283-290.

［149］袁平红．中国棉花产业流通现状、问题与对策［J］．中国棉麻产业经济研究，2016（02）：17-27.

［150］袁祥州，齐皓天，程国强．美国2014年农业法案对棉花安全网的调整与影响分析［J］．农村经济，2016（03）：123-129.

［151］展祎，祖力亚尔·艾力．关于发挥期货市场功能作用合理优化棉花目标价格补贴政策的报告［J］．中国棉麻产业经济研究，2019（01）：25-28.

［152］张爱阳．公共政策执行缘何失真［J］．探索与争鸣，2006（02）：31-32.

［153］张成玉．基于实证数学规划方法PMP模型的种植结构预测——以河南省冬小麦、油菜作物体系为例［J］．洛阳师范学院学报，2018，37（02）：52-56.

［154］张成玉，肖海峰，YannickKuehl.江苏省测土配方施肥技术的经济效果评价［J］．技术经济，2009，28（04）：66-70.

［155］张杰，杜珉．新疆棉花目标价格补贴实施效果调查研究［J］．农业经济问题，2016，37（02）：9-16+110.

［156］张杰，王力，赵新民．新疆棉花良种补贴效果调查研究［J］．石河子大学学报（哲学社会科学版），2012，26（06）：13-19.

［157］张立杰，玛依拉·吐尔逊．棉花临时收储政策对稳定棉花价格保护棉农利益作用分析［J］．江苏农业科学，2015，43（10）：529-532.

［158］张峭．加快构建我国农产品市场风险管理体系（四）［N］．中国保险报，2016-12-27（004）．

［159］张峭，王克，汪必旺，等．农业风险综合管理：一个理论框架［J］．农业展望，2016，12（03）：59-65.

[160] 张伟，黄颖，李长春，等．收入分化、需求演变与农业保险供给侧改革［J］．农业经济问题，2018（11）：123-134.

[161] 张晓玲．我国棉花目标价格补贴试点改革的政策优化策略［J］．价格月刊，2018（06）：35-37.

[162] 张跃华，顾海英，史清华．农业保险需求不足效用层面的一个解释及实证研究［J］．数量经济技术经济研究，2005（04）：83-92.

[163] 张跃华，史清华，顾海英．农业保险对农民、国家的福利影响及实证研究——来自上海农业保险的证据［J］．制度经济学研究，2006（02）：1-23.

[164] 章杏杏，朱启荣．美国棉花补贴政策及其影响作用［J］．世界农业，2005（08）：34-36.

[165] 中共中央　国务院关于坚持农业农村优先发展做好"三农"工作的若干意见［J］．农村经营管理，2019（02）：6-12.

[166] 中共中央　国务院关于落实发展新理念加快农业现代化实现全面小康目标的若干意见［J］．农村工作通讯，2016（03）：7-15.

[167] 中共中央　国务院关于深入推进农业供给侧结构性改革加快培育农业农村发展新动能的若干意见［N］．人民日报，2017-02-06（001）.

[168] 中共中央　国务院关于实施乡村振兴战略的意见［N］．人民日报，2018-02-05（001）.

[169] 中共中央　国务院关于抓好"三农"领域重点工作确保如期实现全面小康的意见［N］．人民日报，2020-02-06（001）.

[170] 钟甫宁，胡雪梅．中国棉花生产区域格局及影响因素研究［J］．农业技术经济，2008（01）：4-9.

[171] 周倩妮．美国推广农业风险管理教育［N］．中国保险报，2012-08-27（006）.

[172] 周思涵．美国棉花补贴政策的借鉴与思考［J］．财政研究，2014（11）：80-81.

[173] 周振，沈田华．农业巨灾保险的需求意愿及其影响因素［J］．保险研究，2012（04）：25-32.

[174] 朱俊生，庹国柱．农业保险与农产品价格改革［J］．中国金融，2016（20）：73-75.

[175] 朱俊生，庹国柱．谈农产品价格保险的几个局限性［N］．中国保险

报，2016-06-07．

［176］朱满德，程国强．棉花目标价格补贴试点政策成效及完善建议［J］．经济纵横，2017（11）：90-96．

［177］朱满德，程国强．中国农业的黄箱政策支持水平评估：源于 WTO 规则一致性［J］．改革，2015（05）：58-66．

［178］朱满德，程国强．中国农业政策：支持水平、补贴效应与结构特征［J］．管理世界，2011（07）：52-60．

［179］朱晓雨，石淑芹，石英．农户行为对耕地质量与粮食生产影响的研究进展［J］．中国人口·资源与环境，2014（S3）：304-309．

［180］朱新方，孔令成．我国粮食价格支持、直接补贴的福利经济学分析及政策改进［J］．特区经济，2011（06）：124-126．

［181］祝宏辉，李聪聪．中国棉花价格补贴政策的制度空间及其调整［J］．价格理论与实践，2017（05）：45-48．

著作类

［1］［德］弗里德里希·李斯特．政治经济学的国民体系［M］．上海：商务印书馆，1961．

［2］［美］詹姆斯·E. 安德森．公共决策［M］．北京：华夏出版社，1990．

［3］［美］奥利弗·E. 威廉姆森．治理机制［M］．北京：中国社会科学出版社，2001．

［4］黄英君．保险和保险法理论与实践问题探索［M］．四川：西南财经大学出版社，2007．

［5］程国强．中国农业补贴制度设计与政策选择［M］．北京：中国发展出版社，2011．

［6］［美］哈里·兰德雷斯、大卫·C. 柯南德尔．经济思想史［M］．北京：人民邮电出版社，2014．

［7］汪若海，承泓良，宋晓轩．中国棉史概述［M］．北京：中国农业科学技术出版社，2017．

学位论文

［1］王永龙．中国农业转型发展的金融支持研究［D］．福州：福建师范大

学, 2004.

　　[2] 汤喆. 交易费用理论综述 [D]. 长春：吉林大学，2006.

　　[3] 于丹. 品牌购买理论（TBP）研究——理性行为理论（TRA）在品牌购买情境下的深化与拓展 [D]. 大连：大连理工大学，2008.

　　[4] 周云. 地方政府政策执行成本控制存在的问题与对策 [D]. 湘潭：湘潭大学，2013.

　　[5] 马琼. 中国棉花生产外部性测度及其矫正研究 [D]. 武汉：华中农业大学，2014.

　　[6] 孔哲礼. 棉花补贴的政策效应研究 [D]. 石河子：石河子大学，2016.

　　[7] 齐皓天. WTO规则视角下美国农业国内支持的合规性研究 [D]. 武汉：华中农业大学，2017.

　　[8] 王艺霖. 新疆棉花价格保险可行性研究 [D]. 石河子：石河子大学，2018.

　　[9] 张婷婷. 新疆棉花马克隆值的影响因素分析及其与可纺性关系研究 [D]. 上海：东华大学，2018.

英文文献

　　[1] Agriculture Risk Management Education Partnerships（ARME）Competitive Grants Program [EB/OL]. https：//ipmsouth. com/2018/03/05/agriculture – risk – management–education–partnerships–arme–competi–tive–grants–program/.

　　[2] Ahsan S M. Agricultural Insurance：A New Policy for Developing Countries [J]. Gower，1985.

　　[3] Alston J M, Sumner D A, Brunke H. Impacts of Reductions in US Cotton Subsidies on West African Cotton Producers [R]. Oxfam America, Boston, MA,2007.

　　[4] Arriaza M, Gomez-Limon J A. Policy Implications of the Decoupling of the EU Cotton Subsidies [J]. Journal of International Agricultural Trade and Development，2007，03（01），87–103.

　　[5] Arribas I, Louhichi K, Perni A, et al. Modelling Agricultural Risk in A Large Scale Positive Mathematical Programming Model [J]. International Journal of Computational Economics and Econometrics，2020，10（01）：2–32.

　　[6] Botonaki A, Mattas K, Rozakis S, et al. Impact of European Policy Chan-

ges on the Decisions of Cotton Producers in Greece ［J］. Cahiers Agricultures, 2009, 18 (05): 402-407.

［7］ Boyd M, Pai J, Zhang Q, Wang H H, Wang K. Factors Affecting Crop Insurance Purchases in China: The Inner Mongolia Region ［J］. China Agricultural Economic Review, 2011, 3 (04): 441-450.

［8］ Boyer C N, Jensen, K L, McLeod E, Larson J A. Upland Cotton Producers' Willingness to Participate in A BMP/STAX Pilot Program ［EB/OL］. 2016. http: // ageconsearch. umn. edu/record/234975/files/AAEA_ paper. pdf.

［9］ Budhathoki N K, Lassa J A, Pun S, Zander K K. Farmers' Interest and Willingness-to-pay for Index-based Crop Insurance in the Lowlands of Nepal ［J］. Land Use Policy, 2019 (85): 1-10.

［10］ Buysse J, Van Huylenbroeck G, Lauwers L. Normative, Positive and E-conometric Mathematical Programming as Tools for Incorporation of Multifunctionality in Agricultural Policy Modelling ［J］. Agriculture Ecosystems & Environment, 2007, 120 (01): 70-81.

［11］ C. Lau, S. Schropp, D. A. Sumner. The 2014 US Farm Bill and Its Effects on the World Market for Cotton ［R］. 2015, Issue Paper No. 58; International Centre for Trade and Sustainable Development, Geneva, Switzerland, www. ictsd. org.

［12］ Chambers R G. Insurability and Moral Hazard in Agricultural Insurance Markets ［J］. American Journal of Agricultural Economics, 1989, 71 (03): 604-616.

［13］ Chambers R G. On the Design of Agricultural Policy Mechanisms ［J］. A-merican Journal of Agricultural Economics, 1992, 74 (03): 646-654.

［14］ Chite R M. The 2014 Farm Bill (PL 113-79): Summary and Side-by-side ［R/OL］. 2014-2-12, https: //crsreports. congress. gov/product/pdf/R/R43076.

［15］ Coble K H, Knight T O. Crop Insurance as a Tool for Price and Yield Risk Management ［M］. A Comprehensive Assessment of the Role of Risk in U. S. Agriculture. Boston, MA: Springer, 2002.

［16］ Coble K H. Factors to Consider When Selecting a Crop Insurance Policy ［EB/OL］. http: //extension. msstate. edu/publications/publications/factors-consider-when-selecting-crop-insurance-policy.

[17] Dakouré, Pamela A. Cotton-4 and the Cotton Subsidies Issue: A Litmus Test for the WTO's Benefits to Least-developed Countries [J]. The Journal of World Investment & Trade, 2013, 14 (05): 852-888.

[18] Daniel A. Sumner, Congress Needs to Cut Ties With the Cotton Lobby—The Cotton Farm Profit Should Not Be the Responsibility of American Taxpayers [EB/OL]. https://www.usnews.com/opinion/economic-intelligence/articles/2016-01-28/congress-should-stop-promoting-cotton-subsidies-to-benefit-the-cotton-lobby.

[19] Don Lee. African Nations Call for U.S. to Eliminate Cotton Subsidies [R/OL]. DEC. 17, 2005. http://articles.latimes.com/2005/dec/17/business/fi-wto-cotton17.

[20] Eling M, Pankoke D. Systemic Risk in the Insurance Sector-What Do We Know? [D] University of St. Gallen, School of Finance Working Paper, 2012.

[21] Ellis E. Willingness to Pay for Index Based Crop Insurance in Ghana [J]. Asian Economic and Financial Review, 2017, 7 (07): 700-721.

[22] Elum Z A, Nhamo G, Antwi M A. Effects of Climate Variability and Insurance Adoption on Crop Production in Select Provinces of South Africa [J/OL]. Journal of Water and Climate Change, 2018, 9 (03): 500-511. doi: 10.2166/wcc.2018.020.

[23] Fahad S, Wang J, Hu G Y, Wang H, Yang X Y, Shah A A, Bilal A. Empirical Analysis of Factors Influencing Farmers Crop Insurance Decisions in Pakistan: Evidence from Khyber Pakhtunkhwa province [J]. Land Use Policy, 2018 (75): 459-467.

[24] Field J E, Misra S K, Ramirez O. Evaluating Crop and Revenue Insurance Products as Risk Management Tools for Texas Cotton Producers [J]. Journal of Agricultural and Applied Economics, 2003, 35 (01): 39-52.

[25] Fousseini Traoré. The impact of the United States Subsidies on World Cotton Price: Evidence from ARDL Bounds Tests [J]. Applied Economics, 2011, 43 (28): 4193-4201.

[26] Fragoso R, Marques C, Lucas M R, et al. The Economic Effects of Common Agricultural Policy on Mediterranean Montado/dehesa Ecosystem [J]. Journal of Policy Modeling, 2011, 33 (02): 311-327.

[27] Glauber J W. Agricultural Insurance and the World Trade Organization

［EB/OL］.2015. http：//www. ifpri. org/publication/agricultural － insurance － and － world-trade-organization.

［28］Glauber J W, Sumner D A. US Cotton Subsidies Insulate Producers from Economic Loss ［EB/OL］. https：//gro － intelligence. com/insights/us － cotton － subsidies #US.

［29］Goodwin B K, Coble R K H. Measurement of Price Risk in Revenue Insurance：Implications of Distributional Assumptions ［J］. Journal of Agricultural & Resource Economics, 2000, 25 (01)：195-214.

［30］Goodwin B K, Mahul O. Risk Modeling Concepts Relating to the Design and Rating of Agricultural Insurance Contracts ［M］. World Bank Publications, 2004.

［31］Goodwin B K, Smith V H. What Harm is Done by Subsidizing Crop Insurance? ［J］. American Journal of Agricultural Economics, 2012, 95 (2)：489-497.

［32］Grace M. The Insurance Industry and Systemic Risk：Evidence and Discussion ［R］. Networks Financial Institute Policy Brief, 2010 (02)：1-40.

［33］Guerreiro, David. On the Impact of US Subsidies on World Cotton Prices：A Meta-analysis Approach ［J］. The Journal of International Trade & Economic Development, 2014, 23 (01)：78-96.

［34］Hart C E, Babcock B A. Rankings of Risk Management Strategies Combining Crop Insurance Products and Marketing Positions ［J］. Center for Agricultural and Rural Development (CARD) Publications, 2001.

［35］Harwood J L, Heifner R G, Coble K H, et al. Managing Risk in Farming：Concepts, Research and Analysis ［J］. Agricultural Economics Reports, 1999.

［36］Hazell, Peter, Carlos Pomareda, and Alberto Valdes, eds. Crop Insurance for Agricultural Development：Issues and Experience ［R］. Baltimore MD：Johns Hopkins University Press, 1986.

［37］Heckelei T, Britz W, Zhang Y. Positive Mathematical Programming Approaches-recent Developments in Literature and Applied Modelling ［J］. Bio-based and Applied Economics, 2012, 1 (01)：109-124.

［38］Hertel T W, Rosch S D. Cliamte Change, Agriculture and Poverty ［J］. Applied Economic Perspectives & Policy, 2010, 32 (03), 355-385.

［39］Howitt R E. Positive Mathematical Programming ［J］. American Journal of

Agricultural Economics, 1995, 77 (02): 329-342.

[40] Hungerford, Ashley and O'Donoghue, Erik. Federal Crop Insurance Options for Upland Cotton Farmers and Their Revenue Effects [R], ERR - 218, U. S. Department of Agriculture, Economic Research Service, October 2016.

[41] Jennifer E. Ifft, Todd Kuethe, Mitch Morehart. Does Federal Crop Insurance Lead to Higher Farm Debt Use? Evidence from the Agricultural Resource Management Survey (ARMS) [J]. Agricultural Finance Review, 2015, 75 (03): 349-367.

[42] Jitea M I, Dumitras D E, Simu V A. An Ex-ante Impact Assessment of the Common Agricultural Policy Reform in the North-western Romania [J]. Agricultural Economics, 2015, 61 (02): 88-103.

[43] Jose H D, Valluru R S K. Insights from the Crop Insurance Reform Act of 1994 [J]. Agribusiness: An International Journal, 1997, 13 (06): 587-598.

[44] Joseph W. Glauber and Daniel A. Sumner, US Cotton Subsidies Insulate Producers from Economic Loss [EB/OL]. 2016. https://gro-intelligence.com/insights/us-cotton-subsidies#US.

[45] Judez L, De Miguel J M, Mas J, Bru R. Modeling Crop Regional Production Using Positive Mathematical Programming [J]. Mathematical and Computer Modelling, 2002, 35 (1-2): 77-86.

[46] Karagiannis G. The EU Cotton Policy Regime and the Implication of the Proposed Changes for Producer Welfare [EB/OL]. 2004. http://www.fao.org/3/j2732e/j2732e00.htm#Contents.

[47] Kelch, David R, Normile, Mary Anne. European Union Adopts Significant Farm Reform [R]. Amber Waves: The Economics of Food, Farming, Natural Resources, and Rural America, United States Department of Agriculture, Economic Research Service, 2004.

[48] Kingston C, Caballero G. Comparing Theories of Institutional Change [J]. Journal of Institutional Economics, 2009, 5 (02): 151-180.

[49] Kong R, Turvey C G, He G, Ma J, Meagher P. Factors Influencing Shaanxi and Gansu farmers' Willingness to Purchase Weather Insurance [J]. China Agricultural Economic Review, 2011, 3 (04): 423-440.

[50] Lakatos C, Walmsley T. Dispute Settlement at the WTO: Impacts of a No

Deal in the US – Brazil Cotton Dispute [J] . The World Economy, 2014, 37 (02): 244-266.

[51] Lau C, Schropp S, Sumner D A. The 2014 US Farm Bill and Its Effects on the World Market for Cotton [R/OL] . 2015, Issue Paper No. 58; International Centre for Trade and Sustainable Development, Geneva, Switzerland, www. ictsd. org.

[52] Libecap G D. Contracting for Property Rights [M] . Cambridge: Cambridge University Press, 1989.

[53] Lin J, Boyd M, Pai J, Porth L, Zhang Q, Wang K. Factors Affecting Farmers' Willingness to Purchase Weather Index Insurance in the Hainan Province of China [J/OL] . Agricultural Finance Review, 2015, 75 (01), 103 – 113. doi: 10. 1108/AFR-02-2015-0007.

[54] MacDonald S, Gale F, Hansen J. Cotton policy in China [R]. Washington DC: United States Department of Agriculture, Economic Research Service, 2015.

[55] MacDonald, S. The New Agricultural Trade Negotiations: Background and Issues for the U. S. Cotton Sector. Economic Research Service [R/OL] . U. S. Department of Agriculture, CWS-2000, 2000, November.

[56] Madden T J, Ellen P S, Ajzen I. A Comparison of the Theory of Planned Behavior and the Theory of Reasoned Action [J] . Personality and social psychology Bulletin, 1992, 18 (01): 3-9.

[57] Masten S E. Transaction Costs, Mistakes, and Performance: Assessing the Importance of Governance [J] . Managerial and Decision Economics, 1993 (14): 119-129.

[58] Mcmahon J A. The WTO Agreement on Agriculture [J] . Era Forum, 2001, 2 (04): 111-117.

[59] Merel P R, Howitt R E. Theory and Application of Positive Mathematical Programming in Agriculture and the Environment [J] . Annual Review of Resource Economics, 2014, 6 (01): 451-470.

[60] Miller S E, Kahl K H, Rathwell P J. Revenue Insurance for Georgia and South Carolina Peaches [J] . Journal of Agricultural & Applied Economics, 2000, 32 (01): 123-132.

[61] Miranda M, Vedenov D V. Innovations in Agricultural and Natural Disaster

Insurance ［J］. American Journal of Agricultural Economics, 2001, 83 （03）: 650-655.

［62］ Miranda M J, Glauber J W. Systemic Risk, Reinsurance, and the Failure of Crop Insurance Markets ［J］. American Journal of Agricultural Economics, 1997, 79 （01）: 206-215.

［63］ Mitchell R C, Carson R T, Carson R T. Using Surveys to Value Public Goods: The Contingent Valuation Method ［M］. Resources for the Future, 1989.

［64］ Monke J. Farm Commodity Programs: Direct Payments, Counter-cyclical Payments, and Marketing Loans ［EB/OL］. Library of Congress, Congressional Research Service, 2004. http://www.nationalaglawcenter.org/wp-content/uploads/assets/crs/RS21779.pdf.

［65］ Nelson C H, Loehman E T. Further toward A Theory of Agricultural Insurance ［J］. American Journal of Agricultural Economics, 1987, 69 （03）: 523-531.

［66］ Newton J, Thraen C S, Bozic M. Evaluating Policy Design Choices for the Margin Protection Program for Dairy Producers: An Expected Indemnity Approach ［J］. Applied Economic Perspectives & Policy, 2016, 38 （04）: 033.

［67］ North D. Institutions, Institutional Change and Economic Performance ［M］. Cambridge: Cambridge University Press, 1990.

［68］ Organisation for Economic Co-operation and Development. Agricultural Risk Management: A Holistic Approach ［EB/OL］. （2016-04）［2019-09-25］. https://www.oecd.org/tad/policynotes/agricultural-risk-management-holistic-approach.pdf.

［69］ Ostrom E. Understanding Institutional Diversity ［M］. Princeton: Princeton University Press, 2005.

［70］ Ozaki V A. Pricing Farm-level Agricultural Insurance: A Bayesian Approach ［J］. Empirical Economics, 2009, 36 （02）: 231-242.

［71］ Pan S, Hudson D, Ethridge D E. Market Structure Impacts on Market Distortions from Domestic Subsidies: The US Cotton Case ［J］. Estey Journal of International Law and Trade Policy, 2010, 11 （02）: 417-435.

［72］ Pan S, Fadiga M, Mohanty S, Welch M. Cotton in a Free Trade World ［J］. Economic Inquiry, 2007, 45 （01）: 188-197.

［73］ Peter B R. Hazell. The Appropriate Role of Agricultural Insurance in Developing Countries ［J］. Journal of International Development, 1992, 4 (06): 567-581.

［74］ Petsakos A, Rozakis S, Tsiboukas C. Risk Optimal Farm Plans in the Context of Decoupled Subsidy Payments: The Case of Cotton Production in Thessaly ［J］. Journal of Farm Management, 2009, 13 (07): 34-50.

［75］ Ray P K. Agricultural Insurance: Theory and Practice and Application to Developing Countries ［R］. Oxford: Pergamon, 1967.

［76］ Ridley W, Devadoss S. US-Brazil Cotton Dispute and the World Cotton Market ［J］. The World Economy, 2014, 37 (08): 1081-1100.

［77］ Ridley W, Devadoss S. Analysis of the Brazil-USA Cotton Dispute ［J］. Journal of International Trade Law & Policy, 2012, 11 (02): 148-162.

［78］ Rizov M, Pokrivcak J, Ciaian P. CAP Subsidies and Productivity of the EU Farms ［J］. Journal of Agricultural Economics, 2013, 64 (03): 537-557.

［79］ Roe B, Sporleder T L, Belleville B. Hog Producer Preferences for Marketing Contract Attributes ［J］. American Journal of Agricultural Economics, 2004, 86 (01): 115-123.

［80］ Roe B E. The Risk Attitudes of US Farmers ［J］. Applied Economic Perspectives and Policy, 2015, 37 (04): 553-574.

［81］ Roodman, D. Fitting Fully Observed Recursive Mixed-process Models with CMP ［J］. The Stata Journal, 2011, 11 (02): 159-206.

［82］ Rothschild M, Stiglitz J E. Equilibrium in Competitive Insurance Markets: An Essay on the Economics of Imperfect Information ［J］. Quarterly Journal of Economics, 1976, 90 (04): 629-649.

［83］ Santeramo F G. I Learn, You Learn, We Gain Experience in Crop Insurance Markets ［J］. Applied Economic Perspectives and Policy, 2018, 41 (02): 284-304.

［84］ Schnepf R. Brazil's WTO Case Against the U. S. Cotton Program ［EB/OL］. (2011-11-22). https: //crsreports. congress. gov/product/pdf/RL/RL32571.

［85］ Shepherd, B. The Impact of US Subsidies on the World Cotton Market: A Reassessment ［EB/OL］. Groupe d' Economie Mondiale, Institut d' Etudes Politiques de Paris, 2004. http: //www. oecd. org/dataoecd/0/9/31592808. pdf.

［86］ Sheppard B H, Hartwick J, Warshaw P R. The Theory of Reasoned Action: A Meta-analysis of Past Research with Recommendations for Modifications and Future Research [J]. Journal of Consumer Research, 1988, 15 (03): 325-343.

[87] Sherrick B J, Barry P J, Ellinger P N, et al. Factors Influencing Farmers' Crop Insurance Decisions [J]. American Journal of Agricultural Economics, 2004, 86 (01): 103-114.

[88] Sherrick B J, Barry P J, Schnitkey G D, Ellinger P N, Wansink B. Farmers' Preferences for Crop Insurance Attributes [J]. Review of Agricultural Economics, 2003, 25 (02): 415-429.

[89] Shields D A, Monke J, Schnepf R. Farm Safety Net Programs: Issues for the Next Farm Bill [R/OL]. Congressional Research Service, 2010 (R41317). http: //www. nationalaglawcenter. org/wp-content/uploads/assets/crs/R41317. pdf.

[90] Smith V H, Glauber J W. Agricultural Insurance in Developed Countries: Where Have We Been and Where Are We Going? [J]. Applied Economic Perspectives and Policy, 2012, 34 (03): 363-390.

[91] Smith V H, Baquet A E. The Demand for Multiple Peril Crop Insurance: Evidence from Montana Wheat Farms [J]. American Journal of Agricultural Economics, 1996, 78 (01): 189-201.

[92] Sumner D A. The Impact of US Cotton Subsidies on Cotton Prices and Quantities: Simulation Analysis for WTO Disputes [M]. Background paper prepared for the Brazil WTO Case, 2003.

[93] Sumner D A. Congress Needs to Cut Ties With the Cotton Lobby—The Cotton Farm Profit Should Not Be the Responsibility of American Taxpayers [EB/OL]. https: //www. usnews. com/opinion/economic-intelligence/articles/2016-01-28/congress-should-stop-promoting-cotton-subsidies-to-benefit-the-cotton-lobby.

[94] Swinbank A, Tranter R B. Decoupling EU Farm Support: Does the New Single Payment Scheme Fit within the Green Box? [J]. Estey Centre Journal of International Law and Trade Policy, 2005, 6 (01): 47-61.

[95] Tangermann S. Risk Management in Agriculture and the Future of the EU's Common Agricultural Policy [EB/OL]. ICTSD Programme on Agricultural Trade and Sustainable Development; Issue Paper No. 34; ICTSD International Centre for Trade and Sustainable Development, Geneva, Switzerland. www. ictsd. org.

［96］USDA National Institute of Food and Agriculture. Extension Risk Management Education ［EB/OL］. ［2019-09-20］. http：//extensionrme. org/.

［97］Valdés A，Hazell P B R，Pomareda C. Crop Insurance for Agricultural Development：Issues and Experience ［M］. IICA Biblioteca Venezuela，1986.

［98］Vandeveer M L. Demand for Area Crop Insurance among Litchi Producers in Northern Vietnam ［J］. Agricultural Economics，2001，26（02）：173-184.

［99］Vlontzos G. The Impact of the New International Cotton Policy on the Greek Cotton Production Sector ［J］. New Medit，2007（02）：13-20.

［100］Watkins K. Cultivating Poverty：The Impact of US Cotton Subsidies on Africa ［M］. Oxfam International，2002.

［101］Williams J R. A Stochastic Dominance Analysis of Tillage and Crop Insurance Practices in a Semiarid Region ［J］. American Journal of Agricultural Economics，1988，70（01）：112-120.

［102］Williamson. O. E. Markets and Hierarchies：Analysis and Antitrust Implications ［M］. New York：Free Press，1975.

［103］Wusheng Yu，How China's Farm Policy Reforms Could Affect Trade and Markets：A Focus on Grains and Cotton ［EB/OL］. 2017. http：//www. ictsd. org/ themes/agriculture/research/how-chinas-farm-policy-reforms-could-affect-trade-and-markets-a-focus-on.

［104］Yehouenou L，Barnett B J，Harri A，Coble K H. Stax Appeal？ ［J］. Applied Economic Perspectives and Policy，2018，40（04）：563-584.

［105］Zacharias T P，Collins K J. Ten Considerations Regarding the Role of Crop Insurance in the Agricultural Safety Net ［J］. Choices：The Magazine of Food，Farm，and Resource Issues，2013，28（03）：1-4.

［106］Zemo K H，Termansen M. Farmers' Willingness to Participate in Collective Biogas Investment：A Discrete Choice Experiment Study ［J］. Resource and Energy Economics，2018（52）：87-101.

［107］Zhao Y，Chai Z，Delgado M S，Preckel P V. An Empirical Analysis of the Effect of Crop Insurance on Farmers' Income Results from Inner Mongolia in China ［J］. China Agricultural Economic Review，2016，8（02）：299-313.

附录1　中华联合财产保险公司有关 棉花价格保险的访谈提纲

尊敬的各位领导：

您好！我是石河子大学经济与管理学院农林经济管理专业的博士研究生，现在正在做有关棉花价格保险研究的毕业论文。因为各位领导在农业保险领域都有着丰富的实践经验，对于棉花价格保险的了解和认识相对其他人来说更深刻。因此，与您的交流将对本论文的写作具有非常重要的意义，请您给予支持。

1. 请问贵单位目前在哪些地方试点了棉花价格保险？试点的情况如何？试点的模式是什么样的？

2. 请问贵单位当前积极参与棉花价格保险试点的动力主要是什么？

3. 请问贵单位当前试点中面临的风险有哪些？采取了哪些方式来规避风险？

4. 请问您对于大规模推广棉花价格保险主要的担忧和顾虑？

5. 请问您如何看到棉花价格保险的前景？希望政府对政策如何优化？

附录2 农户购买和支付棉花价格保险的意愿调查

您好！我们是石河子大学经济与管理学院农林经济管理专业的博士研究生，正在进行一项纯学术研究的调查工作，希望能得到您的支持。各种答案没有正确错误之分，您只需按照您的实际情况在合适的答案序号上打"√"，或者在"____"中填上适当内容就行。您的宝贵经验和回答对我的研究非常重要。感谢您在百忙之中为我们填答这份问卷并祝您的事业发展越来越好！谢谢！

问题1：您是否愿意购买棉花价格保险？

A. 是　　　　　　　B. 否

问题2：如果您愿意购买棉花价格保险，您最多能够承担多少的保费？

A. 0～50元　　　　B. 51～100元　　　　C. 101～150元　　　　D. 151～200元

E. 201元及以上

一、基本信息

1. ____市（县）____乡镇____村____师____团场____连队

2. 您是不是家里的户主？

A. 是　　　　　　　B. 否

3. 您的性别？

A. 男　　　　　　　B. 女

4. 您的年龄？

A. 30岁及以下　　B. 31～40岁　　　　C. 41～50岁　　　　D. 51～60岁

E. 61岁及以上

5. 您的受教育程度？

A. 没受过教育　　　B. 小学　　　　　　　C. 初中　　　　　　　D. 高中

E. 大专、本科及以上

6. 您的种植棉花年限？

A. 10 年及以下　　　B. 10~20 年　　　　　C. 20~30 年　　　　　D. 30~40 年

E. 40 年以上

7. 您是否在农业生产中厌恶风险？

A. 是　　　　　　　B. 否

二、家庭经营情况

8. 您家有_____亩地（包括土地流转后的面积），其中棉花种植总面积_____亩（包括土地流转后的面积）

9. 家庭总人口_____人，植棉劳动力_____人，

10. 家庭人均纯收入（　　）

A. 5000 元及以下　　　　　　　　　B. 5001~10000 元

C. 10001~15000 元　　　　　　　　D. 15001~20000 元

E. 20001 元及以上

11. 植棉收入占家庭收入的比重

A. 20% 及以下　　　B. 21%~50%　　　　C. 51%~60%　　　　D. 61%~80%

E. 81%~100%

12. 机采棉所占比重

A. 20% 及以下　　　B. 21%~50%　　　　C. 51%~60%　　　　D. 61%~80%

E. 81%~100%

三、家庭社会因素

13. 是否有亲戚朋友在村委（连队）、乡镇（团场）、行政单位、保险公司工作？

A. 是　　　　　　　B. 否

14. 您是否有过外出打工的经历？

A. 是　　　　　　　B. 否

15. 您是否有过经商的经历？

A. 是　　　　　　　B. 否

四、棉花价格保险认知

16. 您熟悉棉花价格保险吗？

A. 非常不熟悉　　　B. 不熟悉　　　　C. 一般　　　　　D. 熟悉

E. 非常熟悉

17. 您觉得棉花价格保险的重要程度怎么样？

A. 非常不重要　　　B. 不重要　　　　C. 一般　　　　　D. 重要

E. 非常重要

五、农业保险购买经历

18. 您以前是否购买过其他的农业保险？

A. 是　　　　　　　B. 否

19. 您对保险公司的印象评价怎么样？

A. 非常不满意　　　B. 不满意　　　　C. 一般　　　　　D. 比较满意

E. 非常满意

六、其他问题

20. 您认为棉花价格保险对分散市场风险有没有作用？

A. 有　　　　　　　B. 没有

21. 您认为棉花价格保险对稳定收入有没有作用？

A. 有　　　　　　　B. 没有

22. 您认为购买棉花价格保险困不困难？

A. 不困难　　　　　B. 居中　　　　　C. 困难

23. 您认为购买棉花价格保险的操作难不难？

A. 不难　　　　　　B. 居中　　　　　C. 很难

24. 如果周围的人购买了棉花价格保险您是否会购买？

A. 是　　　　　　　B. 否